30가지 철학 이야기

Philosophical Tales

by

Martin Cohen

30가지 철학 이야기

철학의 실화 속에 나오는 인물들과 줄거리,
그리고 숨겨진 장면들을 드러내는 대안적 철학사

마르틴 코헨 지음 | 라울 곤살레스 3세 그림 | 박병철 옮김

서광사

이 책은 Martin Cohen의 *Philosophical Tales* (Blackwell Publishing Ltd, 2008)를 완역한 것
이다.

30가지 철학 이야기

마르틴 코헨 지음
라울 곤잘레스 3세 그림
박병철 옮김

펴낸이 | 김신혁, 이숙
펴낸곳 | 도서출판 서광사
출판등록일 | 1977. 6. 30.
출판등록번호 | 제 406-2006-000010호

(413-756) 경기도 파주시 교하읍 문발리 534-1
Tel: (031) 955-4331 | Fax: (031) 955-4336
E-mail: phil6161@chol.com
http://www.seokwangsa.co.kr | http://www.seokwangsa.kr

제1판 제1쇄 펴낸날 · 2010년 5월 20일

ISBN 978-89-306-0225-9   93100

옮긴이의 말

많은 사람들이 철학에 대해 가지는 이미지는 긍정적인 것보다 부정적인 것이 많아 보인다. 철학은 어렵다는 것도 그런 이미지 중의 하나일 것이고, 철학은 현실에 도움이 되지 않는다는 것도 그중 하나일 것이다. 그리고 무엇보다도 쉽게 가까이하기에는 너무 고상하거나 엄숙한 느낌을 준다는 것도 그렇다.

애석하게도 예나 지금이나 철학자는 세월의 상당 부분을 다른 철학자들의 난해한 글을 읽고 이해하려 들고, 그렇게 해서 정리된 생각에 자신의 생각을 더해 다시 난해한 글로 풀어내는 작업을 반복하는 부류의 사람이다. 그러다 보니 철학은 어렵고, 현실과 동떨어져 있으며, 또 그런 만큼 뭔가 고상하거나 엄숙한 느낌을 주는 것이다.

그러나 철학에 대한 그러한 이미지나 느낌이 반드시 옳은 것은 아니며 언제나 그래야 할 필요도 없다. 직업 철학자가 아닌 사람들에게는 난해한 글도 쉽게 접할 수 있는 방법이 있으면 좋을 것이다. 또한 철학사에 길이 이름을 남긴 철학자들의 삶을 깊이 들여다보면, 결코 현실과 동떨어진 삶을 살지 않았던 경우도 적지 않다. 게다가 철학이 범접하기에는 너무 난해한 대상이라 접근하는 데 있어서 반드시 엄숙해야 할 필요는 더더욱이 없다.

그런 점에서 마르틴 코헨의 『30가지 철학 이야기』는 매우 흥미로운 책이다. 이 책은 고상한 철학자들 사이에 면면히 내려오고 있는 엄숙주의와는 거리가 멀다. 때로는 고상해 보이는 철학자들과 그들의 난해한 저서 이면에서 발견되는 속물스런 모습들을 그대로 드러내기도 하고, 때로는 그들의 생각을 여러 측면에서 바라볼 수 있게 숨겨진 맥락을 보여 주기도 하면서, 코헨은 난해한 철학자들의 어록을 해독하면서 철학을 알아 가는 데 지친 독자들에게 일종의 대안을 제시하고 있다.

언제 해도 번역은 어렵고 까다롭다. 하지만 이 책을 번역하는 일은 기존의 철학사에서는 보지 못했던 몇몇 철학자들에 대해 잘 알려지지 않은 이야기들을 알아 가는 유쾌한 경험이기도 했다. 30명의 위대한 철학자들에 대한 30개의 흥미로운 이야기를 읽은 독자들이, 사실은 철학이 심각한 표정으로 무게 잡지 않고 편하게 접근할 수 있는 정말로 흥미진진한 학문임을 자연스럽게 느끼게 되기를 기대한다.

2010년 4월
박병철

| 차 례 |

철학자들은 친절한 심성을 가진 사람들로서 "글"로 다른 사람들을 기꺼이 도우려 한다. 그러나 그들에겐 여전히 무모한 점이 있는데, "바보같이 경직된 엄숙함과 글로 잘난 체하는 것"이 그렇다. 그들은 체계가 완성되지 않은 시기를 살았고, 따라서 편견 없는 객관성이 아직 가능하지 않았던 지나간 세대를 불쌍히 여긴다. 그러나 새로운 체계에 대해서 물으면, 그들은 언제나 똑같은 핑계로 피해 간다. "아니요. 그건 아직 끝나지 않았어요. 체계는 거의 완성되었거나 적어도 작업 중에 있어서 다음 주 일요일까지는 완성될 겁니다."

(쇠렌 키르케고르, 『후기』)

책머리에!

왜 사람들은 철학 책을 읽으려 할까? 나는 세 권의 책을 통해 철학에 입문했다. 첫 번째는 앙드레 말로가 지은 『인간의 조건』의 번역본이었다. 둘째는 버트런드 러셀의 『서양철학사』, 세 번째는 플라톤의 『국가』였다.

사람들은 이 책들을 자연스럽게 읽지 않는다. 『인간의 조건』은 별 쓸모가 없는 화려한 문체의 전형적인 프랑스의 작품이다. 장황하고, 복잡하며, 따분하다. 러셀의 책은 한 시간 전에 끝났어야 할 강의처럼 훨씬 더 길다. 그리고 플라톤의 『국가』는 아이디어로 가득하지만 일종의 부호로 쓰인 듯하다. 그럼에도 불구하고, 이 책들 각각은 유용하다. 『인간의 조건』은 지루하다 해도 조그마한 데다가 가지고 다닐 만하다. 『서양철학사』는 산발적이긴 해도 지식을 준다. 그리고 『국가』는 생소하고 난해하지만 매혹적이다.

나는 여기 『30가지 철학 이야기』가 위의 세 가지 기능 모두를 갖출 수 있기를 바란다. 세 가지 긍정적인 기능 말이다. 이 책은 가지고 다니(고 사람들에게 인상적이)기에 충분히 작다. 이 책은 많은 지식을 주며, 마지막으로 (가장 중요하게) 생소하고 난해한 철학적 에피소드들로 가득하다.

어떤 사람들은 그런 에피소드보다는 수준이 높아서 본격적인 길이의 전문서적을 원한다고 말할 것이다. 칸트의 『순수이성비판』처럼 까다로운 글을 읽기를 원하는 사람이 왜 그가 커피를 유해하다고 여겼으며 매일 밤 잠자리에 들기 전 이불 속에서 몸을 세 번이나 굴렸는지를 알 필요가 있을까? 헤겔의 『정신현상학』을 이해할 수 있는 사람이 왜 그가 교사로 일하는 동안 사회는 갈등에 기초하고 있다는 이론을 갖게 되었는지를 알고 싶을까? 아니면 '공리주의'로 알려진 건조한 이론의 대표자인 전형적인 영국의 이성주의자 존 스튜어트 밀이, 실제로는 시(詩)를 "모든 글 중 가장 철학적"이라고 여겼다는 것까지를 알고 싶을까? 그래서 만약 밀이 "수선화"라는 시의 작가인 그의 친구 워즈워스에게 그야말로 시가 "진리"이고 개인적이거나 국부적인 것이 아니라 일반적인 것임을 보여 주었다고, "외적인 증언에 기초해서가 아니라, 열정에 의해 마음속에 생생하게 전달되었다"고 말한다면 어떻게 되겠는가? 이에 대해, 종래의 역사책들은 일시적인 일탈이라고 말한다.

그래서 때로는 도덕적 중재자로서의 지위를, 때로는 혁신적인 이론가로서의 지위를 흔드는 묘사로서 인간적 약점을 지닌 철학자들에 대한 대안적 설명이 여기 있다. 그러나 모든 사람들이 말하듯이 철학자들은 분리된 종족이 아니다. 그들도 지구상에 태어난 우리와 마찬가지의 피조물로서 (그들이 종종 그에 대한 권위를 주장한다 해도) 경험과 영향, 그리고 명백히 편견을 지닌 남성과 여성으로 자라나는 아이들이었다. 아리스토텔레스는 인종적 우월성이라는 그리스인들의 관점을 반영하지 않았다. 그는 그러한 관점들을 만들어 냈다. (존 로크와 버클리 주교 역시 노예무역에서 오는 이익의 의심스런 성격에 대해서 잘 알고 있었다.) 마르크스는 대영박물관에서만 시간을 보낸 것이 아니라 시가(cigar)와 맥주 그리고 여자들 또한 좋아했는데 실제로 자신의 아이들을 먹여 살리는 것 이상으로 좋아했다. (그의 아이들 중 일부는 영양실조로 죽었다.)

이러한 세세한 개인사는 그저 중요하지 않은 사소한 것들만을 말해 주는 것이 아니며, '커다란 그림'에로의 통찰을 제시한다. 『사라진 신랑』에서 셜록 홈즈가 언급했듯이 "작은 것들이 무한히 매우 중요하다는 것은 오랫동안 나의 격률"이기 때문이다.

그와 동시에 철학의 '실화'는 개인의 이야기라기보다는 생각들, 특히 훔치고, 빌리고, 변형된 생각들의 이야기이다. 데카르트의 위대한 '코기토'가 실은 짓기의 기초에 대해 전혀 관심이 없었던 아우구스티누스에서 왔다는 것은 흥미로운 일이다. (아우구스티누스는 그의 사상이 신에 의한 영감이라는 데 만족했다.) 좀 더 최근에는 비트겐슈타인이 침묵해야만 할 신비로운 사물의 범주를 오토 바이닝거라는 오스트리아의 또 다른 몽상가로부터 빌려 왔다.

철학의 실화는 또한 잊어버린 생각들의 이야기이기도 해서 비록 플라톤은 여성들이 남성들과 '동일한 영혼'을 가졌을 가능성을 제기했지만, 아리스토텔레스는 (여성들은 적은 수의 치아에, 영혼은 없으며, 심장도 뛰지 않는다고 설명하면서) 왜 오로지 남성들의 생각만 성립하는지에 대한 좋은 철학적 이유들을 성공적으로 이끌어 냈으며 그의 가정은 이후의 철학을 형성했다. 그래서 이 책에서 여성은 아주 작은 역할만 할 것이다. 히파티아, 해리엇 테일러 밀, 마르크스 부인, 그리고 사르트르의 반려자가 등장하지만, 잠시 동안 배경으로서만 나올 것이다. 그렇지 않았으면 좋겠지만 말이다. 그러나 남성들은 철학의 역사를 썼고, 역사는 우리의 이야기가 나오는 곳이다.

이 책의 사용법

플라톤은 진짜 소크라테스적 대화편들을 썼을까, 아니면 소크라테스가 썼을까?

왜 데카르트가 정말로 "나는 생각한다 고로 존재한다"라고 말했다는 것이 약간 의심스러울까?

그리고 대체 어떻게 사르트르가 웨이터에 대해 반대하게 되었을까?

철학의 이야기들: 이야기, 허구, 거짓말. 허위, 오보, 헛소문, 거짓말, 악의 없는 거짓말, 허풍. 아니면 그저 잘못된 설명, 얼버무림, 사실에 기초하지 않은 설명. 이 책은 위대한 철학의 이야기들을 모으고, 해체하고, 관계시킨다. 그리고 나는 '꼼꼼하게 정확하려고' 노력하겠지만, 철학 교수들과 권위자들이 우리로 하여금 믿으라고 하는 것보다 철학은 말할 것도 없고 철학자들 사이에서도 합의가 덜 되어 있다. 그래서 이 책에서 궁극적이고 무비판적으로 여겨질 수 있는 것은 아무것도 없다. 이 책은 '당국자'가 강제하고자 하는 논쟁을 시작하려는 시도, 결정을 시작하려는 시도다. 바꾸어 말해 이 책은 일종의 '대안적' 철학사로서 철학 자체에 적용되는 철학적 접근이다. 여기서는 '누구나 동의하는' 일반적으로 받아들여지는 관점을 찾지 말아야 한다. 그것은 다른 수많은 책들과 수많은 전문가들이 반복한 것이다. 여기서 우리는 바로 다르기 때문에 흥미로운 것을 원한다. 아무튼 철학은 많은 따분한 해설자들이 우리로 하여금 믿게 하려는 것보다 훨씬 더 흥미로운 것이다.

위대한 철학자들은 어디에서 왔을까? 그리고 그들은 어디에서 그들의 생각을 가지게 되었을까? 무엇이 중요하고 무엇이 중요하지 않은지를 누가 결정할까? 여성들은 거의 없고, 부유하고 귀족적인 남성들이 많은 것은 그저 우연한 일일까? 중국과 인도의 철학자들은 정말로 유럽에 아주 미미한 영향을 주었을까? 왜 데카르트의 '근대' 철학은 신에 대한 회고적인 언급으로 가득할까? 헤겔은 (쇼펜하우어가 단언했듯이) 글을 잘 쓰지 못한 바보일까, 아니면 그저 우리에게 너무 어려운 것일까? 지식의 전체 구조에 대한 마르크스주의적 양식의 해체는 필요한 것일까?

철학에서는 '아무것도 당연시하지 않고' 어려운 질문을 던지게 되어 있다. 그러나 이는 철학이 그 자신에게 적용되기를 원하는 접근은 아니다. 그보다는 위대한 철학자들이 그렇듯이 주제에 대한 '논쟁'은 위로부터 전해져 오며, 불변의 것이다. 우리는 플라톤과 아리스토텔레스가 되어 데카르트와 칸트가 따랐던 잘 정돈되고 예측 가능한 기념비적 과정을 따른다. 여성들은 없고 비유럽인들도 많지 않다. 주변부에 공자, 노자, 맹자, 부처 등이 있다. 그리고 철학의 '물음들'은 아주 오래전에 편안한 패턴과 정해진 한계, 수용 가능한 반응의 범위 등등으로 정착되었다.

주제가 제도화되면서 철학자들은 점점 더 여차 저차한 것 또는 이러저러한 것의 정확한 해석에 대해 논쟁하는 듯하다. 그러는 동안 유명한 의견을 빌리면서 철학의 거대한 바다는 탐험되지 않은 채로 남겨지고 있다.

그래서 이 책은 거대한 바다에 발가락을 담그려는 시도이거나, 아마도 몇몇 새로운 얼굴을 허용하기 위해 철학적 신전을 '밀쳐 내려는' 시도이기까지 하다. 목표는 물론 철학의 '파괴'가 아니라 철학에 다시 활기를 불어넣는 것이다. 그러나 만약 누군가 다른 사람을 앞서 가야 한다면, 그리고 여기 나오는 많은 이야기들이 전에는 모두 훌륭한 공감대였던 곳에 회의를 만들어 낸다 해도 어쩔 수 없다. 왜냐하면 그것이 여전히, 그리고 늘 그래왔던 진정한 철학의 정신이기 때문이다.

이 책은 가장 유명하고 철학적으로 가장 흥미로운 이야기들(이 둘은 반드시 동일한 것을 말하는 범주는 아니다), 그 이야기들의 배경, 그리고 주인공들에 대한 평가로 이루어져 있다. 수록된 내용은 개별적 철학자들과 사상의 학파들 모두를 고려하고 있는데, 각각의 장에는 (대체로) 하나의 주요 철학적 텍스트가 간략하게 인용되어 있다. 이런 식으로 이 책은 철학적 아이디어와 인물들에 대한 탄탄한 기초를 제공한다.

그러나 이러한 철학자들의 행진에서 많은 인물들이 낙오된 것은 불행한 일이다. 플라톤 자신이 피타고라스를 따른 것처럼 (피타고라스 역시 그의 생각을 동양에서 빌려 왔다) 결국 철학은 그다지 플라톤의 주석의 연속인 것은 아니다. 여성들에게는 마음이 없고, 모든 그리스인을 제외한 사람들은 가축으로 취급되어야 한다고 주장한 위대한 아리스토텔레스가 있다. 그리고 피상적인 극단에 다른 사람들의 이론을 카피하며 스스로 창의적이기를 바라는 비트겐슈타인과 사르트르가 있다. 그러나 어쨌든 철학은 생각을 발전시켜 나가는 것이어야 한다. 플라톤은 자신의 독창성을 거의 내세우지 않고 그 시대의 아이디어와 주장들을 직접 제시했다. 만약 데카르트가 그의 유명한 발견이 종교적 견해를 살짝 재진술한 것임이 밝혀지면서 결국 '근대적'이라기보다는 '중세적'이라고 한다면, 그는 과학에 대한 그의 열의에서 '근대적'인 것이다. (『성찰』은 그가 원숭이를 해부하는 이야기로 시작한다.) 그러나 '근대'와 '고대' 철학 간의 차이점은 초기의 철학은 그 원천과 영향을 인정하려고 했던 반면, 후대의 철학자들은 스스로를 몰아붙이며 독창성을 주장할 필요를 느끼는 듯하다.

그리고 만약 철학자가 되는 것이 자세히 연구하여 이전의 철학자들로부터 배우는 것을 배제하지 않는 것이라면, 위대한 철학자들은 여전히 그리 위대하지는 않고 평범한 것인 듯하다. 우리는 그들의 허영심과 편견, 그들의 바보스러움과 부정직함을 피할 수 없다. 이것을 알게 되면 누군가는 그들(또는 철학 자체)을 집어치우고자 하겠지만, 그렇게 하는 것은 그리 사려 깊지 않은 마음의 움직임을 드러내는 것이다. 요점은 '철학자들'이 일반인들과 달라야 한다거나, 그들은 진정한 철학자가 아니거나 철학 자체는 전부 허튼소리, 실없는 소리, 부질없는 이야기, 허풍, 헛소리라는 것이 아니다. 요점은 철학은 훨씬 더 공동체적 과정이며, (그 상층부에서는 변함없이) 지식의 위계를 구성하고자 하는 사람들이 다른 사람들로 하여금 알도록 하고자 하는 것 이상으로 훨씬 더 미묘하다는 것이다. 요점은 철학자들은 그들의 방식대로 위대할지 모르지만, 또한 매우 평범하다는 것이다. 또한 철학자들도 당신과 나처럼 사람들이라는 것이다.

철학적 삽화들

라울 곤살레스는 세계적으로 유명한 예술 공동체인 기적의 불(the Miracle Fire)의 공동 창립자이며 보스턴 시립미술관에서 가르치고 있다. 그의 작품은 국제적으로 전시되어 왔으며 매사추세츠주 서머빌에 있는 기적의 요새에서 다이 공주와 고양이 마오 마오와 함께 예술 활동을 하고 있다.

1. (소크라테스) 새벽이 오고 해가 뜰 때까지 서 있다가 태양에 기도한 뒤 걸어 나갔다.
2. (플라톤) 모두들 자신의 일을 하고 주어진 일에 충실할 때 정의를 찾을 수 있다고 플라톤이 말했다.
3. (아리스토텔레스) 어쩌면 마케도니아로 돌아오라는 왕명으로 아리스토텔레스의 연구가 중단된 것은 진보를 위해서 다행일지도 모른다.
4. (노자) 완성된 책을 경비대에게 건네주고 서쪽을 향해 사라졌다.
5. (피타고라스) "피타고라스, 그가 그렇게 말한다"는 것이 그들이 알아야 할 전부다.
6. (헤라클레이토스) 세상은 소용돌이처럼 투쟁이 스며드는 완벽한 사랑의 영역이다.
7. (히파티아) 30세가 되자 그녀의 명성은 리비아와 터키까지 퍼졌다.
8. (아우구스티누스) 아, 인류는 다른 어떤 종족보다 본성적으로 사회적이다. "오, 너무나 비우호적인 우정이여!"
9. (아퀴나스) 그의 형제들은 그를 스캔들에 빠뜨릴 생각으로 그의 방에

"아주 화려하고 진한 화장을 한 매춘부"를 불러들였다.

10. (데카르트) "… 나는 있다, 나는 존재한다는 이 명제는 내가 그것을 말할 때마다 필연적으로 참이다."

11. (홉스) 홉스는 원을 사각형으로 만드는 자신의 증명이 모든 문제에 있어서 그의 권위를 확립해 줄 것이라고 상상했다.

12. (스피노자) 종종 "머리를 식히려고" 그는 파리를 거미줄에 놓고, "너무 재미있어서 웃음을 터뜨리면서 싸움을 지켜보았다."

13. (로크) 소규모 국가의 헌법에서 로크는 "그들의 군주가 서명한 허가증 없이는 누구도 그 군주의 땅에서 떠날 자유가 없음"을 선언했다.

14. (흄) 무릎을 꿇고 가슴을 때렸지만, 그의 혀는 "자! 나의 숙녀들이여. 자! 여기에 있군요!"라고 말하는 것에 그쳤다.

15. (루소) 때때로 잠결에 그는 가난한 소녀가 침실로 들어와서 그의 죄를 꾸짖는 것을 볼 수 있다고 상상했다.

16. (칸트) 칸트는 오후에 비가 올 것에 대비해 우산을 휴대한 하인 람페를 대동하고 오랫동안 산보를 했다.

17. (라이프니츠) 라이프니츠의 기계는 도덕적 문제들을 푸는 따분한 임무를 자동으로 처리하도록 설계되었다.

18. (버클리) 그는 즉시 환자들을 위해 타르 액을 준비했다 …

19. (헤겔) 헤겔은 개인들은 국가가 그들을 위해 존재하지 않으며, 오히려 개인들이 국가를 위해 존재한다는 것을 이해해야 한다고 훌륭한 교장처럼 설명했다.

20. (쇼펜하우어) 한 손에 지팡이를 잡고 여자 재봉사를 그의 방에서 밀어내려고 했다.

21. (키르케고르) "천재들은 천둥과 같다 — 그들은 바람을 거스르며, 사람들을 놀라게 하고, 공기를 깨끗하게 한다."

22. (밀) 워즈워스의 휴머니즘은 그의 영혼에 약처럼 다가왔다.

23. (소로) 소로는 하루의 날씨를 조심스럽게 기록했다. 어떤 꽃이 피고, 월든 연못의 물은 얼마나 깊은지를.

24. (마르크스) 마르크스는 노하여 코웃음을 쳤다. "『자본론』은 내가 글을 쓰면서 피운 시가 값도 대지 못할 거야."

25. (러셀) 하지만 그의 머리는 어떤가? 만약 그가 정상적으로 머리를 자르지 않는다면, 그는 확실히 이번엔 자신의 머리를 자를 수 있을 것이다.

26. (비트겐슈타인) "… 고독한 사람은 웃지 않고, 춤추지 않으며, 기뻐하지도 않는다."

27. (하이데거) 오직 독일인만이 서양문명의 파편에서 떠오를 수 있다.

28. (워프) "우리는 우리 모국어에 의해 그어진 선을 따라 자연을 해부한다."

29. (사르트르) 우리는 존재한다. 그래, 그런데 어떻게 '우리 자신을 정의하나?'

30. (데리다) 이 직조물이 텍스트다.

I:

고대 철학
THE ANCIENTS

제1장
마법사 소크라테스
(기원전 469년~399년)

우스꽝스런 모자를 쓰고 연설대에 앉아 깃으로 된 펜을 쥔 소크라테스를 그린 흥미로운 13세기의 그림이 있다. 소크라테스의 뒤에는 스승을 성급하게 부추기며 으스대는 플라톤이 있다. 이들 각각에 대해 '소크라테스'와 '플라톤'이라고 표시하는 꼬리표가 거의 없어도 우리는 누가 누구인지를 안다. 그렇지 않다면… 그 그림은 미스터리다.

20세기 철학자 자크 데리다는 1978년 영국 옥스퍼드 대학의 보들레이안 도서관을 방문하는 동안 그 그림을 보고 놀랐다. 데리다는 길고 젠체하는 그의 책들 중 (나중에 쓴) 한 권에서 다음과 같이 썼다. "그 그림을 보고 환각의 느낌과 동시에 계시의 느낌, 즉 묵시적 계시감으로 멈추어 섰다."

마치 플라톤이 그의 스승 소크라테스에게 받아쓰기를 시키는 것 같다. 소크라테스는 순진하게 복종하는 어린이처럼 (그래서 우스꽝스런 모자를 쓴 것처럼) 보인다. 데리다는 이 그림이 일종의 프로이트적 아버지 살해를 상징한다고 말하면서, 자신의 논지를 입증하기 위해 그림(과 플라톤의 손가락)에 대한 여러 저속한 언급을 하고 있다. 하지만 그림에는 소크라테스가 도움을 받는 것이 아니라 창피당하고 있다는 점을 입증할 만한 것은 아무것도 없다. 그림이 흔들고 있다고 여겨지는 것은 서양철학의 안정된 위계다. 아마도 그 때문에 저명한 프랑스 철학자 데리다가 그렇게 놀랐던 것이리라!

전통적인 철학사를 읽으면, 확실히 소크라테스는 약간 둔한 인물이라고 생각하게 된다. 기원전 469년에 아테네에서 태어났으며, 아버지는 조각가, 어머니는 산파였다는 사실을 빼고는 그에 대해서 알려진 것이 거의 없는 듯하다. 소크라테스라는 인간 자체에 대해 알려 주는 소수의 단편적인 글만이 남아 있다. 휴 트레드닉 교수의 말을 빌면:

초상과 묘사에 의하면 그가 들창코에 털 많은 눈썹 아래 두드러진 눈, 그리고 커다란 입을 지닌 묵직하고 못생긴 얼굴의 소유자임이 분명하다. 그는 수염이 있었고 (노년에는 어쨌든) 대머리였다. 그의 땅딸만한 몸은 대단한 지구력을 지녔다. 그는 언제나 맨발로 활보하며 다녔고, 종종 몇 시간 동안이나 생각에 잠겼다 … 반면 그의 사고는 창의적이지는 않았지만 매우 명료했고, 비판적이며, 열정적이었다. 어떠한 가식도 참지 못했으며, 그의 의지는 그의 확신만큼이나 강했기 때문에 그의 행동은 그의 생각만큼이나 논리적이었다. 의심 많은 시대에 그는 가장 중요한 것으로서 도덕적 선에 대한 확고한 믿음이 있었으며, 그것을 지식과 동일시했다. 왜냐하면 그의 정직한 성격에 올바른 것을 하지 않고서 그에 대해서 아는 것은 생각할 수 없는 것 같았기 때문이다.

이것은 위안을 준다. 그러나 이 중 어느 것도 그 우스꽝스런 13세기 그림과 들어맞지 않는다 …

철학의 이야기

그러나 소크라테스에 대해 일치하는 것이 별로 없다 해도 한 가지는 있다. 그것은 그가 가장 영향력 있는 철학자라는 것이다. 그가 생각한 것은 커녕 말한 것에 대해 아무도 확신하지 않음에도 불구하고 그렇다. 확신하기에 충분한 단편들이 있지만, 진짜 소크라테스는 여전히 알기 어려운 인물이다. 그의 발자국은 사방에 있지만, 인간 소크라테스는 신비스런 고양이 매커비티(T. S. 엘리엇의 시에 나오는 고양이)처럼 어디서도 찾을 수 없다.

독단적인 소크라테스가 젊고 순진한 플라톤의 시에 대한 청년다운 시도를 막기 위해 가르치는 이야기가 있고, 광적인 소크라테스가 한 자리에 밤낮없이 서서 (생각과 씨름하고) 있는 동안에 사람들이 요를 깔고 그를 구경하면서 얼마나 오래 서 있을지 내기를 했다는 이야기도 있고, 또한 (『파이돈』에 웅변적으로 묘사된) 마지막 독배를 삼키기 전의 "유명한 유언"에 대한 이야기도 있다.

여러분들에게 말하겠소. 죽음에 대해 두려워하는 것은 실제로는 현명하지 않을 때 그가 현명하다고 생각하는 또 다른 방식일 뿐이오. 그가 알지

삽화 1 새벽이 오고 해가 뜰 때까지 서 있다가 태양에 기도한 뒤 걸어 나갔다.

못하는 것에 대해서 안다고 생각하는 것이오.

역사학자들은 디오게네스 라에티우스를 '역사적 소크라테스'에 대한 가장, 그리고 유일하게 믿을 만한 소스로 여긴다. 그렇지 않다면, 이 유해한 인물에 대한 모든 설명은 그것이 소크라테스에 대해서 말하는 것보다 그 이야기의 저자가 하고 싶은 것을 더 많이 말하고 있는 것이 된다. 비뚤어진 모험가인 크세노폰은 해롭지는 않지만 별로 중요하지 않게 열변을 토하는 둔하고 무미건조한 소크라테스의 그림을 그렸다. '역사 결정론'과 변증법의 철학자 헤겔은 소크라테스를 세계사의 흐름에서 중추적인 인물로 보았다. 하나는 과거를 조망하고 다른 하나는 미래를 바라보는 두 얼굴의 야누스 신으로 말이다.[1] 그리고 니체는『즐거운 학문』을 쓰면서 소크라테스를 "흉내 잘 내고 뭔가에 빠져 있는 괴물", 일종의 철학적인 "아테네의 피리 부는 사나이"로 묘사했다.

그러나 이 모든 것을 무색하게 하는 것이 우리가 알고 있는 소크라테스를 만들어 낸 플라톤의 그림이다. 관념론자 플라톤은 철학의 아이돌, 대가의 이미지를 제공했다. 그의 가르침이 이단이라고 비난받은 성인, "태양신"의 예언자, 스승으로 말이다. 가장 웅변적인 소크라테스 이야기를 말하는 것은 플라톤이다. 일례로 대화편『향연』에서 플라톤은 이렇게 쓰고 있다.

새벽녘에 어떤 문제에 몰두하여 그는 그것을 생각하느라 같은 자리에 서 있었다. 그리고 그 문제가 어려운 것임을 깨달았을 때 그는 포기하지 않고 그것을 이해하려고 거기에 서 있었다. 시간은 정오가 가까워졌고 사람들이 그를 주시하기 시작하면서 놀라움에 서로 말했다: "소크라테스는 새벽녘부터 사색에 잠긴 채 저기에 서 있었어요!" 결과는 여름날 저녁을 먹은 후 몇몇 이오니아 사람들이 이불과 요를 가지고 나와 시원하게 잠을 청하는 데 이르러, 소크라테스가 밤새도록 서 있을지를 보려고 기다리는 것이었다. 소크라테스는 새벽이 오고 해가 뜰 때까지 서 있더니 태양을 향해 기도를 드리고 사라져 버렸다.

같은 대화편의 다른 곳에서 선하고 악한 쌍둥이인 아리스토데무스와 알키비아데스가 두 개의 상반된 견해를 제시하고 있다. 그 견해는 플라톤이 소크라테스를 성의 신인 '에로스'로 그리는 것과 일상의 범주를 넘어서는 인물로 그리는 것이다. 소크라테스는 여기서 무지하지도 현명하지도 않으며, 비극적이지도 희극적이지도 않고, 남성도 여성도 아니다. 그런 모든 구분 밖에 있다. 그는 겨울에 얼음 위를 맨발로 걸을 수 있고, 취하지 않고 술을 마신다. 못생겼다고 전해지는 그의 모습도 이제는 이점이 되었다. 왜냐하면 넓고 구부러진 코가 모든 방향으로부터의 냄새를 맡을 수 있게 해 주었듯이 머리 쪽으로 향한 눈 덕에 그는 넓은 시야를 가질 수 있었다. 그리고 불균형적으로 두꺼운 입술은 이제 더욱더 많은 키스를 할 수 있는 것처럼 보일 수 있게 되었다.

하지만 이 중 하나라도 '진짜 소크라테스'일까?
아니면 그저 우리가 믿고 싶은 모습인 것일까?

현대 작가 사라 코프만은 플라톤의 대화편들에서 소크라테스는 결코 드러내지 않는 어떤 신비로운 통찰과 관련된 "유혹의 마법사"로 등장한다고 매우 멋지게 표현하고 있다.

초자연적 생령처럼 그는 원하는 대로 나타났다 사라졌다 하는 듯하다.

최고의 피리 연주자나 최고의 웅변적 이야기꾼보다 더 매력적인 힘을 지 닌 마술사처럼 마술을 통해 자신을 고정시키고 자신과 다른 사람들을 매 혹시킨다. 그는 고르기아스보다 더 강렬하고, 그의 수사는 고르곤 같은 연설로 듣는 이들을 놀라게 하고 그 사진의 생각은 진공 속에 감추는 아 가톤의 그것보다 더 힘 있다.

소크라테스는 다음과 같이 철학을 해체하는 계획을 착수한 훌륭한 철 학자였다. 그는 자신의 유산을 낭비한 "조각가의 아들"인가, 아니면 세상 을 향해 비판적 대화로서의 철학을 가져다준 산파의 아이인가? 소크라테 스의 추함, 그의 신들린 목소리, 목적을 위해 며칠씩 움직이지 않고 있는 그의 능력 모두는 그 신화에 기여한다. 아니면 그것은 전설인가? 이 모든 것으로부터 소크라테스는 해체에 가장 완고하다. 실로, 그는 해체 불가능 할지도 모른다.

❖ 주 ❖

1) 같은 개념이 지난해와 새해 모두를 향하고 있는 1월(January)의 이름으로 남 아 있다.

제2장
플라톤의 서로 다른 형상들
(기원전 427년경~347년)

소크라테스가 약간의 미스터리라면, 플라톤은 아주 명백하다. 아니면 적어도 리처드 로빈슨의 『서양철학과 철학자들의 간략한 백과사전』에서는 그렇다. 그는 이렇게 정리하고 있다.

　플라톤의 저작들은 전부 보존되어 있고, 다섯 권의 방대한 분량을 이룬다. 그것들은 가장 위대한 철학적 저작물뿐 아니라 세상에서 가장 위대한 문학 작품들 중의 하나를 이루고 있다.

실로 리처드 로빈슨에 의하면 만약 누군가가 철학이 무엇이냐고 물으면, "최상의 대답은 '플라톤을 읽어라'이다. '철학'이라는 단어를 유통시킨 사람이 플라톤이기 때문이며, '철학'이라는 이름의 학문을 발명하고 처음으로 실행에 옮긴 장본인이기 때문이다."[1]라며 자신있어 한다.

철학의 이야기

모든 철학적 구조물 중에서 플라톤의 것은 다른 모든 것들보다 조금 더 커 보이고, 부정할 수 없이 조금 더 웅대해 보인다. 그리고 그의 구조물 중에서도 아마 『국가』는 가장 크고 웅대할 것이다. 철학적 국가의 청사진, 최초의 유토피아는 정의의 본성을 명료하게 이해하고, 플라톤의 형상의 세계를 감지하여 건설된다.

삽화2 모두들 자신의 일을 하고 주어진 일에 충실할 때 정의를 찾을 수 있다고 플라톤이 말했다.

하지만 먼저 인간 그 자체에 대해 조금 더 보자.

플라톤은 아테네에서 태어나 공부하고, 가르치고, 죽었다. 그의 본명은 아리스토클레스였지만, 학창 시절에 그의 넓은 어깨 때문에 '플라톤'('넓다'는 의미)이라는 별명을 얻었고, 그 이름이 역사에 남았다. 그는 귀족 가문 출신이었으며 (스스로를 '왕족' 출신으로 여기기조차 했던 것 같다), 그 시대에 보통 그랬던 것처럼, 시와 전쟁에 대해 배웠다. 그는 정치에 관심이 있었지만 민주주의를 어리석은 사람들의 지배로 여겼고, 그로인해 당시 민주주의였던 아테네에서 그가 할 수 있는 것이 별로 없었다.

대신 그는 아프리카와 이탈리아의 그리스 식민지를 여행하면서 피타고라스의 개념들을 흡수했고, 그리스령 시실리의 수도였던 시라큐스를 여러 차례 방문하여 그의 정치사상을 그곳에 이식하기 위해 새로운 왕 디오니시우스 2세를 자문했다. 그러나 왕과의 불화로 387년 아테네로 돌아와서 사람들이 최초의 '대학'이라고 생각하는 철학 연구를 위한 그 유명

34

한 '아카데미'를 설립한다. 그는 80세에 제자의 결혼 피로연을 즐기고 잠든 후 죽은 것으로 전해진다.

그건 그렇고, 『국가』에는 유명한 동굴의 비유가 나온다. 그것은 일종의 사고실험으로, 족쇄를 찬 죄수들이 그들 앞에 비친 그림자만을 볼 수 있는 벽을 향하고 있어서 그림자를 실재로 여긴다. 죄수 중 일부가 진짜 세계로 도망치지만, 동굴로 돌아와서 속박된 동료들에게 그들이 동굴 속에서 본다고 생각하는 것들이 사실은 잘못되고 왜곡된 그림자일 뿐이라는 것을 납득시키는데 실패한다. 이는 인습과 한갓 믿음이 아닌 '이성'에 대한 찬가다. 같은 정신에서 『국가』는 정의는 사물에 대한 올바른 질서로, 일종의 조화로, 국가라는 인간이 만든 가장 큰 계획을 고려할 때 쉽게 볼 수 있는 것으로 이해되어야 한다고 소크라테스가 자신 있게 주장하는 것으로 시작한다. 여기서 정의란 모두가 자신의 일에 매진하고 다른 사람들의 일에 참견하지 않을 때 찾을 수 있는 것이라고 플라톤은 말한다. 그리고 만약 그의 국가에 대한 청사진이 비현실적으로 보인다면, 그것은 별로 중요하지 않은데, 왜냐하면:

… 아마도 다른 세계에서, 그것을 보고자 하는 사람은 볼 수 있는 패턴이 놓여 있고, 그렇게 하면서 그들 자신의 도시를 질서 있게 할 수 있을 것이다. 그런 도시가 존재하는지 — 또는 실제로 존재하게 될지 — 는 문제가 되지 않는다. 왜냐하면 그런 사람은 이상적인 도시의 방식에 따라서 다른 것과 아무 상관없이 살아갈 것이기 때문이다.

그렇지만 대화의 모든 미스터리와 불확실한 것들 중에서 한 측면은 많이 간과된 듯하다. 왜냐하면 그 국가는 전혀 이상적이지 않기 때문이다. 그것은 앞부분에서 아주 명백하게 언급되고 있다. 실제로 그것은 사치스런 국가다. 그것은 글라우콘이 생활의 "일상적 편의시설"을 약간 요구하거나, 또는 소크라테스에게 "음식에 조미료"라고 해명하듯 언급한 것에 대한 반응이다.

플라톤은 그의 국가를 이렇게 소개하고 있다.

> 소크라테스: 그렇다면 무엇보다 이제 이렇게 만들어진 시민의 생활 방식이 무엇인지 고려해 보자. 그들은 콩과 포도주, 옷, 신발, 그리고 집을 짓고 살겠지? 여름에는 옷을 벗고 맨발로 일하겠지만, 겨울에는 옷을 충분히 입고 신발도 신겠지. 그들은 보리와 밀가루를 반죽하고 구워서 케이크와 빵을 만들어 먹고 살 걸세. 이것을 갈대 받침이나 깨끗한 나뭇잎 위에 놓고 목재와 은매화로 짠 침상 위에 기댄 채로 먹겠지. 그들은 머리에 화관을 두르고 신을 찬양하며, 서로 즐거운 대화를 나누면서 아이들과 함께 성찬을 하며 직접 만든 포도주를 마실 거야. 그리고 그들은 가난이나 전쟁을 염두에 두고서는 가족의 수가 그들의 수입을 넘지 않도록 주의할 것일세.
>
> 글라우콘: 그렇지만, 선생님은 그들의 음식에 풍미를 주지 않았습니다.
>
> 소크라테스: 맞아. 내가 잊었네. 물론 그들에게는 양념이 있어야 하네. 소금, 올리브, 치즈 말이네. 그리고 그들은 시골 사람들이 하듯 근채와 향초를 끓일 걸세. 디저트로 우리는 무화과와 완두콩을 제공할 것이며, 그들은 은매화 열매와 도토리를 불에 굽고 술도 조금 마실 것이네. 그런 식사로 그들은 아주 늙을 때까지 평화롭고 건강하게 살 것이고, 그들의 후손들에게도 유사한 삶을 물려줄 것이네.

하지만 소크라테스는 요점을 완전히 놓치고 있다. 무화과 열매와 완두콩 말이다! 글라우콘의 반론은 더 심각하다. "네, 소크라테스 선생님." 이제 그는 비꼬아서 말하고 있다. "만약 선생님이 돼지들의 도시를 만들었다면, 그 짐승들에게 이런 것들을 먹이지 않았겠습니까?"

> 소크라테스: 그렇지만 어떻게 해야 한단 말인가, 글라우콘?
>
> 글라우콘: 그들에게 생활의 일상적인 편의를 제공해야 합니다. 편한 의자에 기대고 식탁에서 식사하고 오늘날 사람들이 하듯이 후식을 먹겠죠.
>
> 소크라테스: 그래. 알겠네. 자네가 나로 하여금 생각하라고 하는 것은 단지 어떻게 국가를 만들지가 아니라 어떻게 사치스런 국가를 만들 것인가 하는 것이군. 아마도 여기에는 어떤 해도 없을 걸세. 왜냐하면 그런 국가에서 우리는 어떻게 정의와 부정의가 발생하는지를 더 잘 볼 수 있을 것일세. 내 생각에 진정하고 건강한 국가의 구성은 내가 기술한 것일세. 그러나 만약 자네가 열광적인 국가를 보고 싶다면, 그에 대해 반대하지 않겠네. 왜냐하면 나는 많은 사람들이 더 단순한 삶의 방식에 만족하지 않을 거라고 의심하기 때문이네. 그들은 안락한 의자와 탁자, 그리고 다른 가구들을 더하고자 할 것이고, 맛있는 음식과 향수, 그리고 향을, 그리고 정부(情夫)와 과자 등 그저 한 종류뿐 아니라 모든 다양한 종류의 것들을 원할 것일세.

심하다! 하지만 소크라테스는 불건전한 과제를 수행하려고 한다.

> 소크라테스: 그렇다면 우리는 내가 처음에 말한 필수적인 것들 — 집, 옷, 신발 — 을 넘어서야 하네. 화가와 수놓는 사람이 필요할 것이고, 금과 상아 및 모든 종류의 물질들이 조달되어야 하네.
>
> 글라우콘: 그렇습니다.

소크라테스: 그렇다면 우리는 국경을 더 확장해야 하네. 왜냐하면 원래의 건강한 국가로는 더 이상 충분하지 않기 때문이네. 이제 우리의 도시는 그 규모에서 확장되어야 하고, 그것은 자연적 필요의 요구를 넘어서는 것이네. 모든 부류의 사냥꾼과 배우들이 필요하고, 그중에서 큰 부류가 형태와 색채에 관여하고, 다른 부류는 시가에 관여하는데 이들은 시인과 그들을 돕는 시낭송인, 배우, 무용수, 연출가, 그리고 각종 장비를 만드는 사람들과 의상제작자들이 필요하네. 또한 더 많은 시종들이 필요하네. 아이들을 돌보는 사람들, 유모, 보모, 시녀, 이발사, 제빵사, 요리사, 그리고 돼지 치는 사람도 필요하지 않을까? 이런 사람들은 우리가 원래 생각한 국가에는 필요하지 않았고 따라서 고려되지 않았지만, 이제는 필요한 것이지. 이 사람들을 잊어서는 안 되네. 그리고 만약 사람들이 고기를 먹는다면, 다른 많은 종류의 동물들도 있어야 하네.

글라우콘: 확실히 그렇습니다.

소크라테스: 그러면 이렇게 사는 것은 이전에 생각한 것보다 더 많은 의사들을 필요로 할 것이네.

글라우콘: 더 많이 필요하겠지요.

소크라테스: 원래 생각했던 주민들이 살기에 충분했던 땅도 이제는 충분치 않고 너무 작겠지?

글라우콘: 그렇습니다.

소크라테스: 그렇다면 목축과 경작을 위해 우리가 이웃 나라 땅의 일부를 원하고, 우리의 이웃도 마찬가지로 꼭 필요한 것의 한계를 넘어서서 무제한적 부의 축적을 허용한다면 그들도 우리 땅의 일부를 원하겠지?

글라우콘: 그렇게 되는 것이 불가피하겠네요, 소크라테스 선생님.

소크라테스: 그렇다면 우리는 전쟁을 해야 할 걸세, 글라우콘. 안 그런
　　　가?

글라우콘: 거의 확실합니다.

소크라테스: 그렇다면 전쟁이 좋은 결과가 될지 아닐지를 결정하지 않
　　　고, 따라서 다음의 것을 확인할 수 있네. 즉 이제 우리는 사적으로나
　　　공적으로 국가에서 거의 모든 악의 원인이기도 한 그런 원인으로부
　　　터 전쟁이 야기된다는 것을 알게 되었다는 것이네.

글라우콘: 의심의 여지가 없습니다.

분업뿐 아니라 계급 구분, 군대, 엘리트 지배층 — 그 유명한 플라톤적 수
호자들 — 을 필요로 하는 것은 탐욕과 물질주의일 뿐이다.

그러나 오직 채식주의자들만이 철학을 할 수 있는가 하는 것 — 또는 사실 철학은 그저 비채식주의자들에게만 필요한가 하는 것 — 이 가장 중요한 물음인가?

플라톤의 "이상" 사회가 검열과 엄격히 통제된 경제로 분명히 — 전혀 이
상적이지 않은 — 군국주의적, 실로 파시스트적 국가이기도 하다고 불평
하는 플라톤 비평가들은 플라톤이 아주 기쁘게 그들에 동의하는 『국가』
에 대한 이러한 대안적 해석을 보고 놀랄지도 모른다. 그들이 고려하지
못한 것은 플라톤이 기술한 국가가 그 자신의 이상적인 국가가 아니라는
점이다. 그것은 (시민의 이름으로) 그저 글라우콘이 고기를 요구한 것을
따르게 된 결과일 뿐이다. 말하자면 그것은 소크라테스 자신이 피하고자
한 구조상의 실수다.

　　그리고 실로 고대 그리스인들 중에 많은 채식주의자들이 있었다. 델피

의 그리스 사제 중 하나였던 플루타크(그의 에세이 "육식에 대하여"는 철학은 아니더라도 문학의 고전으로 여겨진다)는 물론 플라톤에 영향을 준 피타고라스도 그랬다. "오, 나의 친구들이여!" 피타고라스는 외쳤다.

여러분의 몸을 죄스런 음식으로 더럽히지 마시오. 우리에게는 옥수수가 있습니다. 우리에게는 그 무게로 가지를 휘게 하는 사과가 있고 포도나무 위에서 부풀어 오르는 포도가 있습니다. 달콤한 향의 풀과 채소들은 불로 익히고 부드러워집니다. 여러분은 우유 또는 백리향의 향이 나는 꿀을 거부하지 않습니다. 대지는 여러분들에게 순결한 음식들을 풍부하게 허락하고, 피나 도살과 관계없는 향연을 베풉니다.

그래서 『국가』는 국가에 대한 플라톤 자신의 개념이 아니고 피타고라스의 개념에 대한 것이었을까? 지금 다루어져야 할 정치적 계획 대신 그리스 채식주의자들 사이의 해묵은 논쟁에 관여하려는 플라톤의 시도일까? 해답은 올림푸스 산의 안개 속으로 사라진다. 그러나 확실해 보이는 것은 플라톤의 『국가』가 장대하긴 하지만 일관적인 철학적 테제로 여겨질 필요는 없다는 것이다. 아마도 다른 대화편들처럼 『국가』도 실제로는 시를 써 왔을 법한 누군가에 의해 재미있는 단편들과 일화들을 한데 모아 놓은 것으로 읽을 수 있을 것이다.

그리고 (아주 더 이상하게) 비록 우리는 플라톤을 음악과 시를 금지하고 사랑을 말리고 성행위는 아이를 낳는 것으로 제한하는 데 여념이 없는 소크라테스의 단호한 꼭두각시 조종자로 생각하지만, 『향연』 또는 '주연'(酒宴)이라 불리는 후기의 대화편에서 플라톤은 매우 다른 그림을 그리고 있다. 여기서 쾌활한 소크라테스는 디오티마라는 현명한 여성의 말을 회상하면서 철학에 대한 그의 젊은 시절의 견해를 수정하고 대신 사랑과 시에 대해 가르치는 것은 아름다움과 선을 이해하고 인식하는 과정 중의 하나라고 한다. 뿐만 아니라 사실 그것이 아름다움과 선의 이데아적 형상을 지각하는 유일한 방법이다. 여기서 그 후로 영원히 플라톤의 것이라고 여겨진 형상의 이론 자체는 명백히 디오티마의 것으로 여겨진다. 이러한 자기파괴에 만족하지 않고, 플라톤은 이 잘 어울리지 않는 소크라테스(왜냐하면 역사가들은 이 시기의 소크라테스가 아테네를 떠난 적이 없으며, 주연은 시골을 배경으로 한다고 생각한다)는 그가 늘 그래왔던 '플라토닉'한 관계에 대한 엄격한 옹호에 놀랄 만큼 대비되게 개인적 사랑을 찬미한다. 사랑하는 사람의 물리적 존재가 만들어 낼 수 있는 심리적 흥분상태 — 『국가』에서는 '폭군'이라 비난했던 그 흥분 — 를 기술한 뒤, 그는 '영혼의 날개'가 말라 버리는 것을 방지하는 것은 오직 그런 흥분뿐이라고 말한다!

어쩌면 종종 플라톤이 썼다고 여겨지는 편지와 관계가 있는지 모르겠다. 그 편지에서 그는 모든 사람이 그가 썼다고 가정하는 텍스트들이 사실은 소크라테스가 쓴 것이라고 선언한다. 이 논란 많은 '두 번째 편지'에서 플라톤은 자신을 진정한 철학자라고 밝히고, 소크라테스는 (약간 늙은) 견습생이 된다. 여기서 열등하게 쓰인 형태를 현명하게 피하는 사람은 (전통적으로 철학사에 언급된 것과 같이) 소크라테스가 전혀 아니고 플라톤인 것이다.

❖ 주 ❖

1) 고대 그리스인에게는 특이한 일이지만, 플라톤의 모든 저작은 살아남았다. 이는 마치 그가 정합적인 철학적 체계를 지닌 것처럼 보여서 행운이다. 그런데 그 자체로 보는 대신 그의 저작의 모든 부분은 재고될 필요가 있다. 다양

한 조각들로부터 만들어진 그림으로 말이다. 그리고 많은 그림들이 만들어질 수 있다.

제3장
귀족 아리스토텔레스
(기원전 384년경~322년)

'두 명의 위대한' 그리스 철학자가 아테네에서 다른 그리스 동료들에 둘러싸여 있는 것을 묘사한 웅장한 유화가 있다. 그런 것들이 유행이었던 16세기에 르네상스 화가 라파엘로가 그린 「아테네 학당」은 형상들의 신비한 세계의 미덕을 가르친 것으로 기억되는 플라톤이 그의 손을 위로 향하면서 마치 "진리를 위해 하늘의 완전성을 보라"고 말하는 듯하다. 그와 대조적으로 세속적 현실의 현상을 관찰하는 데서 그의 철학이 시작했다고 여겨지는 아리스토텔레스는 손을 아래로 향하면서 "진리를 알고자 한다면 존재하는 것에로 너의 주변을 보라"고 말하는 듯하다.

물론 그것이 아리스토텔레스에 대한 이상화된 그림이다. 디오게네스 라에르티우스는 『저명한 철학자들의 삶과 견해들』에서 좀 더 현실적인 그림을 제시한다. 그는 아리스토텔레스가 혀 짧은 음성과 매우 가느다란 다리, 작은 눈의 소유자였으며, 많은 반지를 끼고 머리를 공들여 정돈하면서 매우 눈에 띄는 복장을 했다고 말한다. 디오게네스는 아리스토텔레스가 따뜻한 올리브유로 목욕을 했고, 그 기름을 나중에 팔곤 했음을 리콘이 말했음을 상기시킨다. 사실 살아 있는 동안과 그 후로 오랜 기간 동안 아리스토텔레스의 명성은 플라톤의 고양된 그것과는 아주 동떨어진 것이었다. 저명한 '회의주의자' 필루스의 티몬 같은 작가들은 "공허한 아리스토텔레스의 애처로운 수다"를 비아냥거렸으며, 키오스의 테오크리투스는 다음과 같은 좀 호의적이지 않은 풍자시를 썼다.

머리가 텅 빈 아리스토텔레스가 일어났다.

거세된 헤르미아스의 이 텅 빈 무덤.

잘못 쓰인 에우불루스의 노예.

(그의 기괴한 식욕으로 아카데미아의 작은 숲보다

보스포루스를 더 좋아한 사람)

철학의 이야기

마케도니아 왕의 의전이자 약초학자였던 그의 아버지는 자연 세계의 신비를 소년 시절의 아리스토텔레스에게 알려 주었다. 이는 확실히 행복한 날들이었을 것이며, 아리스토텔레스의 부모는 유복했고 아리스토텔레스는 언제나 배우고 싶어 했다. 슬프게도 그런 시절은 그의 부모님이 일찍 세상을 떠나면서 끝나고 만다. 대신 아리스토텔레스는 그의 누이 아림네스테의 남편 프록세누스가 보호하게 된다.

프록세누스는 플라톤의 친구였던 것 같으며, 그리하여 367년 아리스토텔레스는 17세의 나이에 집을 떠나 아테네의 명망 있는 아카데미에서 플라톤의 제자가 된다. 그는 단순히 의학을 배우려고 그곳에 갔지만, 그보다도 곧 수학, 천문학, 법률, 정치 등 당시의 다른 모든 논쟁에 열중하게 되었다.

그의 날카롭고 널리 인정된 공헌은 그를 주목할 만한 인물로 만들었고 플라톤은 그를, 어쩌면 신랄하게, 아카데미의 "지성"이라고 불렀지만, 그럼에도 불구하고 기원전 347년에 플라톤이 죽은 후 마케도니아인 아리스토텔레스가 아니라 플라톤의 조카였던 스페우시포스가 아카데미의 대표로 지명되었다. 얼마 지나지 않아 아리스토텔레스는 오늘날 터키의 북서부이며 당시에는 헤르미아스가 지배한 작은 도시국가였던 아소스에 자신의 작은 아카데미를 세우려고 친구 크세노크라테스와 함께 그리스 본토를 떠났다.

그곳에 안착한 아리스토텔레스와 크세노크라테스는 '과학', 특히 생물학에 집중했다. 동물들의 삶의 다양성에 매혹된 아리스토텔레스는 그들을 위계에 따라 열정적으로 분류하고, 실제로 그의 전체 저작 중 약 4분의 1은 자연을 범주화하는 것이었는데, 상이한 피조물들에서 영혼이 차지하는 상이한 형태에 관한 것도 포함되었다. 오랜 시간을 통해 그는 5백여 동물종을 확인했고, 그중 거의 50종을 조심스럽게 해부했다. 그는 해양 생물에 대해 최상의 분류를 했는데, 레스보스 섬에서 터키 연안의 미틸레네로 이주하는 동안 돌고래는 특정 육상 동물과 같은 방식으로 출산을 하기 때문에 어류에 속하지 않고 포유류에 속한다는 것을 알아내기까지 했다. 그는 또한 상어를 연구하여 그들 중 일부는 어릴 때 출산을 하는 것에 주목했고, 가오리가 먹이를 기절시키는 능력을 보고 그것이 전기충격 때문임을 알지 못한 채 곤혹스러워했다. 그러나 바다 밖에서의 그의 관찰은 종종 그로 하여금 길을 잃게 했다. 그는 식물은 오직 무성생식만 하며, 인간에게 있어서 심장은 의식의 중심이고 오로지 사람의 가슴 속에서만 뛴다고 잘못 주장했다. 그는 신체의 좌측은 우측보다 더 차가우며, 비록 모든 사람의 머리에는 영혼을 위한 '빈 공간'이 있지만 두뇌는 혈액을 식히기 위해 존재한다고 주장했다.

그는 동물들이 감각과 욕구만 가능하며, 살아남기 위해 인류의 지배를 필요로 한다고 주장하면서 동물들의 사고 능력을 부정했다. 만물에서 불멸의 영혼을 보았던 피타고라스와 달리 아리스토텔레스의 견해는 식물과 동물은 인간의 사용을 위해서만 존재한다는 것이었다.

종종 아리스토텔레스는 자연에서 만물의 설계는 그 최종 '목적'을 고려함으로써 이해될 수 있다는 이론으로 다윈을 앞선 것으로 여겨지지만,

플라톤 역시 대상들은 그들의 적절한 위치를 회복하려는 경향성 — 돌은 낙하하고, 불은 타오르고 하는 등등 — 에 대해 말하면서 세계를 설명했다. 실로 그의 대화편 『티마이오스』에서 플라톤은 퇴행적 진화론을 제시하고 있다. 그 이론에서 신에 의해 직접 창조된 인간은 처음에는 여성으로, 그리고 이어서 동물 세계의 다양한 계층들로 빠르게 퇴보한다.

아리스토텔레스는 적어도 이 점에서는 플라톤을 따르지 않았다. 그러나 그가 시간과 공간의 본성을 기술할 때, 그의 우주론은 언제나 보수적인 것이었다. 그는 프톨레마이오스의 '천구'는 그저 은유적인 것이 아니라 문자적으로 투명한 것이라고 생각했으며 천체가 적절하게 기능하기 위해서는 좀 더 많은 수가 있어야 하며 세련되지 않게도 총 54개의 천구에 이르게 된다고 계산하기에 이르렀다. 천체의 운동은 지속적이며, 그가 '에테르'라고 부른 것 안에서 천구가 부드럽게 순환한다는 점에서 순환적이기까지 하다. 그는 '진공'은 난센스이며, 설사 그런 것이 있다 하더라도 진공 속 운동은 확실히 불가능할 것이라고 주장했다.

지구는 우주의 중심이기 때문에 만물은 지구 둘레에 층층이 배열되어 있다. 지구에서 모든 것은 변화 가능하며 부패하는 반면, 천체에서는 모든 것이 영원하며 불변한다. 물은 지구 위에 있고, 공기는 물 위에 있으며, 불은 모든 것 위에 있다. 이는 관찰에 의해 확인되는 것이다. 돌처럼 흙으로 구성된 대상은 공기 속에 놓으면 아래로 떨어지려 하며, 비처럼 작은 물방울도 떨어진다. 물 아래 생기는 기포는 위로 올라가며, 불꽃도 그렇다.

또한 아리스토텔레스에게는 대상이 무거울수록 더 빨리 떨어지는 것은 명백해 보였다. 단순한 실제 실험은 이것이 틀렸음을 입증할 수 있지만, 대신 이러한 오류는 갈릴레오와 뉴턴이 그것이 경험적 불가능성이 아니라 논리적으로 불가능하다는 것을 증명할 때까지 물리학의 진보를 가로막았다.

마찬가지로 아리스토텔레스는 사물들이 원자들로 이루어졌다는 데모크리토스의 이론을 고려는 했지만 거부함으로써 화학의 발전을 2천 년 동안 가로막았다. 과학자 존 틴들이 19세기에 주목했듯이 아리스토텔레스의 진술들은 그것이 가장 부정확할 때 가장 잘 받아들여졌다.

그는 사물들의 자리에 단어를 넣었고, 대상들의 자리에 주체를 넣었다. 그는 실천해 보지 않고 귀납법을 설파했는데, 개별적인 것으로부터 일반적인 것으로의 이행 대신 일반적인 것으로부터 개별적인 것으로 넘어감으로써 탐구의 진정한 질서를 뒤집었다. 그는 우주를 그 중심에 지구가 고정된 닫힌 구체로 만들었다. 이는 그 자신이 만족한 일반 원리로부터 증명한 것으로 거의 2천 년 동안 그와 다른 우주는 불가능한 것이었다. 그의 운동 개념은 완전히 비물리적인 것이었다. 그것은 자연적이거나 비자연적이며, 좋거나 나쁜 것이며, 고요하거나 격렬한 것으로 그의 마음속에는 그와 관련된 어떠한 진정한 물리적인 개념도 없었다. 그는 진공은 존재할 수 없다고 주장했으며, 만약 진공이 존재한다면 그 안에서의 운동은 불가능할 것임을 증명했다. 그는 얼마나 많은 동물종이 존재하는지를 선험적으로 규정했으며, 일반 원리에 따라 왜 동물들이 이러저러한 부분들을 가져야만 하는지를 보였다.

아니면 칼 포퍼가 후에 말했듯이, "내가 생각하기에 아리스토텔레스 이후의 사상의 발전은 다음과 같이 요약될 수 있다. 모든 학문 분야는 그것이 아리스토텔레스의 정의법을 사용하는 한 공허한 용어와 초라한 학풍의 상태에 머물었으며, 그러한 한도에서 다양한 학문이 진보를 이룰 수 있었던 것은 그러한 본질주의적 방법을 제거할 수 있었던 한도에 따른 것이었다." 포퍼는 아리스토텔레스가 정의를 강조한 것이 공허하게 사소한 것을 따지는 '현학' 으로 이끌며, 더 나쁜 것은 이어서 이성 가치에 대해 환멸하게 만든다는 것이다. 포퍼는 이것이 아리스토텔레스의 위대한 범죄라고 말한다.

어쩌면 마케도니아 왕좌의 계승자인 알렉산더 대왕의 교육을 돕기 위해 마케도니아로 돌아오라는 왕명으로 아리스토텔레스의 연구가 중단된 것은 진보를 위해서 다행일지도 모른다. 그의 주된 활동은 젊은 전사를 위해 『일리아드』의 특별판을 준비하고 복사하는 것이었던 듯하다. 하지만 알렉산더는 아리스토텔레스의 다른 관심사에 대해서는 흥미가 없었다.

마침내 아테네로 돌아온 아리스토텔레스는 '거닐다' 라는 그리스어를 따서 '소요학파' 로 알려지게 된 새로운 대학을 만든다. 아리스토텔레스는 실외에서 강의를 하는 동안 이리저리 거닐곤 했다고 전해진다. 실제로 거닐었든 아니든, 그는 자신의 모든 생각을 책으로 만들려는 데에는 확고했다. 오랜 세월에 걸쳐 '거니는' 학파는 방대한 원고들의 장서를 축적했고, 이는 궁극적으로 알렉산드리아 도서관의 핵심으로 자리하게 된다. 그러나 알렉산드리아 도서관은 391년 이를 "이단 사원"이라 말한 알렉산드리아의 주교 테오필루스의 명령에 따라 파괴된다. 그러나 운 좋게도 아리스토텔레스의 원고집은 기원전 80년경 소아시아의 한 구덩이에서 로마 병사들에 의해 발견되었다. 잘 정리된 원고집이었기에 로마인들은 그것을 이탈리아로 가져가 조심스럽게 복제했다.

5세기 초 로마가 '야만인들' 에 함락되었을 때 원고들은 페르시아에 다다랐고, 그곳에서 유럽의 '중세 암흑기' 동안 아랍인들에 의해 보존되었다. 그리하여 12세기와 13세기에 개혁된 기독교는 그 책들을 라틴어로 번역함으로써 '이교도' 로부터 되찾을 수 있었다. 그리고 이제 아리스토텔레스는 '철학자' 로서 플라톤을 대신하기 시작했다. 실로 그의 견해를

삽화 3 어쩌면 마케도니아로 돌아오라는 왕명으로 아리스토텔레스의 연구가 중단된 것은 진보를 위해서 다행일지도 모른다.

거의 신적 권위를 지닌 것으로 여겨서 만약 아리스토텔레스가 그렇다고 말한 것이라면, 그런 것이었다. 로마 대주교 자일스에 따르면, 그 전성기 때 복음서 대신 아리스토텔레스의 『윤리학』을 매주 일요일 아침 사람들 앞에서 읽었던 교회들까지 있었다고 한다.

그렇다면 페르시아인들이 수 세기 동안 그렇게 조심스럽게 보호했고 이제는 유럽 문화의 기초가 되는 텍스트가 된 아리스토텔레스의 이야기 속에는 무엇이 있을까? 아리스토텔레스가 알렉산더 대왕에게는 별 영향을 주지 못한 반면, 천 년 후에는 확실히 영향력이 있었기 때문이다.

아리스토텔레스의 비밀

우리가 본 것처럼 아리스토텔레스의 무척 단순한 방법은 그 주변의 세계를 관찰하고 그가 본 것을 그에게 보인대로 설명하는 것이었다. 그는 여성들이 남성들보다 훨씬 못한 대우를 받는다고 보았다. 그는 이것이 "여성들은 본성상 결함이 있기 때문"이라고 설명했으며, 남성의 체액(정액)을 생산할 수 없다는 사실에 의해서 가장 잘 설명된다고 했다. 그리스인들은 이 체액이 작은 씨를 포함하고 있어서 여성에게 심어지면 시간이 흐름에 따라 인간으로서 성장한다고 생각했다. 성관계에서 남성은 인간의 본질인 영혼, 즉 '형상'을 제공하는 반면, 여성은 그저 나중에 자양분인 '질료'를 제공할 뿐이다.

이 모든 것이 플라톤이 생각했던 것처럼 아리스토텔레스도 '질료'의 세계가 형상의 세계보다 열등한 것으로 이해했다. (아리스토텔레스는 플라톤을 모질게 비판하면서 자신을 플라톤과 차별하려는 시도를 자주 했지만, 사실 아리스토텔레스는 플라톤의 재조명이다.)

> … 만약 침상에 대해 논의한다면, 우리는 그것의 질료보다는 형상 (예컨대 청동인지 나무인지)를 규정하려 해야 한다 … 왜냐하면 형상적 본성은 질료적 본성보다 더 중요하기 때문이다.

아리스토텔레스는 신들이 인간을 오점 없이 남겨두기 위해서 현명하게 인간성을 반으로 나누었음을 파악했다.

그리스 사회는 동일한 원리를 따랐다. 여성들은 남편이 선택될 때까지 — 이때는 대략 10대 중반이 될 때였다 — 부모의 집에서 머물렀다. 아내는 남편의 집으로 옮겨 갔고 그곳에서 아이 — 좀 더 정확히는 아들 — 를 낳아 키우는 주요 기능을 충족시키는 것이 기대되었다.

많아야 한 명의 딸만이 기대되었다. 그 이상의 여자 아이는 산중턱에 버려져 죽기도 했다. 아테네의 남성들에게는 아내 말고도 성적인 욕구를 충족시킬 수 있는 다른 방법이 많았다. 헤타이라이(*hetairai*)라는 정부, 창녀 또는 그들이 소유한 노예 여성들이 있었다. 물론 많은 소년들과 다른 남성들은 말할 것도 없다. 아내의 주요 기능은 아들을 기르는 것이었다.

자연적으로 아내는 남편과 그의 친구들과 사회적인 교제를 할 수 없었다. 사회적 모임은 설사 집에서 열린다 해도 아내에게는 금지된 영역이었다. 부유한 여성들에게는 시장이나 공용 온천에 가기 위해 집을 떠나는 것이 허용되지 않았다. 이는 남성들 또는 여성 노예들이 할 일이었다. 실제로 여성 노예들은 어떤 면에서 그들의 여주인보다 더 많은 권리를 가졌다. 노예들은 아주 천한 존재로 여겨져서 남성과 여성의 구분이 문제가 되지 않았기 때문이다.

그러나 모든 사람이 그렇게 생각한 것은 아니었다. 『국가』에서 플라톤은 여성의 소유물로서의 지위가 폐지된(즉 더 이상 남편에 의해 소유되지 않는), 그리고 여성들이 남성들과 동등한 교육을 받게 되는, '수호' 계급을 예견했다. 다른 한편으로 『티마이오스』에서 플라톤은 말한다:

신들에 의해 직접 창조되고 영혼을 부여받은 것은 오직 남성들뿐이다. 올바르게 산 사람들은 별들이 되지만 비겁하거나 그릇된 삶을 산 사람들은 다음 세대에서 여성의 본성으로 바뀐다.

아리스토텔레스는 후자를 택했으며, 남성은 여성을 돌보아야 한다고 덧붙였다. 왜냐하면 남성이 더 우월한 지능을 지녔기 때문이다. 그가 생각하기에 이러한 배려는 물론 여성들을 이롭게 한다는 것에 유념하라. 그는 인간과 가축의 관계를 비교하듯 남성과 여성의 관계를 비교한다.

길들인 모든 동물들은 인간에 의해 지배되는 것이 가장 좋다. 왜냐하면 그렇게 해서 동물들이 살 수 있기 때문이다. 같은 방식으로 남성과 여성 간의 관계는 본성상 남성이 위이고 여성이 아래라서 남성이 지배하고 여성은 지배받는다.

노예와 주인 모두에게 이익이 되는 노예제가 이와 유사한 사례다. 그것은 가장 좋으며 자연스러운데 어떤 사람들은 '본성상' 노예이기 때문이다. 대부분의 외국인들도 이와 같다. 야생동물처럼 그들은 먼저 정복될 필요가 있다. 아리스토텔레스는 세계시민주의를 보이면서 야만인들 중에 여성과 노예 간의 구분은 없다고 말한다. 왜냐하면 그들 중에는 어떠한 자연적 지배자도 없기 때문이다. 그들은 노예, 남성, 그리고 여성의 공동체인 것이다. "이것이 바로 시인들이 '그리스인들이 야만인들을 지배한 것은 옳다'고 말한 이유다. 왜냐하면 '본성상 야만인 것과 노예인 것은 같기 때문이다.'"

그런데 종종 역으로 아리스토텔레스는 묻는다. "그렇지만 그래서 본성상 노예인 사람이 있을까? 노예의 조건에 적절하고 잘 맞는 그런 사람 말이다. 아니면 그렇지 않고 모든 노예제는 본성에 반하는 것일까?" 다행히도 그는 "이성과 사실 모두에 근거하여 이 문제에 답을 찾는 데 어려움이 없었다. 왜냐하면 누군가는 지배하고 다른 사람들은 지배 받는다는 것은 필연적일 뿐 아니라 적절하다. 탄생의 시점부터 어떤 사람들은 복종하도록 정해져 있고 다른 사람들은 지배하도록 되어 있다." 그리고 그는 계속해서 말한다:

그 사람은 본성상 다른 사람에 속할 수 있는 노예로 그것을 인식함으로써 생각을 하게 될 뿐이지 그 능력을 소유하기 때문에 그런 것은 아니다. 다른 생물들(동물들)은 생각함을 인식할 수 없다. 그들은 그저 느낄 뿐이다. 그러나 노예를 사용하는 것과 길들인 동물을 이용하는 것 사이에는 차이가 거의 없다. 둘 다 필요한 일들을 하는 데 신체적 도움을 제공한다.

노예는 경제적인 이유로 적절하게 보살펴야 한다. 그러나 여성들처럼 노예들에게도 여가를 즐기거나 자유로운 시간을 가질 권리는 없다. 그들은 아무것도 소유할 수 없으며 결정을 내릴 수도 없다. 그들은 공동체의 구성원이 아니다.

실로 노예를 사용하는 것과 길들인 동물을 이용하는 것은 그리 다르지 않다. 왜냐하면 둘 다 그들의 신체로 생활에 필요한 것을 충족시키기 때문이다. 자연은 자유인과 노예의 신체들을 구별하려 하는데 하나는 굴종적 노동에 강하게, 다른 하나는 곧바르며 비록 그런 일에는 쓸모없지만 전쟁과 평화 모두의 기술에서 정치에 유용하게 만들었다. 그러나 정반대가 종종 일어나기도 한다. 즉 어떤 사람들은 영혼을, 그리고 다른 사람들은 자유인의 신체를 가진다. 그리고 의심의 여지없이 만약 신들의 조각들이 사람들의 그것과 구별되듯이 사람들이 그저 그들의 신체의 형태에서 다르다면, 열등한 계급이 우월한 계급의 노예가 되어야 한다는 것을 모두 받아들일 것이다. 그리고 만약 이것이 신체에 대해서 참이라면, 영혼에 대해서 그와 유사한 구분이 존재하는 것이 얼마나 더 정당하겠는가? 그러나 신체의 아름다움은 보이는 반면, 영혼의 아름다움은 보이지 않는다. 그렇다면 어떤 사람들은 본성상 자유롭고, 다른 사람들은 노예라는 것, 그리고 이러한 노예제는 적절하고 옳다는 것이 분명하다.

아리스토텔레스는 올바른 종류의 영혼과 신체가 반드시 같이 하는 것은 아니라는 이 이론의 가능한 약점을 이내 깨닫는다. 그래서 사람은 노예의 영혼과 자유인의 신체를 가지거나 그 반대일 수 있다. 수 세기 후에 성 아우구스티누스 때에서야 이 문제에 대한 해결책에 도달했다. 아우구스티누스는 신이 누가 전투에서 이길지를 결정하기 때문에, 전투에서 포로가 노예가 되는 것은 신이 사람들의 죄를 벌하는 방식이라고 설명했다. 이것을 깨닫지 못한 것이 아리스토텔레스의 작은 실수들 중의 하나다.

결국 아리스토텔레스의 정치 이론의 넓은 윤곽은 사회는 인간의 높고 낮은 형상들을 바탕으로 구성되어야 한다는 것이다.

- 여성들은 남성들보다 열등하다.
- 야만인들('외국인들')은 문명화된 인종들보다 열등하다.
- 노예들은 모든 사람들보다 열등하다.

비록 노예들은 그렇지 않았을지라도, 확실히 당시 그리스의 대부분의 귀족들은 그렇게 생각했다. 그러나 아리스토텔레스의 공헌은 동일한 기본적 생각이 중세를 통해 서양 세계를 주도했고 오늘날 특히 보수적 이슬람에서는 그 잔향을 남겼음을 확인하게 해 준다는 것이다.

아리스토텔레스의 과학과 그의 정치학은 이 정도로 해 두자. (그 자신의 체계적 접근을 따라서) 많은 사람들에 의해 철학에 대한 그의 가장 중요한 공헌으로 여겨지는 아리스토텔레스의 논리학과 윤리학은 어떤가? 논리학은 '사고의 법칙' 의 확고한 기초에 의존한다.

- 동일률: 존재하는 무엇이든 존재한다.
- 무모순률: 어떤 것도 동시에 존재하고 존재하지 않을 수 없다.
- 배중률: 모든 것은 존재하거나 존재하지 않거나 이다.

오로지 철학에서만 이와 같은 명백한 진술들에 대한 반박을 발전시킬 수 있다. 그러나 그는 또한 여기에서 확장하고 '논증'의 정교한 정렬을 만들어 냈다. 그가 말하는 것 중 일부는 '타당하고' 일부는 '부당하다.' 이른바 『분석론 전서』는 최초로 기록된 형식 논리학의 체계이며, 실로 19세기에 프레게가 그중 상당 부분을 버릴 때까지 유일한 '논리학'으로 남아 있었다. 아리스토텔레스의 논리학은 만약 소크라테스가 사람이고, 모든 사람이 죽는다면, 소크라테스 역시 죽는다는 것을 증명하기에 충분히 강력한 것이었다. 그러나 아리스토텔레스가 보지 못한 것은 가정들의 규약적 성격이었다. 실제 세계에서 사물들은 존재하면서 존재하지 않을 수 있으며, 때로는 그 둘 사이에 있을 수도 있다. 어떤 관점에 있느냐에 따라 돌은 크기도 작기도 하며, 만약 아주 가까이서 그것이 흙으로 이루어져 있음을 본다면 그것은 어쩌면 돌이 아닐지도 모른다. 그럼에도 불구하고, 세계는 규칙을 따르고, 규칙은 귀족 아리스토텔레스 같은 사람들에 의해 진술될 수 있다는 기발한 생각은 매력적인 것으로 판명되었으며, 많은 사람들은 유용한 것이라고 말할 것이다.

그리고 오늘날 교회에서는 읽힐 것 같지 않을지라도 철학과에서는 여전히 많이 연구되는 아리스토텔레스의 윤리학에 대해서는 어떤가? 이론들 중 그의 것으로 여겨지는 많은 것들, 특히 '기능'을 충족시키고, '덕'('덕 윤리학'을 볼 것)을 계발하는 것, 그리고 두 개의 바람직하지 않은 극단 사이의 '황금률'에 대한 가치는 전부 훨씬 오래된 것이다. 사실 플라톤은 이 생각들을 더 강하고 설득력 있게 제시했다. 그럼에도 불구하고, 아리스토텔레스와 플라톤의 중요한 차이는 그들의 윤리학에 있다. 아리스토텔레스의 도덕에 관한 관점은 『니코마코스 윤리학』에 제시되고 있는데, 거기에서 그는 '옳고 그름'의 주제에 대한 대중적 견해의 조사로 시작하여 어떻게 그 용어가 사용되는지를 사회인류학적 방법으로 알아내려 한다. 플라톤은 그러한 접근을 매우 경멸했다.

『니코마코스 윤리학』은 그리스인들이 최고의 덕으로 간주한 것에 대해 설명하고 있다. 이는 아리스토텔레스의 '최고의 영혼' 또는 '고결한' 사람에 의해 예화되는데, 이는 깊은 목소리와 평조로 말하면서도 과도하게 신중지는 않은 사람이라고 한다. 주된 생각은 인류(또는 귀족) 본연의 목적은 그리스어로 매우 특별한 종류의 '행복'을 뜻하는 에우다이모니아(*eudaimonia*)를 추구하는 것이다. 그는 『정치학』 제2권에 "일을 할 때거나 아니거나 최고의 계급이 여가를 가지고 그들은 어떤 식으로든 불명예롭지 않게 하는 것 이상으로 절대적으로 필연적인 것은 없다"라고 썼다. 이것의 추구에는 세 측면이 있다: 단순한 기쁨뿐 아니라 정치적 영예, 그리고 관조에서 오는 보상이 있다. 물론 본질적으로는 철학에서처럼(하지만 동물들의 리스트 역시 만들어야 할지도 모른다).

17세기에 토머스 홉스는 윤리학을 '사람의 욕구'에 기초하려 하면서 옳고 그름의 구분이 없는 그런 기준을 선택해서 아리스토텔레스가 길을 잃게 되었다고 말했다. 사실, 홉스는 "고대인"의 "어리석음"과 "소란스러움"에 대해서 반복하며 이의를 제기했는데, 그 고대인이란 바로 아리스토텔레스를 뜻하는 것으로 그는 아리스토텔레스를 위대한 바보로 간주했다. 그것은 일종의 찬사다.

그러나 테오크리투스의 혹독한 시로 돌아가 보자. 이상하게도 헤르미아스(용병이었고 후에 폭군이 됨)가 이 세상을 떠난 원인은 고문을 당한 때문이었다. 그가 친구들을 배신하기를 거부했기 때문에, 그 친구들 중 하나였던 아리스토텔레스(그는 헤르미아스의 조카딸과 결혼했으며 헤르미아스는 그를 좋아했다)는 매우 고마워했다. 그에 대한 기념비를 세우면서 아리스토텔레스는 인용될 가치가 있는 자신의 언명을 어겼다. 그것은 바로 세상에서 가장 빨리 늙어 버리는 것은 감사하는 마음이라는 말이다.

디오게네스가 추산하길 아리스토텔레스가 철학적 지식 전체에 스스로 가한 이 작은 상처는, 그를 괴롭혔던 445,270줄 이상의 글과는 달리 그를 괴롭히지는 않았다.[1] 그러나 지금 우리가 알고 있듯이 이 중 많은 것은 잘못된 것이었다. 그래서 아마도 우리는 라파엘로의 제스처를 위대한 현학자의 무덤에 대한 플라톤의 분노의 표현으로 이해해야 할지도 모른다.

❖ 주 ❖

1) 디오게네스 라에티우스가 만든 유용한 "아리스토텔레스의 저작 목록"은 다음과 같다. 정의에 대한 네 권의 책; 시인에 대한 세 권의 책; 철학에 대한 세 권의 책; [그저 세 권? 그건 책을 어떻게 정의하는가에 달렸다 …] 정치가에 대해서 두 권; 그릴루스라고도 불리는 수사학에 대한 책 한 권; 네린투스 한 권; 소피스트 한 권; 메넥세누스 한 권; 에로틱 한 권; 향연 한 권; 부에 대해서 한 권; 훈계에 대해서 한 권; 영혼에 대해서 한 권; 기도에 대해서 한 권; 탄생의 고귀함에 대해서 한 권; 기쁨에 대해서 한 권; 알렉산더, 혹은 식민지 개척자들에 관한 에세이 한 권; 주권에 대하여 한 권; 교육에 관하여 한 권; 선에 대해서 세 권; 플라톤의 법률에 나온 것들에 대해서 세 권; 정치 제도에 대해서 두 권; 경제에 대해서 한 권; 우정에 대해서 한 권; 고통 혹은 고통 받는 것에 대해서 한 권; 과학에 대해서 한 권; 토론에 대해서 두 권; 분쟁의 해결에 대해서 두 권; 궤변의 분류에 대해 네 권; 역(逆)에 대해서 한 권; 종과 류에 대해서 한 권; 속성에 대해서 한 권; 논증적 주석에 대해서 세 권; 덕과 관련된 명제들에 대해서 세 권; 반대에 대해서 한 권; 다양한 방법으로 말할 수 있는 것들에 대한 한 권의 책, 또는 예비적 에세이; 화의 정념에 대해서 한 권; 윤리학에 대해서 다섯 권; 원소들에 대해서 세 권; 과학에 대해서 한 권; 시작에 대해서 한 권; 분화에 대해서 열일곱 권; 분화 가능한 것들에 대해서 한 권; 질문과 답변에 대해서 두 권; 운동에 대해서 두 권; 명제들에 대해서 한 권; 논쟁적 명제들에 대해서 네 권; 삼단논법에 대해서 한 권; 첫 번째 분

석에 대해서 여덟 권; 두 번째 분석에 대해서 두 권; 문제에 대해서 한 권; 방법에 대해서 여덟 권; 더 나은 것에 대해서 한 권; 이데아에 대해서 한 권; 주제의 서문이 되는 정의에 대해서 일곱 권; 삼단논법에 대해서 두 권 더; 삼단논법과 정의에 대해서 한 권; 자격이 있는 것과 적격한 것에 대해서 한 권; 주제의 서문에 대해서 한 권; 정의와 관련된 주제에 대해서 두 권; 정념에 대해서 한 권; 분류에 대해서 한 권; 수학에 대해서 한 권; 정의(Definition)에 대한 열세 권의 책; 논증에 대해서 두 권; 기쁨에 대해서 한 권; 명제에 대해서 한 권; 자발성에 대해서 한 권; 명예로움에 대해서 한 권; 논증적 명제에 대해서 스물다섯 권; 연애에 대하여 네 권; 우정과 관련된 명제들에 대해서 두 권; 영혼과 관련된 명제들에 대해서 한 권; 정치학에 대해서 두 권; 테오프라스투스의 강의와 같은 정치적 강의 여덟 권; 정의로운 행동에 대해서 두 권; 예술집이라는 제목으로 두 권; 수사학의 기술에 대해서 두 권; 예술에 대해서 한 권; 다른 예술에 대해서 두 권; 방법에 대해서 한 권; 테오덱테스의 예술입문 한 권; 시 예술에 대해서 두 권; 크기에 대한 수사적 생략삼단논법에 대해서 한 권; 양식에 대해서 두 권; 충고에 대해서 한 권; 수집에 대해서 두 권; 자연에 대해서 세 권; 자연철학에 대해서 한 권; 아르키타스의 철학에 대해서 세 권; 스페우시포스와 크세노크라테스의 철학에 대해서 한 권; 티마이오스와 아르키타스학파의 이론에 대해서 한 권; 멜리수스의 이론에 대해서 한 권; 알크마에온의 이론에 대해서 한 권; 피타고라스학파에 대해서 한 권; 고르기아스의 교훈에 대해서 한 권; 크세노파네스의 교훈에 대해서 한 권; 제논의 교훈에 대해서 한 권; 피타고라스학파에 대해서 한 권; 동물에 대해서 아홉 권; 해부에 대해서 여덟 권; 해부학 질문집 한 권; 복합 동물에 대하여 한 권; 신화적 동물에 대하여 한 권; 무기력에 대해서 한 권; 식물에 대해서 한 권; 관상에 대해서 한 권; 의학에 대해서 두 권; 단위에 대해서 한 권; 폭풍의 징후에 대해서 한 권; 천문학에 대해서 한 권; 광학에 대해서 한 권; 운동에 대해서 한 권; 음악에 대해서 한 권; 기억에 대해서 한 권; 호메로스와 관계된 의문들에 대해서 여섯 권; 시에 대해서 한 권; 제1원소와 관련된 자연철학에 대해서 서른여덟 권; 해결된 문제들에 대해서 두 권; 일반 지식에 대해서 두 권; 역학에 대해서 한 권; 데모크리토스의 저작으로부터 나오는 문제들로 이루어진 책 두 권; 돌에 대해서 한 권; 비교에 대해서 한 권; 잡다한 것들에 대

58

해서 열두 권; 속(屬)에 따라 설명된 것들에 대한 열네 권의 책; 권리에 대해서 한 권; 올림픽에서의 승자들에 대해서 한 권; 음악 예술에서 피시아 경기의 승자에 대해서 한 권; 피시아에 대해서 한 권; 피시아 경기의 승리자 목록 한 권; 올림픽에서의 승리에 대해서 한 권; 비극에 대해서 한 권; 연극 목록에 대해서 한 권; 격언에 대해서 한 권; 추천법에 대해서 한 권; 법률에 대해서 네 권의 책; 범주에 대해서 한 권; 해석에 대해서 한 권; 158개 도시의 헌법과 민주정, 과두정, 귀족정, 전제정의 헌법들을 설명한 책 한 권; 필리포스에게 보낸 편지들; 셀림브리안들에게 보낸 편지들; 알렉산더에게 보낸 편지 네 통; 안티파터에게 보낸 편지 아홉 통; 멘토르에게 보낸 편지; 아리스톤에게 보낸 편지; 올림피아스에게 보낸 편지; 헤파에스티온에게 보낸 편지; 테미스타고라스에게 보낸 편지; 필록세누스에게 보낸 편지; 데모크리토스에게 보낸 편지; '환영하라! 성스럽고 신성한 신을' 이란 말로 시작하는 시에 대한 책 한 권. 그리고 '모든 것을 성취한 엄마의 딸' 로 시작하는 애가(哀歌) 한 권.

II:

고대철학 계속
MORE ANCIENTS

제4장
무로의 변화, 노자
(기원전 5~6세기경)

중국에서 3대 현인 중의 한 명으로 존경받고 있는 노자는 공자와 동시대
인(기원전 5~6세기)이자 도가의 고전인 『도덕경』의 저자다.[1] 그러나 우
습게도 그는 서양에서는 거의 인정받지 못하고 있다. 슌 큉 로이 교수(캘
리포니아 주립대학)는 다음과 같은 설명을 시도한다. "많은 근대의 학자
들은 역사적 인물로서의 노자의 존재를 의심하며, 『도덕경』이라 알려진
텍스트를 기원전 3세기경에 짜 맞추어진 것으로 여긴다."

철학의 이야기

노자가 존재했든 아니든, 어느 날 노자는 중국에 대해서 불만족스러워한
나머지 중국을 떠나 세계 여행을 원했다는 이야기가 전해진다. 그러나 국
경에서 경비대가 그를 알아보고 위대한 현인의 지혜를 전부 기록하기 전
에는 국경을 지날 수 없게 했다.

그럼에도 불구하고 아마도 너무도 현명한 나머지, 노자는 단 몇 주 만
에 한자로 5,000자가 좀 넘는 글로 이루어진 책을 써 낼 수 있었다. 책의
앞부분에 이렇게 쓰여 있다:

형태가 없고 완성된 어떤 것이 하늘과 땅 이전에 존재했다.
고독하다! 거대하다! 변화하지 않고 홀로 있으며, 어디를 가든 위험이
   없다.

삽화 4 완성된 책을 경비대에게 건네주고 서쪽을 향해 사라졌다.

이는 세상의 어머니라 할 수 있다.

나는 그 이름을 알지 못하여서 그것을 "도"라고 부른다.

그것에 대해 숙고하게 되어 그것을 "위대한 것"이라 명명한다.

경비대에게 완성된 책을 건네면서 노자는 그의 황소에 올라타고 서쪽으로 사라졌다. (황소에 올라탄 노자의 그림은 오늘날에도 여전히 중국에서 흔히 볼 수 있다.)

알려진 가장 초기의 판본은 기원전 2세기의 것이지만, 많은 사람들은 (성서처럼) 그 텍스트가 신성한 기원을 지닌 것으로 생각한다. 그래서 노자는 단지 저자나 예언자로서가 아니라 불멸의 인물로 숭배된다. 그러나 노자를 불멸의 인물과 아예 존재하지 않았던 사람의 중간쯤으로 여기는 사람들에게는, 노자가 기원전 6세기에 주나라의 주렌에서 태어난 『도덕경』의 원저자로 알려졌다.

그 기원이야 어떻든 『도덕경』은 매우 영향력 있는 사상의 보고다. 그 중 하나가 '음'과 '양'의 개념이다. 이들은 실재의 모든 것의 두 양상이 다. 음은 여성적 양상으로 어둡고, 부드러우며 유연하다. 남성적 양상인 양은 밝고, 단단하며, 확고하다. 세상의 모든 것은 이 두 요소들로 이루어져 있으며, 모든 것은 음과 양의 양상이 더해지는 방식으로 변화하는 상태에 있다.

인간은 부드럽고 유연하게 태어났다. 그러나 죽을 때는 굳고 단단하다…
식물은 부드럽고 가냘프게 자라난다. 그러나 죽을 때는 시들고 마른다…
그리하여 굳고 단단한 것은 죽음의 사도이며, 부드럽고 가냘픈 것은 생
   명의 사도다.
그리하여 융통성 없는 군대는 이기지 못하며, 구부러지지 않는 나무는
   부러진다.
굳고 묵직한 것은 작아질 것이고, 부드럽고 유동적인 것은 커질 것이다.

『도덕경』의 또 다른 가르침은 모든 것은 특정한 패턴, 즉 '도'를 따른다는 것이다. 인간 또한 '도'를 따라야 하며, 시대와 영향을 따른다. 노자에 의하면, 순응과 무위는 알맞게 행동하는 가장 좋은 방법일 뿐 아니라 문제에 맞서는 가장 좋은 방법이기도 하다. 공자가 좋아했던 '규칙'은 문제의 일부다. 그러나 노자의 교훈은 많은 사람들이 생각하는 것처럼 수동적이고 부정적인 것은 아니다.

시대의 흐름을 판단하고 '따르는 것'은 또한 기원전 3천 년경에 쓰인 (세계에서 가장 오래된 책인) 『주역』 혹은 『역경』의 주제이기도 하다. 『주역』은 행동의 안내서이며, 그 상황에서 가장 나은 결과를 얻기 위한 안내서이다. 그것은 지난 5천 년 동안 행동의 안내서이자 실질적 지침서로 황

제와 현인은 물론 농부와 일반인들이 참고했다. 결국 '도'는 아주 큰 일은 물론 작은 것에까지 적용되는 철학의 일부인 것이다.

『도덕경』의 한 장은 노자를 마치 모임에서처럼 "웃는 것을 배우기 전의 신생아"처럼 느끼고, 집도 없이 혼자여서 사람들 사이에서 특별히 "방황하는" 사람으로 묘사한다.

> 사람들은 많은 것을 충분히 가졌다.
> 그러나 나는 아무것도 없으며,
> 나의 마음은 어리석고, 탁하고, 흐리다.
>
> 사람들은 명석하고 확실하다.
> 그러나 나는 둔하고 혼란스럽다.
>
> 사람들은 영리하고 지혜롭다.
> 그러나 나는 무디고 무지하여,
> 바다의 파도처럼 목적 없이 방황한다.
> 아무것에도 소속됨이 없이…

그렇다면 오늘날 "노자"는 어디에?

서양의 많은 철학 사전과 백과사전에 노자는, 황소를 타고 있건 아니건, 등장하지 않는다. 『옥스퍼드 철학사전』은 위에 인용한 것처럼 그의 존재를 의심한다. 『콜린스 철학사전』은 그를 전혀 인정하지 않는다. 명백히 국제주의적인 『루틀리지 콘사이스 백과사전』은 "노자" 섹션을 제공하고 있지만, "도덕경"을 참고하라고만 되어 있다. 어쨌든 "도덕경"이라는 표

제어 아래 노자는 다시 사라진다. 어디에서도 그의 흰 머리카락 하나 찾을 수 없다.

❖ 주 ❖

1) 노자와 공자는 한 차례 만났다고 한다. 그런데 공자는 자신보다 약간 나이가 많은 노자를 보고 당혹해했다고 한다. 그리고 공자 학자들이 중국철학사에서 적고 있듯이, 그들은 노자가 그저 공자보다 눈에 띄지 않는 존재라고 확신하는 경향이 있다.

제5장
피타고라스, 열까지 세다
(기원전 570년경~495년)

버트런드 러셀은 그의 『서양철학사』에서 "피타고라스는 역사상 가장 흥미롭고 헷갈리는 인물 중의 하나다"라고 썼다. "그와 관련된 전통들은 거의 진실과 허위가 뒤엉켜 있을 뿐 아니라 가장 꾸밈없고 논란이 적은 형태에서조차도 심리적으로 매우 흥미롭다. 간략히 그는 아인슈타인과 에디 여사의 결합으로 기술될 수 있다. 그는 하나의 종교를 창안했는데, 그 주된 교의는 영혼회귀와 콩을 먹는 것이 죄라는 것이다. 그의 종교는 종교적 질서에 구현되어 있는데, 그 질서는 국가의 통제를 획득하고 '성인의 지배'를 확립하는 것이었다."

러셀은 이어서 만약 "모든 것은 수(number)다"라는 피타고라스의 이론이 문자 그대로 난센스라 해도, "그가 의미한 바는 정확히 난센스인 것은 아니다"라고 (이례적으로 관대하게) 말하고 있다. 그리고 그는 '조화 중항'과 '조화 수열' 같은 수학적 개념과 '평방수'와 그것을 '세제곱' 하는 방법과 같은 유용한 발견을 피타고라스의 공로로 돌렸다. 그리고는 다음과 같이 결론짓는다:

사고의 영역에서 그처럼 영향력을 지닌 다른 어떤 사람도 알지 못한다. 나는 그 이유로 플라톤주의처럼 보이는 것이 분석해 보면 본질적으로 피타고라스주의라는 것을 알 수 있기 때문이라고 말하겠다. 지성계에는 알려지지만 감각계에는 알려지지 않는 영원한 세계의 개념 전부는 그로부터 도출된 것이다. 그러나 그에게 있어서 기독교도들은 그리스도를 말이

68

라고 생각한 것이 아니었을 것이다. 또 그로서는 신학자들은 신과 불멸성의 논리적 증명을 구하려 한 것이 아니었을 것이다.

이는 대단한 공헌이다. 그러나 그것은 과연 맞는 것일까?

철학의 이야기

피타고라스는 신비스런 사람이었던 것 같다. 그는 소크라테스처럼 어떤 저술도 없이 그저 족적만을 남겼을 뿐이다. 어떤 이들은 그의 이름인 피티아와 아고레우에인이 문자적으로는 '신탁의 말'을 뜻한다는 것을 지적하면서 그의 존재 자체에 의심을 품는다. 그러나 신화적 인물치고는 실질적인 내용이 많이 기록되어 있다. 그렇다면 네사르쿠스의 아들 피타고라스가 진정한 서양철학의 아버지인지 살펴보자.

정확히 언제인지는 아무도 확신할 수 없지만, 이야기는 기원전 6세기에 시작된다. 이때 사모스 출생의 섬사람 피타고라스는 이집트 승려들로부터 그들 학문의 비밀을 배우고, 페르시아와 칼데아의 마법사의 고향인 신비스런 "동양", 그리고 인도의 브라민 등 세계 여행을 마치고 집으로 돌아왔다.

그러나 사모스는 폭군의 지배 아래에 있어서 그가 정착한 곳은 남부 이탈리아의 크로토나였다. 당시 그곳 사람들은 방종과 게으름으로 악명 높았지만 외지인을 저평가하지는 않았다. 피타고라스는 단순한 삶의 장점에 대해서 그들에게 가르쳤다. 800년 후에 역사가 이암블리쿠스는 곧 연무장의 젊은이들과 다른 젊은 남자들, 마을의 여성들, 그리고 원로원의 어른들이 피타고라스를 따랐다고 적었다. 그중 600명이 그의 제자가 되었고 지혜를 추구하는 데 헌신했다. 그들은 공동체적이고 단순한 삶을 살도록 요구되었다. 피타고라스는 엄격한 규칙을 가지고 있었고 추종자들에게 그에 따라 살도록 요구했다. 첫째 규칙은 침묵이었다. "피타고라스, 그가 그렇게 말한다"는 그들이 지혜를 구하는 데 있어서 알아야 할 유일한 것이었다.

3세기에 저술한 이암블리쿠스에 따르면, 젊은 수도자들에게는 피타고라스를 보는 것이 허용되지 않았으며 베일 뒤에서만 그가 말하는 것을 들을 수 있었다고 한다. 강의는 (델피의 신탁에 나온 권고처럼) 다음과 같은 간략한 말들로 이루어졌다.

짐을 벗으려는 것을 돕지 말고 짐을 지는 것을 도와라.

언제나 오른쪽 신발부터 신어라.

어둠 속에서 말하지 말라.

제물을 바칠 때는 맨발로 가라.

오직 매우 우수한 학생들 몇몇만이 수년에 걸친 면학 끝에 말을 하거나 질문을 던지는 것이 허용되었다.

피타고라스주의의 다른 규칙들 중에서는 다음과 같이 후대의 철학자들에 의해서 조롱거리가 된 것들이 있다.

콩을 먹지 말라;

흰 닭을 만지지 말라;

제비가 처마 밑에 살게 하지 말라;

빛 옆에서 거울을 들여다보지 말라;

쇠로 불을 쑤시지 말라;

냄비를 불에서 내려놓으려 한다면, 재 속에 남겨진 흔적을 바로 없애라.

삽화 5 "피타고라스, 그가 그렇게 말한다"는 것이 그들이 알아야 할 전부다.

그와 유사하게 아침에 일어날 때 이부자리에 생긴 몸의 흔적도 함께 개고, 흥청망청하여 자신을 잃지 말라. 러셀은 모든 피타고라스의 규칙들은 진정 "원시적으로 금기시 된"이라고 말하면서 다음을 덧붙였다.

> 떨어진 것을 줍지 말라;
>
> 빵 덩어리를 쪼개지 말고, 덩어리 채로 먹지 말라;
>
> 큰길을 따라 걷지 말라;
>
> 화관을 뜯지 말라;
>
> 동물의 심장을 먹지 말라;
>
> 계량기 위에 앉지 말라.

『점에 대하여』에서 키케로는 콩의 규칙은 콩이 "정신적 안정을 찾는데 해로운 가스를 생기게 하는 경향을 지니는 것" 때문이라고 설명하면서 피

71

타고라스의 잘못된 정보를 설명한다. 그러나 이는 그 학파에 대한 고약한 농담이지만, 이제는 역사적 사실과 혼동되고 있다.

그들은 격언 또는 금언과 암호를 배워야 했다. 이암블리쿠스는 몇몇 예를 들고 있다.

축복받은 자의 섬은 무엇인가?
해와 달

가장 지혜로운 것은 무엇인가?
수

델피의 신탁은 무엇인가?
요정이 부르는 노래

피타고라스는 사람의 영혼이 동물에 갇혀 있다고 믿었기 때문에 동물을 해치는 것을 금했다. 오늘날 채식주의자들은 "갇혀 있다"는 말이 동물들에게는 무정한 것이라고 느낄지도 모르지만, 당시 피타고라스는 밀교의 사제들처럼 인간의 신체가 영혼의 무덤의 일종이라고 여겼다.[1] 이승의 존재는 더 나은 것으로 환생하기 전에 고통 받아야 할 존재다. 어쩌면 하나의 수로서, 어쩌면 10이라는 수로서.

음악은 피타고라스주의에 핵심적인 것이었다. 피타고라스주의자들은 음의 특정 주파수를 발견했으며, 인간의 귀를 가장 즐겁게 해 주는 주파수들은 서로 간에 단순한 수학적 관계를 지니고 있다는 것까지도 알아냈다. 일례로, 수금(lyre)의 현의 길이를 반으로 나눔으로써 한 옥타브 높은 음을 만들어 냈다.

피타고라스주의자들은 하늘도 '조화'가 필요하다고 자연스럽게 생각했다. 그리고 현의 끝을 묶어 주는 무게에 의해 중력의 수학적 기초를 확인했다. (2천 년 후 『프린키피아』에서 뉴턴 스스로 이 점을 인정했다.) 이러한 지식으로 무장한 그들은 별들이 '중심이 되는 불' 주위를 돌면서 아름다운 소리를 낸다고 상상했다. 덧붙이자면, 이 불은 태양은 아니었지만 그럼에도 피타고라스는 지구가 고정된 중심이라고 주장하지 않는 행성들의 운동 체계를 이끌어 낸 최초의 철학자로 간주될 수 있었다.

피타고라스는 아주 이상한 의미에서 우주는 궁극적으로 수들로 이루어졌다고 여겼다. 수는 실제로 수적 성질을 지니는 대상들 위에 존재한다. 예를 들어, 네 개의 의자는 천상의 '4라는 수'를 감지하게 해 준다. 10은 특히 중요한데, 4, 3, 2, 1의 네 줄로 이루어진 삼각형의 대상이다.

테트락티스

별과 행성의 운동과 신비스런 수학적 진리에서 드러나는 우주의 수학적 정밀함에 대해 숙고하면서 인간은 이승의 타락을 벗어나 불멸에 이를 수 있다. 연대기 학자인 아에티우스는 피타고라스주의자들이 어떻게 신이 아닌 수학적 모형에 의탁하여 맹세를 했는지를 회상하고 있다.

우리 세대에 영원성의 원천과 뿌리인 테트락티스를 주신 그의 이름으로!

피타고라스가 수의 세계의 미스터리에 대한 그의 탐구를 다루기 위해 지혜의 사랑이라는 뜻을 지닌 '철학'이라는 단어를 만들어 냈다고 한다.

그는 또한 우주를 기술하기 위해 '아름다운 장식'이라는 뜻을 지닌 '코스모스'(kosmos)라는 단어를 만들어 낸 것으로 여겨진다.

5세기에 프로클로스는 피타고라스가 "과학의 원리를 처음부터 검토하고 이론들을 비물질적이면서 지적인 방식으로 증명하면서" 단지 흩어진 관찰들에 지나지 않았던 수학의 연구를 체계화했다고 한다.

아리스토텔레스는 피타고라스의 방법에 대해서 약간은 잘 정돈되지 않은 회상을 하면서 그것은 '일'과 더불어 시작하고 일은 '한계'를 뜻한다고 말했다. 그 주위의 '무한자'는 "한계에 의해 제한되며… 무한자로부터 다양한 부류의 것들의 자리를 끊임없이 구별해 주는 시간, 숨, 그리고 허공이 이끌어 내어진다." 가장 먼저 만들어진 것이 수다. 사람들이 알고 있는 우주는 서로 구별되는 것들, 즉 수가 매겨질 수 있는 것들로 이루어진다.

만약 순서의 나머지들이 구체화되면, 정보를 잃게 된다. 아리스토텔레스는 덧붙여 말한다.

> 정의가 되고, 영혼과 이성이 되고, 기회가 되는 그러한 수들의 한정, 그리고 그와 유사하게 거의 모든 것은 수로 표현될 수 있다 … 그들은 하늘 전체를 음계와 수라고 생각했다 …

아리스토텔레스는 '반대표'(Table of Opposites)에 대해서도 회상했다. 홀수와 짝수뿐 아니라 유한자와 무한자도 있다.

일(一)과 다(多)
오른쪽과 왼쪽
남성과 여성

정지와 운동

직선과 곡선

빛과 어둠

좋음과 나쁨

정사각형과 … 직사각형

(이는 열 개가 된다.)

아리스토텔레스는 피타고라스가 수를 정의와 같은 개념들과 연결시켰다고 설명했다. 즉 정의는 4이고, 결혼은 남성이 3, 여성이 2라는 데서 남성과 여성의 연결을 나타내는 5이다. 그러나 이 이론은 실제로는 훨씬 복잡하다.

복잡한 이론[2)]

피타고라스의 이론은 '모나드'라고도 알려진 '단일성' 또는 수 1로 시작한다. 이는 홀수와 동시에 짝수인 존재로 묘사된다. 이들은 세계의 나머지를 형성하는 데 있어서 분리하고 재결합하는 단일성에 나타나는 두 개의 상반된 힘이다. 기하학적으로 그것은 크기가 없는 점이다. 피타고라스주의자들에게 있어서 그것은 만물의 근원이다. 2는 불완전한데, 그것이 분할의 가능성을 일으키기 때문이다. 3은 '전체'라고 불리는데, 그것이 1과 2를 결합하기 때문이며, 시작과 중간 그리고 끝을 허용하기 때문이다. 기하학적으로 3은 최초의 모양인 삼각형이다. 사각형을 나타내는 4는 완전성으로 간주된다. 반면 수 10은 여러 소수로부터 만들어질 수 있고, 또한 모든 음악적이고 산수적 비례를 담고 있어서, 세계를 나타낸다. 3차원 형태(피라미드)는 네 개의 점만으로 구성될 수 있다는 점에서 수 4와 더

불어 물체의 영역에 도달한다.

5와 6은 2와 3이 결합된 것이고, 5는 더함에 의해 6은 분해에 의해 남성과 여성의 수들로 간주된다는 점에서 '결혼'이라 불렸다. 7은 '처녀'라고 불렸는데, 다른 어떤 수로부터도 만들 수 없다는 점에서 그렇다. 8은 2×2×2가 되는 첫 번째 '세제곱' 수다. 9는 10 이전의 마지막 수라는 점 때문에 '수평'이라 불렸다. 10은 다른 모든 수를 포함하며 그 점에서 '우주'로 간주된다. 10은 많은 흥미로운 방식으로 구성될 수 있는데, 이를테면 1, 2, 3, 4를 더해도 되고, 1과 3을 각각 제곱한 뒤 합해도 된다. 피타고라스주의자들은 그것을 신성하게 여겼고 그 이름으로 (물론 독실하게) 맹세했다.
(복잡한 이론의 끝, 또는 적어도 우리는 그렇게 생각하려고 한다.)

어쨌든, 피타고라스의 제자 중의 하나였던 히파수스는 어떤 기하학적 성질(예컨대 2의 제곱근)은 전체 수로 결코 나타낼 수 없다는 어려운 사실을 '신참'에게 이야기한 뒤 바다에 던져졌다는 이야기가 전해진다. 이러한 사실은 분명 피타고라스주의자들에게는 난처한 것이었으며 비밀로 하는 게 낫다고 생각했다.

그러나 2의 제곱근을 구할 수 없음에도 불구하고, 다음의 단편이 기록하고 있듯이 피타고라스의 이상한 힘에 대한 이야기는 점점 커져 갔다.

한 번은 그가 같은 날 같은 시간에 많은 사람들에 의해 메타폰툼과 크로톤에서 목격되었고, 올림피아에서는 경기 중에 무대 위에 서서 자신의 한쪽 허벅지가 금색임을 드러냈다!

아리스토텔레스는 피타고라스가 '상춘국의 아폴로'라는 별명이 붙여

졌음에 주목했다. 상춘국은 그리스 북쪽의 신비로운 나라다. 상춘국은 문자적으로 북풍 너머의 지대를 뜻하는데, 기후가 온화하고, 해가 매년 두 번 추수하게 해 주며, 늙은이들은 자신이 좋은 삶을 살았다고 생각이 들게 되면 기뻐하며 바다에 몸을 던지는 유토피아로 여겨졌다.

마치 이것으로 충분하지 않은 듯 다른 사람들은 피타고라스의 비상한 재주를 기록했다.

그는 들어오고 있는 배가 시체를 싣고 있다고 예언했다.

그는 뱀을 깨물어 죽였다.

그는 코사스 강에 말을 걸었고, 강은 '피타고라스 만세!' 라고 답했다.

모든 사람이 그러한 이야기에 관심을 기울이지는 않는다. 헤라클레이토스는 피타고라스를 다른 사람의 생각을 훔쳐다가 마치 자신의 것인 양 그의 추종자들에게 전수한 협잡꾼으로 묘사했다. 그는 피타고라스에 대해 지혜가 아닌 사기술을 지닌 도둑 갈까마귀라고 불렀다.

그러나 피타고라스는 플라톤에서 다시 많이 나타난다. 예를 들어 그런 생각이 아주 드문 시기에 피타고라스는 남성과 여성은 동등하고, 재산은 공유되어야 하며, 지지자들이 공동 생활을 해야 한다고 주장했다. 이 모든 것이 『국가』에서 플라톤이 천상의 형상과 지식의 세계와 물질 세계의 분리(이에 대해 철학자들은 멀리 떨어져 있어야 하는)에 대한 피타고라스의 이론과 더불어 수호계급에게 권장되는 생활양식으로 다시 등장한다. 그에 덧붙여서,

• 『메논』에서 배운다는 것이 어떻게 진정 회상인가에 대한 피타고라스의 관점이 등장한다. '노예 소년' 은 피타고라스의 정리를 기억해 낸다.

- 『고르기아스』에서 사람이 무엇인가를 더 잘 알수록 그것과 같아진다는 피타고라스의 이론이 나온다.
- 『티마이오스』는 (음악적) 조화에 따른 우주에 대한 피타고라스적 기술이며, 여기서 신비스럽게 드러나는 물질은 기하학적 형태, 특히 삼각형들로 이루어진 것이다.
- 『파이돈』에서 철학은 죽음과 불멸을 위한 준비라는 피타고라스의 견해가 나온다.

철학은 종종 플라톤에 대한 일련의 각주라고 하는데, 이는 여러 면에서 참이다. 그러나 신비롭게도, 자세히 살펴보면 플라톤 자신은 피타고라스에 대한 각주인 듯하다.

❖ 주 ❖

1) 신기하게도 징 치는 소리는 갇힌 귀신의 목소리로 여김으로써 그와 유사하게 설명된다.
2) 그리스 수학에는 두 개의 주된 기원이 있다. 오래된 것은 고대 이집트로서 기원전 3100~2500년경으로 확실히 매우 복잡하다. 비밀 터널을 갖춘 피라미드와 그 수학적 비례, 그리고 여러 행성과 태양계와 관련된 위치가 그를 입증한다. 다른 기원은 기원전 2천 년경으로 메소포타미아, 즉 '두 강(티그리스와 유프라테스 강) 사이의 땅'의 사제들로서 이들은 일단의 수학적 지식을 만들어 냈다. 그들의 수학은 건축, 무역, 그리고 계절을 측정하는 천문학자 등을 위한 실천적인 것이었지만, 신비로운 것이기도 했다.

제6장
강의 어두운 면을 선택한 헤라클레이토스
(기원전 5세기경)

헤라클레이토스는 그리스의 이오니아 해안에 살았던 귀족이었다. 짧고 거의 역설적인 철학적 경구를 짓는 것을 좋아했던 그는 나중에 '어두운 사람'이라는 별명을 갖게 됐다. 그러나 그가 유명해진 것은 강에 대한 악의 없는 언명 때문이다. 고드프리 베시 교수는 그의 미니 백과사전에서 '단편 12'는 "같은 강에 들어가는 사람에게는 들어갈 때마다 다른 물이 흐른다"라고 말하고 있다고 회상하면서, 이것이 플라톤으로 하여금 우리가 일상적인 감각의 세계를 알 수 있다는 것을 부정하고 "이데아 이론"으로 이끌었다고 덧붙이고 있다.

철학의 이야기

종종 말해지듯이 (어떤 이국적인 철학의 꽃처럼) 헤라클레이토스는 기원전 500년경 에페수스에서 '활짝 폈다.' 후대의 기록에 의하면, 그 역시 거름 더미 속에 스스로를 묻었는데, 이는 종종 그렇듯이 역사적인 이야기라기보다는 만들어진 듯하다. 다른 모든 '소크라테스 이전의 철학자들'처럼 그의 생각과 사상에 대한 기록은 그저 몇몇 '단편들'만이 남아 있다. 약 백 개 정도가 있는데, 가장 긴 것이 고작 55개의 단어로 되어 있다.

이런 점에서 헤라클레이토스는 수수께끼 같은 사람이라고 볼 수 있다. 즉 그가 그의 친구들인 에페시아인들에게 말할 때를 빼곤 말이다. 그는 무척 퉁명스러웠는데, 예컨대 "마지막 사람들까지 스스로 전부 제대로 목

매 죽을 것이다"라고 말하는 식이다. 그는 다른 철학자들을 깔보는 것도
주저하지 않았는데, 그들이 많은 것들을 배우는 것이 지혜를 가져다주지
않음을 그들 스스로의 사례에 의해서 보여 주었다고 주장했다. 일반 대중
들이 더 나은 것도 아닌데, 그들은 그들이 잠이 들면 무엇을 하는지 잊듯
이 깨어 있을 때에도 무엇을 하고 있는지 알지 못한다는 것이다.

좀 더 철학적인 다른 단편들에서 헤라클레이토스는 우주의 기원에 대
한 모든 신비적 개념을 부정한 것으로 볼 수 있다. 그는 우주는 누구에 의
해 창조된 것이 아니라 언제나 존재해 왔으며, 중요한 것은 우주의 파편
들에 대한 탐색을 통해서가 아니라 그 배열, 그 구조를 연구함으로써 알
수 있다고 주장했다. 그 자신은 우주가 본질적으로 불로 만들어졌다고 생
각했는데, 그것은 영혼의 본질적인 성분이기도 하다.

그러나 헤라클레이토스의 가장 유명한 단편은 강에 대한 것이다.

같은 강에 두 번 들어갈 수 없다.

때때로 이는 좀 더 정확하게 다음과 같이 기술된다: "같은 강에 들어가는
사람들 위로 흐르는 물은 다를 것이다." 종종 다음과 같이도 쓰인다: "같
은 강에 두 번 들어갈 수 없는데, 새로운 물이 항상 흐르기 때문이다."

이 말에 대해 이 장을 시작한 이래 우리는 네 개의 다른 버전을 보았는
데, 그게 자연스럽다. 결국 이 말은 실재의 본성 일반에 대한 일종의 은유
로 해석되어 왔으며, '헤라클레이토스주의'는 플라톤에 의해서 "모든 것
은 변화한다"는 견해로 요약되는 이론이 되었다.

지난 세기에 헤라클레이토스는 강이 아니라 에너지 장에 들어가는 초
기 양자 물리학자의 일종으로 재발명되었다. '불확정성 원리'를 창안한
베르너 하이젠베르크는 그의 견해가 완전히 새로운 것으로 되는 데 약간

의 수정만 필요했을 뿐이라고까지 생각했다.

근대 물리학은 어떤 면에서 헤라클레이토스의 이론에 아주 가깝다. 만약 우리가 '불'이란 말을 '에너지'라는 말로 바꾸면 우리는 이 진술을 근대적 관점에서 단어 대 단어로 반복할 수 있다. 에너지는 사실 그로부터 모든 소립자들, 모든 원자 따라서 모든 것들이 만들어지는 실체이며, 에너지는 운동하는 것이다 … 에너지는 세계의 모든 변화에 대한 근본적인 원인이라 불릴 수 있다.

그러나 플라톤 자신은 크라틸로스를 반영하고 있다. 크라틸로스는 헤라클레이토스가 뜻했음에 틀림없는 것이 무엇인지를 이미 스스로 생각하고 있었다. 모든 것은 항상 변화한다는 크라틸로스의 생각은 엠페도클레스로부터 취한 것이다. 엠페도클레스는 세계의 본질적 성격을 밝히기 위해서 '사랑'과 '투쟁'이라고 이름 붙여진 두 힘 사이에서 끊임없이 분열되는 세계에 대한 헤라클레이토스의 다른 개념을 윤색했다. 세계는 요동치는 소용돌이처럼 투쟁이 스며드는 완전한 사랑의 영역이 된다.

그렇다면 그것은 누구의 아이디어였을까? 헤라클레이토스의 것일까, 아니면 크라틸로스, 아니면…? 그것은 계속해서 변한다. 그러나 어찌 되었건 강에 관한 요점은 인간의 경험에 대한 본성과 관련해서는 좀 단조로운 것인 듯하다. 우리는 매번 사물들을 다른 것으로 접하지만, 더 중요하고 더 근본적인 단일성이 변화의 이면에 있다. "차가운 것은 뜨거워지고, 뜨거운 것은 차가워지며, 젖은 것은 마르고, 바짝 마른 것은 축축하게 젖는다." 헤라클레이토스는 감각이 속기 쉽다는 말을 하는 것이 아니다. 왜냐하면 "보고, 듣고, 경험하는 것으로부터 오는 것은 무엇이든 내가 특권을 준다"고 덧붙이고 있기 때문이다.

삽화 6 세상은 소용돌이처럼 투쟁이 스며드는 완벽한 사랑의 영역이다.

삶과 죽음마저도 하나라고 헤라클레이토스는 말한다. "살아 있는 것과 죽은 것은 같으며, 깨어 있는 것과 잠들어 있는 것, 어린 것과 늙은 것도 같다 … 왜냐하면 그렇게 변화한 것들은 그런 것들이며, 그렇게 변화된 것도 그런 것들이기 때문이다." 서로 상반된 것들은 변화에 의해 하나가 된다. 그것들은 서로 상대방으로 변화한다. 그리고 변화는 우주의 근본적 실재다. 최상의 '신적인' 관점은 반대되는 모든 것들을 본다. "낮과 밤, 겨울과 여름, 전쟁과 평화, 풍요와 빈곤" 모두는 동일한 것이다. 신적인 관점에서는 선과 악조차도 같은 것이다.

2천 년 뒤, 헤겔 교수는 헤라클레이토스의 상반되는 것들의 통일이라는 소용돌이의 와중에서 새로운 '세계의 철학'의 핵심, '사변 논리학'의 기원, 그리고 영원한 변화의 역사적 개념을 발견했다. 헤겔의 정립과 반정립 사이의 싸움에서 종합을 찾는 것은 마르크스의 변증법적 유물론과 투쟁과 전쟁의 정화적 힘이라는 파시스트 이데올로기 모두를 직접적으로

82

이끌었다. 그러나 헤라클레이토스 자신은 다음과 같이 주장했다. "전쟁은 모든 것에 공통이며, 싸움이 정의라는 것을 알아야 한다. 인간을 노예로 신을 주인으로 만듦에 의해 어떤 것은 신이고 다른 것은 그저 인간일 뿐임을 입증할 수 있는 것은 오로지 투쟁의 열기뿐이다."

실제로, 헤라클레이토스를 다른 방식으로 볼 수 있다. 헤라클레이토스가 영원하고 주기적인 변화에 대한 그의 이론을 약술했던 것과 같은 시기에 중국의 현자인 노자는 음과 양의 그 유명한 상호작용에서 구현되는 도의 주기적 본성을 설명하고 있었다.

하지만 그것은 완전히 다른 이야기이다.

제7장
하늘의 반을 붙잡은 히파티아
(서기 370년경~415년)

적어도 루카스 시오바네즈의 『루틀리지 콘사이스 철학백과사전』에 따르면, 히파티아는 "철학과 천문학에 대한 대중 연설과 성에 대한 거리낌 없는 태도로 유명한" 신플라톤주의자였다. 그가 덧붙이기를, 그녀는 실천적 덕에 대한 날카로운 감각을 지닌 "정치적 동물"이었다. 아마도 이러한 이유 등의 결과로 히파티아는 기독교 집단에 의해 살해되었으며, "그 후로 철학의 원인에 대한 순교자로 남게 되었다."

철학의 이야기

아마도 '사라진 여성 철학자들' 중 히파티아가 가장 유명할 것이다. 그녀는 그 시대의 탁월한 신플라톤주의 철학자이자 수학자였던 것으로 전해진다. 서른 살이 되자 그녀의 평판은 리비아와 터키에까지 퍼졌다. 알렉산드리아 박물관의 수학과 천문학 교수 테온의 딸인 그녀는 매우 총명했고, 그에 더해 테온과 달리 아름답고 겸손하기도 했다고 한다. 당시 로마 치하였던 알렉산드리아는 알렉산드리아 도서관과 박물관이라는 웅장한 건물들과 여러 영향력 있는 철학의 학파들을 자랑하는 문학과 과학에 있어 세계의 중심지였다. 도시가 기독교도, 유태교도, 그리고 이교도들 사이의 싸움이 격화되는 와중에서도 지성계는 융성했다.

일종의 '플라톤주의자'로서 혹은 오늘날 우리가 말하는 자유 사상가였던 히파티아 자신은 이교도였다. 그러나 알렉산드리아에서 로마의 기

삽화 7 30세가 되자 그녀의 명성은 리비아와 터키까지 퍼졌다.

독교도 정부가 유대교도들과 다른 이교도들을 박해하는 와중에도 정부는 그녀에게 유급으로 플로티누스학파의 수장 자리를 주면서 전례 없는 예우를 했다. 니케포레라는 역사가에 따르면 이는 그녀가 모든 분야에서 탁월하고 다른 철학자들보다 뛰어났기 때문인데, 단지 그 시대뿐 아니라 이전의 시대를 통해서도 그랬다는 것이다. 여하튼 15년 간 그녀는 이 유명한 학파를 이끌었고, 기하학, 수학, 플라톤, 아리스토텔레스의 저작, 천문학, 그리고 역학 등의 미묘한 기술들을 가르쳤다. 남녀 학생들 모두는 그녀 밑에서 공부하기 위해 모든 지역으로부터 모여들었다. 그녀의 헌신과 성실성, 그리고 진지함 때문에 "모든 사람은 그녀를 존중하고 존경했다"고 니케포레는 기록하고 있다. 그렇게 견고한 남성 주도적 사회에서조차도 그녀가 사람들을 이끄는 것은 매우 자연스러웠던 것이다.

그럼에도 불구하고, 많은 남성 청중들은 그와 사랑에 빠졌다. 그중 한 명은 아주 심해서 죽음을 결심할 정도였다. 이를 듣고 그녀는 옷을 찢어 아름다움을 드러내고는 말했다. "보아라! 여기, 당신이 사랑에 빠진 것이 있네, 나의 친구여!" 진정 보기를! (사실 히파티아는 또 다른 철학자와 결혼했고 아르카디우스 황제의 연인이기도 했다.)

그렇지 않다면, 강연에서 그녀는 논리학, 수학에 집중했으며, 기하학과 산수에 대한 글, 그리고 그것이 무엇이든지간에 '아스트롤라베'의 건설 안내서를 집필했다.[1] 어쨌거나 그녀의 저작은 하나도 남아 있지 않고, 오직 다른 학자들이 그에 대해 언급한 편지들만이 있다. 그 저작들은 매우 훌륭한 것이었으며, 한 역사가는 그것들이 최고였으며, 히파티아는 웅변의 전형이며 지혜의 하늘에서 비교 대상이 없는 별이라고 적었다.

알렉산드리아의 기독교 주교였던 성 시릴은 이에 대해 듣고서는 다른 생각을 했고, 그녀를 기독교 광신도들의 일파인 니트리안들의 손에 처참하게 죽도록 명했다. 그녀는 마차에 묶여 가장 가까운 교회로 끌려가 화형에 처해지기 전 산 채로 날카로운 조개껍질에 신체가 절단되었다. 철학적 흔적은커녕 신체적으로도 거의 남긴 것이 없을지라도, 그녀는 최소한 달에 자신의 이름을 딴 분화구를 남겼다. 많은 철학자들이 그만한 자질을 지니지는 못한다. (성 시릴도 사람이었고 진정 그런 자질을 지니지는 못했으므로, 고대 도시의 유태인들에 반하는 많은 프로그램을 만들게 했다. 그의 섬뜩한 살인에도 불구하고 — 어쩌면 그 때문에 — 그는 매우 존경받는 기독교 신학자가 되었다.)

실제로 히파티아의 삶에 대한 많은 책들은 19세기와 20세기에 쓰인 허구다. 가장 독창적인 것이 1908년 엘버트 허버드에 의해서 만들어진 히파티아의 교육적 훈련과 생애에 대한 흥미로운 설명이다. 허버드는 역사적 증거가 없기에 그 대부분을 날조했다. 그는 히파티아의 어록을 만들어 냈고, 그것을 설명하기 위해 그녀가 그려진 '오래된' 그림까지 가지고 있었다.

이는 우리에게 철학사에 대한 중요한 사실을 알려 준다. 그중 많은 것이 창작이라는 것이다. 대부분의 고대 철학자들의 가르침은 그것을 들은 사람들의 마음과 기억 속에만 남았으며, 그 당시에 '종이'가 있었더라도 그것은 그저 약하고 젖기라도 하면 부서지는 파피루스뿐이었다. 그런 이유에서 기록된 것조차도 대체로 '복사한 것을 복사한 것'이었고, 그와 더불어 아주 쉽게 작은 오류들이 스며들었다. 게다가 상당수의 철학적 저작은 다른 언어들로 번역되었다. 그리스 철학은 아랍어로, 라틴어로 그리고 다양한 근대 언어들로 번역되기 전에 다시 그리스어로 번역되었다.

종이의 발명, 그리고 인터넷은 큰 도움이 되지 못했다. 오류들은 아주 효과적으로 퍼져나갔다. 엘버트 허버드의 히파티아의 삶에 대한 『위대한 스승들의 고향으로의 여행』에서의 설명은 진정 어린이들을 위한 것 같지만, (새라 그린월드와 에디스 프렌티스 멘데즈에 따르면) 『수학에서의 여성들』(1974)에서 린 오젠같은 최근의 학자들에게 내려왔으며, 포댐 대학의 '중세사 과목'을 자랑스럽게 웹사이트에서 볼 수 있는 것은 말할 것도 없다. 그런 곳들에서 우리는 테온이 그의 딸을 교육시키는 계획의 일환으로 체육의 방법("낚시, 승마, 조정" : 매우 신뢰하기 어려운 출처인 D. 앤러브의 『히파티아: 그녀의 이야기』)을 확립하여 그녀의 신체가 잘 훈련된 정신만큼 확실히 건강해지도록 했다는 것을 알게 된다. 우리는 그녀의 아버지가 어떠한 종교의 고집스런 체계도 그녀를 사로잡지 못하도록 하고 새로운 과학적 진리의 발견도 배제하도록 그녀를 가르쳤다는 것을 알게 되면서 고개를 끄덕이게 된다.

우리는 히파티아가 "모든 형식적이고 도그마적인 종교는 잘못된 것이며 자존감 있는 사람은 결코 받아들여서는 안 된다는 것"을 발견했다는 것과 테온이 그녀에게 했다는 조언, 즉 "생각할 권리를 보존하라, 왜냐하면 잘못 생각하는 것조차 아예 생각하지 않는 것보다는 낫기 때문이다"라는 말을 듣는 것은 좋다. 아버지의 영향으로 히파티아가 그리스의 과학적 이성적 사고의 거리낌 없는 지지자가 되어 이탈리아와 아테네를 여행하여 플루타크학파의 학생이 된 것은 놀랄 일이 아니다. 그러나 허버드와 다른 이들은 이 학파에 대한 그녀의 충성심은 결국은 그녀를 죽음에 이르게 했다는 것을 적고 있다. 히파티아가 한때 "인생은 펼침이며, 더 멀리 여행할수록 더 많은 진리를 이해할 수 있다. 우리의 문 앞에 있는 것들을 이해하는 것은 그 너머에 놓여 있는 것들을 이해하는 최고의 준비다"라고 말했다는 것은 당연하다. 허버드는 그녀의 말을 다시 상기시킨다.

우화는 우화로, 신화는 신화로, 그리고 기적은 시적 환상으로 가르쳐야 한다. 미신을 진리로 가르치는 것은 가장 끔찍한 일이다. 아이의 정신은 그것을 받아들이고 믿지만, 오직 큰 고통과 비극을 통해서이고 그는 오랜 세월이 지나야 그로부터 해방될 수 있다. 사실 사람들은 살아 있는 진리만큼이나 빨리 미신과 싸울 것이다. 왜냐하면 미신은 손에 잘 잡히지 않아서 그것을 반박하기 위해서 그것을 이해할 수 없다. 그러나 진리는 하나의 관점이며, 변화 가능한 것이기도 하다.

한편, 모든 사람은 생각할 권리를 보존한다. "왜냐하면 잘못 생각하는 것조차도 아예 생각하지 않는 것보다 낫기 때문이다."

이는 세련된 생각들이며, 알렉산드리아 수학의 여왕에 걸맞은 것이다. 그렇다면 그녀가 그에 대해 전혀 말하지 않았다는 것은 그저 수치스런 일이다. 인용들 모두는 만들어 낸 것이다. 마치 영화 각본처럼 말이다. 우리가 아는 한 그녀는 알렉산드리아를 떠난 적이 없으며, 그녀가 어떤 표준적인 인물이 되었다는 우아한 초상은 허버드가 그의 책에서 만들어 낸 것이다.

히파티아의 수학적 저작에 대한 하나의 동시대적 인용은 프톨레마이오스의 『알마게스트』 제3권 주석에 대한 테온의 개설이다. 테온은 그 책을 "철학자인 나의 딸 히파티아가 준비해 온 것"으로 기술하고 있다. 히파티아의 수학에 대한 다른 기록은 6세기의 헤시키우스로부터 나오는데, 그는 "그녀가 천문학의 경전인 디오판투스에 대한 해설과 아폴로니우스의 원뿔 곡선에 대한 해설을 썼다"고 말하고 있다.

페르가의 아폴로니우스는 기원전 3세기에 살았고 알렉산드리아에서 연구했다. 수학 곡선의 이름, '포물선, 타원, 그리고 쌍곡선'은 그가 명명한 것이며, 그의 생각은 행성들의 궤도 연구에 있어서 프톨레마이오스뿐 아니라 17세기 분석 기하학의 발전에 있어서 데카르트와 페르마에게도 영향을 주었다. 기하학의 발전에 있어서 히파티아의 역할은 그녀의 잃어버린 업적의 하나다.

믿기 어려워 보이는 소름끼치는 그녀의 죽음의 정황은 실제로는 상대적으로 믿을 만한 기록이다. 그는 소크라테스 학자인 5세기 기독교 역사가(그는 교회를 그렇게 초라하게 만들 이야기를 창작할 이유가 없다)로서 당대의 다른 모든 철학자들을 능가하는 그녀의 과학과 철학에서의 업적에 대해서도 나중에 적었다.

그녀의 제자 중 한 명으로 여겨지는 키레네의 시네시우스의 편지들 역시 그녀의 가르침과 철학에 대해 말하고 있다. 이 편지들에는 그녀의 수학에 대한 언급은 없지만, 히파티아를 "철학자"이자 "가장 성스럽게 존경받은 철학자"라 부르고 있다. 그리고 그것은 그녀가 이 책에 포함될 좋은 이유다.

❖ 주 ❖

1) 아스트롤라베(astrolabe)는 매우 오래된 천문 컴퓨터다. 보통 일련의 동그란 동판들로 만들어졌으며, 시간과 하늘에 태양과 별들의 위치와 관련된 문제들을 해결하는 용도였다. 그 발전에 있어서 중요한 시기였던 400년경 히파티아가 결정적인 역할을 했을 가능성이 있다.

III:

중세철학
MEDIEVAL PHILOSOPHY

제8장
위선자 아우구스티누스
(서기 370년~430년)

마크 조던은 『루틀리지 철학백과사전』에서 "서양 철학에서 아우구스티누스가 준 영향의 지속성과 범위 그리고 다양성을 넘어서는 것은 플라톤과 아리스토텔레스뿐이다"라고 쓰고 있다. "아우구스티누스는 종종 그가 유일한 권위였던 초기 중세뿐 아니라 근대를 통해서도 하나의 권위였다."

그런데 무엇에 대한 권위인가? 확실히 그것은 죄지음에 관한 것이다. 그리고 학자들은 성 아우구스티누스의 원죄, 혹은 청교도들이 우리의 "생태적 타락"이라고 부른 것에 대한 집착은 사춘기 때 (당시의 관습이었던) 공중목욕탕에서 벌거벗은 채로 목욕하는 동안 세상에 노출되면서 느낀 그의 당혹감에서 온 것이라고 믿는다. 여하튼 그것이 프로이트 심리학자들이 생각하는 바이다. 아우구스티누스의 관심이 신과 직접 대화하는 것과 관련된 것이라고 생각하는 신학자들에게는 당치도 않은 얘기이겠지만 말이다. 설사 아우구스티누스가 진짜로 신과 직접 대화하지는 않았을지라도, 데카르트의 '코기토'에 대한 그의 초기 버전, 시간과 자유의지에 대한 그의 논의들에 주목하면서 철학자들은 심리학자들보다는 신학자들의 편에 서는 경향이 있으며, 아우구스티누스를 매우 중요한 철학자로 다루고 있다.

철학의 이야기

유명한 자전적 저작 『고백록』에서 아우구스티누스는 그의 악한 본성을 논하면서 시작하는데, 학교를 떠난 16년간("부모의 궁핍한 운명으로 인한 나태했던 시절") "어떻게 불결한 욕망의 덤불들이 그의 머릿속에서 자라났는지 그리고 그것을 뿌리 뽑을 힘이 없었음"에 대해 기술하고 있다.

그리고 나서 그는 원치 않은 발기라는 불건전한 주제를 섬세하게 소개하고 있다.

> 나의 아버지가 이제는 어른을 향해 성장하고 있던, 그래서 들뜬 젊음을 발산할 무렵의 목욕하는 나를 보고는, 벌써 그의 자손을 기대하면서 기쁘게 나의 어머니에게 그것을 말했다. 당신이 창조자라는 것을 잊는 세계인 감각의 흥분에 기뻐하며, 고개를 돌려 가장 천한 것들에 머리를 숙이면서 자기 의지의 보이지 않는 술의 냄새를 통해서 당신 자신이 아니라 당신의 피조물에 매혹되었다.

다행히도 죄가 많은 다른 가족들과는 달리 독실한 가톨릭 신자였던 그의 어머니 모니카(나중에 성 모니카로 불리게 되었다)는 그리 만족하지 않았다.

> (저의 어머니는) 대단한 공포와 전율에 놀라워했으며, 저는 아직 세례를 받지 않았지만 당신에게 등을 돌리는 사람들이 걷는 부정한 길이 나의 두려움입니다. 아 슬프도다! 신이시여, 제가 당신으로부터 멀리 방황하는 동안 부디 당신의 평화를 유지하기를. 당신은 정말 저에게 평화를 주십니까? 독실한 분인 저의 어머니가 한 말은 당신 말고 누구의 것이겠습니까? 그 말처럼 저의 가슴에 와 닿는 말은 없습니다. 어머니는 공포 속에서 조용히 저에게 "간음하지 말라, 특히 다른 남자의 아내를 더럽히지 말라"고 경고했습니다.

최근의 어느 해석가는 불만스럽게 적고 있다. "그는 16세에 욕정을 억누르지 못하고 죄를 지었다. 이에 연루된 여성의 이름은 알려지지 않았다." 달리 말해, 북아프리카의 로마령 타가스테에서 태어난 아우구스티누스는 그가 공부했던 카르타고에서 만난 여성과 교제 하고 있었던 것이다. 그녀는 그의 아들을 낳았고 (모니카가 그에게 더 나은 사람을 찾아줄 때까지) 10여 년간 그와 내연 관계에 있었다.

30세가 되자 아우구스티누스는 밀라노의 신성로마 황제의 궁정에서 수사학의 전문가가 되었다. 당시에는 그런 직책이 정치적 권력으로 여겨지던 때였다. 그러나 그는 온갖 음모와 정치활동이 일어나는 궁정 생활을 혐오했고, 어느 날 황제에게 웅변을 하기 위해 마차를 타고 가다 "술에 취한 거지가 그보다 덜 찌들어 보이는 존재임을 보고" 한탄했다. 밀라노에 동행했던 모니카는 이제 정략결혼을 주선하는데, 유일한 조건은 그가 정부를 포기해야 한다는 것뿐이었다. 그러나 그의 약혼자가 성년이 되려면 2년이나 남았기 때문에 그 사이 그는 또 다른 여성과 관계를 시작했다. 그의 유명한 기도 "순결을 주소서. 절제를 주소서. 그러나 아직은 마소서"(*da mihi castitatem et continentiam, sed noli modo*)가 나온 것은 바로 이 시기이다.

그로부터 멀지 않은 어느 날 친구 알리피우스와 같이 앉아 있던 그는 어린이의 음성과도 같은 소리가 반복되는 것을 듣는다. "아우구스티누스! 아우구스티누스! 성서를 펴고 읽어라!" 그는 이것이 성서를 펴고 그가 보게 되는 첫째 구절을 읽으라는 신의 훈계임을 깨달았다. 로마서 제13장 13~14절이 펼쳐졌고, 그는 읽었다.

낮과 같이 단정히 행하고 방탕하거나 술 취하지 말며 음란하거나 호색하지 말며 다투거나 시기하지 말고, 오직 주 예수 그리스도로 옷 입고 정욕을 위하여 육신의 일을 도모하지 말라.

책을 무작위로 펼쳐서 보게 된 것은 놀라웠다. 어쨌든 아우구스티누스는 감명을 받았다. 32세였던 그는 개심의 일환으로 부활절 전날 (그의 아들과 알리피우스와 함께) 암브로시우스 주교에 의해 세례를 받았다. 모니카는 그녀의 기도가 마침내 응답했음을 지켜보며 크게 감동받았다. 그리고는 곧 세상을 떠났다.

몇 년 후, 아우구스티누스는 나중에 그가 자리를 물려받게 되는 히포의 대주교의 보좌관이 되어 북아프리카로 돌아갔다. 이로부터 얼마 지나지 않아 그는『고백록』과『신국론』, 그리고 다른 여러 책들을 쓰기 시작하는데, 이들은 전부 교회의 공식 입장이 되었다. 성적 끌림에 도전하는 것은 이 책들 모두를 관통한다.

아우구스티누스와 그의 어머니에게 있어서 성적 욕구와 죄지음 사이의 연관성은 자연스럽고 불가피한 것이다.『결혼과 색욕』에서 아우구스티누스는 그의 관점에서 욕정은 2세기에 카르타고의 테르툴리안이 처음으로 말한 에덴동산에서 지은 '최초의 죄' 라는 용어인 '원죄' 의 매개체임을 분명히 하고 있다. 테르툴리안에게 있어서 생식 그 자체는 좋은 것이었음은 주목할 만하다. 그러나 아우구스티누스에게 있어서,

실제 생식 과정에 이를 때면 언제나, 합법적이고 올바른 포옹은 욕정의 열정 없이는 실행될 수 없다 … [이것은] 곧 죄의 딸이며, 그것이 수치스런 행동을 저지르는 데 동의할 때는 언제나 또한 많은 죄의 어머니가 된다. 이제 이러한 색욕으로부터 자연적 탄생에 의해 태어나는 것은 무엇이든 원죄에 얽매인다.

그렇다. 아담과 이브는 욕정 없이 성관계를 가졌을 수도 있었을 것이라고 그는 훈계한다. 그러나 실은 그들은 욕정으로 성관계를 갖기로 한 것이었다. 목수가 그의 행동을 욕정 없이 할 수 있듯이 사람들도 성관계를 욕정 없이 할 수 있다. 그러나 사람들은 그런 선택을 하지 않는다. 아우구스티누스가 『타락과 은총』에서 설명하고 있듯이, 그들이 선택할 능력은 인간이 "죄지을 자유"를 지닌 존재라는 의미에서만 자유롭다는 점에서 한계지어진다. 신은 선하지만, 우리 모두는 악하게 태어났기 때문에 (그처럼) 선을 행할 수 있는 사람조차도 오로지 신 때문에 그렇게 할 수 있다는 것이 귀결된다. 다른 모든 사람들은 저주받은 추악한 무리들이다. 이에 대해 신은 그의 헤아릴 수 없는 방식으로 구원받을 수 있는 소수의 사람들만을 선택했고 죄지음 없이 행동할 수 있는 것은 오직 이들 소수뿐이다.

아우구스티누는 『신국론』에서 과분한 은총에 의해 구원된 소수인 이들에 대해서 "우리는 그저 희미하게 구별할 수 있을 뿐인 신의 모습이 보인다"고 쓰고 있다. 나머지 사람들의 경우 "소생한 시신들은 신체가 없이도 고통을 일으키는 화염에 의해 영원한 고문을 받게 되는 두 번째 죽음을 맞이한다." 확실히 고문의 정도는 죄의 범위에 비례하며, 그 이상이다! "모든 경우에서 그 시간은 동등하지만, 그들은 끝없이 고통 받아야 한다. 왜냐하면 그보다 덜 고통 받는 것은 성서와 모순되며 신이 구원한 소수의 사람들의 영원한 은총에 대한 우리의 확신을 손상시키는 것이기 때문이다(참고로 교회에서 소리 내어 읽고 싶은 사람들을 위하여, 『신국론』 제21권, 23절에 나오는 말이다)." 아우구스티누스의 문체의 특징을 사용해서 말하건대, 참으로 슬프도다!

성 아우구스티누스는 또한 노예제도의 도덕성에 대한 강한 옹호자였다. 그는 이를 자신의 아들을 노예로 낙인찍은 "정의로운" 노아에게로 거슬러 올라가, 선한 사람은 죄지은 사람을 사용할 권리를 지닌다는 원리를 확립했다. 그는 『신국론』에서 다음과 같이 설명한다. "그렇다면 노예제의 최초의 원인은 죄로서 그것은 부정의함이 없는 신의 심판에 의해 구원되지 않는 인간을 그의 동료의 지배 아래에 놓는다. 신은 모든 다양한 죄에 대해 어떻게 적합한 처벌을 내릴지 안다." 대홍수기에 소수를 제외한 모든 인류는 죄인으로 물에 휩쓸려 갔다.

하지만 아우구스티누스는 이 모든 것을 어떻게 아는 것일까? 어쨌든 그것은 성서에 나오지 않는 이야기다. 성서는 '원죄' 자체를 전혀 언급하지 않는다는 것은 문제가 아니며, 실로 현재의 세대들이 아담의 '타락'에 대해 책임이 있다는 아우구스티누스의 생각은 어떤 구절들과는 직접적으로 모순된다. 에스겔서 18절에는 오직 죄지은 자가 죽을 것이며 그들의 자식들은 죄가 없다고 언급되어 있다. 사실 테르툴리안처럼 아우구스티누스의 권위는 신 자체이다. 아우구스티누스는 "계시"는 설사 성서와 직접적인 모순처럼 보일지라도 진리인 것으로 여겼다. "이성이 아닌 신의 계시가 모든 진리의 원천이다." 진정한 천국의 윤리적 기준은 이성만으로는 체계화 되지 않으며 신에 의해서 계시된다. 기독교의 진리는 이론적 탁월성이나 논리적 일관성에 의존하지 않는다. 그것은 그 원천이 신이기 때문에 진리인 것이다. 그리고 그 이전의 주교 오리게네스처럼 아우구스티누스는 성서를 비유적으로 해석했다. 그는 성서가 신을 찾는 자들 중 그럴 가치가 있는 사람들을 그렇지 못한 사람들로부터 추려내기 위해 신에 의해 베일이 씌워졌다고 믿었다. 어떤 애매함도 발견되어야 할 진리의 새로운 국면들을 제공하는 것이다.

그 보다도, 아우구스티누스가 의견을 들었던 권위는 기독교의 한 교파였던 마니교도들이었다. 비록 만년에는 그들의 원수가 되어 그들의 사악한 실수에 대해 길게 쓰기도 했지만, 젊어서 아우구스티누스는 마니교의 열성적 지지자였다. 마니교도들은 (아우구스티누스처럼) 플라톤의 영향을 받아 빛과 어둠의 두 영원한 원리 사이에 끊임없는 투쟁이 있으며, 우리의 영혼은 물리적 세계의 어둠에 사로잡힌 빛의 입자들이라고 생각했다. 아우구스티누스에게 준 그들의 교훈은 모든 창조(육체)는 악이라는 것이다. 특히 성행위는 출산으로 귀결되는 결혼에서조차 죄가 된다. 그들은 아이를 낳은 어떤 사람에게 아이를 즉시 산중턱에다 버려서 죽게 하라고 조언했다. 성행위를 삼가는 것만으로는 충분하지 않은데, 젖가슴에 질투를 느끼는 신생아 때 이미 죄스럽고 이기적이라는 것이 분명하지 않은가? "나는 개인적으로 질투하는 아이를 보고 연구했다."고 아우구스티누스는 적었다.

> 그는 아직 말할 수 없지만, 형제와 어머니의 젖을 나누는 것을 바라보며, 질투심과 비통함으로 창백했다 … 젖이 충분히 흘러나올 때 그것을 피를 나눈 형제와 나누는 것을 참지 못하는 것은, 삶을 오로지 젖에 의존하는 절박한 필요성에 있음을 감안하면 죄 없다 할 수 없다. (『고백록』 제1권, vii)

아니면 아우구스티누스가 장황하게 적고 있듯이 배나무와 관련된 사건을 생각해 보자. 아우구스티누스가 무책임한 젊은이였을 때, 그와 친구들이 이웃의 정원에서 배를 훔쳤다. 배들이 썩은 것들이었고 그는 배가 고프지 않았던 데다가 집에는 더 나은 배들이 있었기 때문에, 그는 자신의 행동을 처음에는 "부정은 악이며, 나는 그것을 좋아한다 … 나는 수치스런 행동으로부터 수치 자체 이외의 어떤 것도 추구하지 않는다!"라고 밖에는 설명하지 못했다. 그것은 완전히 제멋대로 한 행동처럼 보인다. 그러한 행동이 사소하다는 것에서 분명히 (많은 세월이 흐른 후 나치 수용소에 대해 한나 아렌트가 말한) 악의 "평범성"을 반영하고 있다. 그러나 아우구스티누스는 번뜩이는 통찰력으로 그 혼자서는 배를 훔치는 데 관심이 없었을 것이라는 것을 보여 준다. 그는 그의 친구들과 함께였기 때문에 훔쳤던 것이다. "오, 너무나 비우호적인 우정이여!" 악함의 진정한 원천은 우정 — "마음의 심오한 유혹자" — 이다.

여기 우정에의, 패거리의 우애 자체에 대한 믿기 어려운 호소가 있다. "충실한 유대에 의해 한데 묶인 남자들의 우정은 좋은 것인데, 많은 영혼들 사이에서 그것이 만들어 내는 단결 때문이다." 그러나 이러한 저급한 선을 포용함에 의해서 "영혼은 당신으로부터 등 돌리고, 당신으로부터 멀어질 때 간음을 범하게 되고, 영혼이 당신에게로 돌아올 때를 제외하고는 찾을 수 없는 그러한 순수하고 깨끗한 것들을 찾는다." 아우구스티누스는 그 혼자서는 "그런 도둑질을 하지 않았을 것이며, 나를 즐겁게 한 것은 내가 무엇을 훔쳤다는 것이 아니라 내가 훔쳤다는 사실이다. 나 혼자서 훔쳤다면 이는 결코 나를 즐겁게 하지 않았을 것이다."

그러나 이러한 사회적 간음은 근절하기 어렵다. 제10권에 이르는 그 많은 고백 후에도, 그리고 음식과 음악 등의 죄스런 사용으로부터 용납할 수 있는 사용들을 구별한 뒤에도, 아우구스티누스는 여전히 대화 장소와 일단의 친구들에 대해 결심을 내리지 못하고 있다. "다른 종류의 유혹에 대해서 나는 자기실험을 할 모종의 능력이 있지만, 친구들에 대해서는 그렇지 않다." 어머니의 죽음 그리고 나중에는 친구의 죽음에 대한 그의 슬픔은 그가 신으로부터 얼마나 멀리 있는지를 자신에게 일깨워 준다. 더 나쁜 것은, 한 번은 친구의 죽음에 동요되어 그가 항상 다른 친구들의 죽음을 기대하면서 소멸하는 우정을 더 완강하게 붙잡고 훨씬 일찍 그 상실을 느끼며, 점점 더 자기중심적으로 빠져들었다는 것이다. 슬프도다! 인간 사회의 이야기라는 자기초월의 환상은 "우리가 우리 친구들에 대해 사랑하는 것이다."

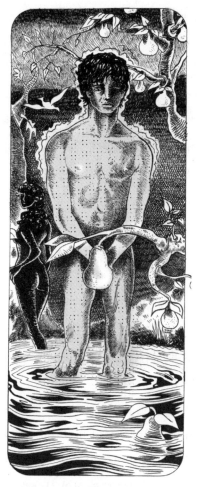

삽화 8 아, 인류는 다른 어떤 종족보다 본성적으로 사회적이다. "오, 너무나 비우호적인 우정이여!"

그래서 『고백록』은 우정을 "간통적 사랑"으로 묘사하면서 "모든 인간 관계는 설사 가장 고귀한 우정일지라도 원죄를 전파할 수 있다"고 주장한다. 가혹해 보이지만, (아우구스티누스가 『신국론』의 독자들에게 환기시키고 있듯이) 욕정 혹은 "육체적인 성욕"은 영혼에 존재하며 신체에 있지 않다고 한다. 영혼이 잘못된 것이든 아니든 다른 신체나 영혼 또는 둘 다에 끌린다면, 사회적 관계, 사회적 거래가 관련되는 것이다. "친근한 욕정"은 통제하고, 충당하고, 사적인 목적으로 돌리게 하는 어두운 동인이다. 그러한 목적은 신이 창조한 모든 좋은 것들이다.

인간이란, "다른 어떤 종들보다도" 본성적으로 사회적이다. 나아가 우리는 출생부터 죽어 가고 있기 때문에 우리 자신을 절망으로부터 빼앗을 수 없으며 사회적 위대성과 불멸성에 대한 자랑스럽고 거대한 "이야기"를 포용하지 않고서는 제정신으로 머물 수 없다.

그렇다면 우리는 무엇을 할 수 있을까?

다행히도 벗어날 방법이 있다. 왜냐하면 아우구스티누스는 정의감은 죽음으로써 얻어진다고 말할 수 있기 때문이다. 즐거워라! "'죄짓는 자는 죽을지어다'라는 말이 사람에게 전해진다. 순교자에게는 '죄를 짓느니 차라리 죽어라'라는 말이 전해진다."

그 당시에도 일부 기독교 지식인들은 아우구스티누스가 마치 악마를 인간성을 만드는 자인 것처럼 만들어 버렸다고 불평했다. 그들은 갓난아이가 이미 엄마 뱃속에서 죄에 의해 저주 받았다는 주장은 터무니없는 것이라고 생각했으며, 이는 정의에 대한 신의 사랑과 모순되는 것이라고 믿었다. 일부는 악과 육신의 세계에 대한 아우구스티누스의 기술에 미친 마니교의 영향에 불만을 지녔다. 펠라기우스로 알려진 웨일스의 수도사 모건은 죄가 육체가 아닌 영혼의 것이기에 죄는 성적으로 전달될 수 없고 세대에서 세대로 내려갈 수도 없다고 주장했다. 그는 사람들은 선과 악을 선택할 수 있으며, 죄스럽게 태어난 존재라기보다는 죄스런 행동에 변명할 여지가 없다고 주장했다. 그는 또한 교회를 개혁하기를 원했으며 아우

구스티누스가 부자들을 편든다고 비난하면서, 부자들은 확실히 저주받는
다고 주장했다. 그는 아우구스티누스가 세례 의식을 손상시킨다는 것과
부자들로부터 기대한다는 점을 경고했는데, (확실히 신의 호의에 의해서
그렇게 된) 부자들의 부를 가톨릭 수도원에 땅을 남기는 대신 사악한 대
중들 사이에서 분배함으로써 스스로를 해친다는 것이다. 그래서 아우구
스티누스는 어렵게 교황을 설득하여 펠라기우스를 "파문"하도록 했다.
펠라기우스는 영국으로 돌려보내졌고 그곳에서 여생을 지냈다. 참으로
슬프도다!

제9장
신의 존재를 논한 성 토마스 아퀴나스
(1225년~1274년)

토마스 아퀴나스는 무척 과체중이었고, 수종으로 고통 받았으며, 한쪽 눈은 크고 한쪽 눈은 작아서 비딱하게 보였다. 어려서 그는 대체로 조용한 사람이었고, 그가 말을 할 때는 대개 대화와는 관계없는 것이었다. 그래서 그는 철학자이자 수도자가 되기로 결심했다. 그리고 그 분야에서 매우 성공적이었다.

실로 1323년 아퀴나스는 교황 요한 22세에 의해 성인의 반열에 올랐고, 1567년에는 공식적으로 '천사의 박사'라고 알려진 '교회 박사'로 공인받았다. 1879년 트리엔트 공의회에서 교회가 산업혁명의 회의주의에 직면했을 때, 성서와 더불어 교회가 의지한 것은 아퀴나스의 저작들이었다. 후에 교황 레오 13세는 신자들에게 아퀴나스를 기독교 신앙에의 가장 안전한 안내자로 권했으며, 모든 신학생들의 필독서로 권했다. 그러나 아퀴나스의 성자다운 길에 난관이 전혀 없었던 것은 아니다. 먼저 수도원에 들어가려고 하는 길에 그의 두 형이 숲 속에서 뛰어 나와 그를 강제로 데려가 성에 가두고 온갖 유혹을 해 댔다. 더 나빴던 것은 1277년 파리의 대주교가 아퀴나스를 이단자로 공식 판결하려 했던 것이다.

1277년의 이단자로부터 1323년의 성자까지는 대단한 부활이다 … 그러나 어떤 것이 진짜 아퀴나스였을까?

철학의 이야기

아퀴나스의 모든 대표작들 중에서 '신학의 요약'인 『신학대전』만큼 중요한 것은 없다. 이 책은 518개의 질문과 2,652개의 답변으로 이루어진 걸작이다. 아퀴나스는 이 저작을 1266년부터 1273년까지 7년에 걸쳐서 썼다. 『신학대전』은 '도전'의 형식을 띤 당시의 양식으로 쓰였다. 단지 철학자들뿐 아니라 중세인들은 (의무(*obligationes*)라고 알려진) 이러한 형식적 논쟁을 좋아했는데, 이러한 논쟁에서 상대방들은 동의하거나 반대하거나 아니면 진술을 의심할 의무가 있었다. 가장 먼저 자기와 모순되는 사람이 지는 것이었다. 유명한 논쟁으로, 창은 던지면 그 뒤에서 몰아치는 공기의 '압력'이 없다면 멍하게 땅으로 곧장 떨어진다는 아리스토텔레스의 이론에 대한 것이 있다. 이 경우 아리스토텔레스주의자는 (창 끝에 반하여) 창의 손잡이를 날카롭게 하면 어떤 차이가 있겠는가를 고려해야만 할 때 진 것으로 간주된다. 그러나 아퀴나스에게 이것은 사소한 것이었다. 『신학대전』의 첫 번째 논쟁은 신학의 본성에 관한 것이었고, 두번째 논쟁은 신의 존재에 대한 것이었다.

교회는 둘째 치고, 철학자들은 신의 존재를 반대하는 성실하고 강력한 그의 논증보다는 신의 존재를 지지하는 그의 논증을 강조했다. 이 문제를 논의하면서 그는 두 세기 전 또 다른 성자 아퀴나스의 논증을 개선하고 싶었을지도 모른다. 오랜 고민 끝에 1077년, 토마스 안셀무스는 존재론적 논증이라고 알려진 그의 신 존재 증명을 제시했다. 신에 대한 기도의 형식이었던 이 논증은 "그보다 더 위대한 것을 생각할 수 없는 무엇"으로의 신에 대한 기술로 시작한다.

그러한 논증의 정의에 의해서 논리는 신이 가장 위대한 존재이고, 신은 적어도 그에 대한 개념을 우리가 가진다는 것 안에 존재한다(즉, 신은

"신을 이해한다는 것 속에" 존재한다)는 것을 모든 사람이 받아들이기 때문에, 우리는 '실재'에서도 신이 존재한다는 것을 깨닫기 위해 아주 조금만 더 나아가면 된다는 것이다. 그리고 그러한 일은 이론뿐 아니라 실재에서도 존재하는 것은 이해하는 것으로만 존재하는 것보다 더 위대하다는 것을 진술하는 논증의 훌륭한 전제에 의해 제시된다. 신은 가장 위대한 존재이므로, 신은 이해로서뿐 아니라 실재에서도 존재해야 한다. 수사들은 이러한 신 존재 증명을 승리로 여겼다. 그러나 그 논증의 약점은 여전히 신을 정의에 의해 존재하는 것으로 남겨 둔다는 것이다. 아퀴나스는 더 나은 논증이 가능하다고 생각했다.

신의 비존재를 지지하는 아퀴나스의 논증

"신이 존재하는지의 여부"라는 제목의 탐구에서 아퀴나스는 신은 존재하지 않는 듯하다고 적고 있다. 왜냐하면 만약 두 반대되는 것들 중 하나가 무한하다면, 그 반대는 완전히 파괴될 것이기 때문이다. '신'이라는 말로 우리는 무한히 선한 무엇을 뜻하기 때문에, 만약 신이 존재한다면 악은 존재하지 않는다는 것이 귀결된다. 그러나 세상에 악은 존재한다. 그러므로 신은 존재하지 않는다.

둘째로, 그는 "설명에서 불필요하게 요소들을 증가시켜서는 안 된다"고 활기차게 덧붙이고 있다. 우리는 신이 존재하지 않는다는 가정에서 우리가 이 세상에서 보는 모든 것을 설명할 수 있는 듯하다. 모든 자연적 결과들은 자연적 원인들을 찾아낼 수 있고, 모든 저질러진 결과들은 인간의 이성과 의지에서 그 원인을 찾을 수 있다. 따라서 신이 존재한다고 가정할 필요가 없다.

이 논증들의 가능한 약점을 반성하면서 첫 번째 요점에 대한 아퀴나스의 반박은 그리 내키지 않는 것이다. 그는 그저 성 아우구스티누스가 "신은 최고선이기 때문에 만약 신이 전능하고 선하여 악에서조차도 선을 만들어 낼 수 있는 것이 아니라면, 그의 역사에서 어떠한 악도 허용하지 않을 것이다"라고 언급했음을 상기시킬 뿐이다. 아퀴나스는 그렇게 말하지 않을지도 모른다. 그러나 이것은 문제를 제대로 꺼내지도 않은 것임이 너무나도 분명하다. 확실히 전선(all-good)하고, 전능한 신은 "선으로부터 선을 만들어 내기를" 더 바랄 수 있고 또 바랄 것이다. 왜 악을 불러들일까?

신의 존재에 반대하는 논증들에 대한 아퀴나스의 논의는 그보다는 더 상세하다. 그는 "신의 존재는 다섯 가지 방식으로 증명될 수 있다고 말해야 한다"고 활기차게 (아니면 어쩌면 지쳐서) 시작하고 있다. "첫째 그리고 가장 분명한 방식은 운동의 존재에 기초한다. 세상의 어떤 것들이 움직여진다는 것은 우리의 감각에 실로 확실하고 명백하다. 그러나 움직여지는 모든 것은 다른 무엇에 의해 움직이는 것이다. 왜냐하면 사물은 운동이 그 안에 잠재적으로 존재하지 않는다면 움직여질 수 없는 것이기 때문이다." 이것이 첫 번째 요점이다. 슬프게도 그것은 틀렸다. 아리스토텔레스의 오류가 수 세기 후에도 반복된 것이다. 아마도 그래서 아퀴나스의 동료들이 그를 '벙어리 황소'라고 불렀나보다.

이제 그는 크게 떠든다. 원래 뜨거운 불이 변화 또는 운동을 일으켜서 그로 인해 잠재적으로 뜨거운 나무가 실제로 뜨거워지는 것이라고 그는 주장한다. 그는 "어떤 것이 잠재적이고 실제적으로 다른 것들일 수는 있어도 동시에 잠재적이고 실제로도 동일한 것일 수는 없다"고 어둡게 말한다. 예컨대 어떤 것이 실제로는 뜨겁고 잠재적으로는 찬 것일 수는 있다 하더라도, 실제로 뜨거운 것이 동시에 실제로 찬 것일 수 없다. 한편, 어떤 것이 그 자체로 움직이는 것은 불가능하다. 왜냐하면 그것은 동시에 움직임과 움직여짐을 수반하는 것이기 때문이다. 따라서 움직여지는 것은 무엇이든 다른 무엇에 의해 움직여지는 것이 틀림없다. 그런데 이것이 무한히 계속될 수는 없다. 만약 그렇다면 최초의 움직이는 것은 없을 것이며 결과적으로 다른 움직이는 것들도 없을 것이다. 다른 움직이는 것들은 최초의 움직이는 것에 의해서 움직여져야만 움직여지는 것이기 때문이다. 따라서 다른 무엇에 의해서 움직여지지 않는 어떤 '최초의 움직이는 것'까지 진행하는 것이 필수적이며, 이것이 바로 모든 사람들이 '신'에 의해 뜻하는 것이다. 짜잔!

아퀴나스의 논증은 비교해 볼 때 오늘날의 과학보다는 고대의 과학, 특히 제논과 운동에 대한 그의 역설의 교묘함(동시에 움직이고 정지해야 할 것처럼 보이는 화살)처럼 단순하고 설득력이 없다.

신의 존재에 대한 두 번째 증명 역시 결과의 사슬을 가정하지만, 이번에는 아퀴나스에게 소중한 주제인 '가능성과 필연성' 개념을 확장한다. 그러나 황소는 다시 비틀거리는 듯하다. 그는 "만약 모든 개별적인 것들이 존재하지 않는 것이 가능하다면, 아무것도 존재하지 않았던 시간이 있었음이 틀림없다"고 대수롭지 않게 떠든다. "그러나 이것이 참이라면, 지금 아무것도 존재하지 않을 것이다. 왜냐하면 존재하지 않는 무엇은 이미 존재하는 어떤 것을 통해서만 존재하기 시작할 수 있기 때문이다. 그러므로 만약 아무것도 존재하지 않았던 시간이 있었다면, 아무것도 존재하기 시작할 수 없었을 것이며, 따라서 지금 아무것도 존재하지 않을 것이지만, 이는 확실히 틀린 것이다 … 따라서 우리는 필연적으로 존재하고 그 필연성의 원인을 그 자신 밖으로 돌릴 수 없는 무엇의 존재를 가정해야만 한다." 그리고 다시 이것은 모든 사람이 '신'이라고 부르는 것이다. 그러나 우리는 우주가 창조되기 전에 시간이 없었고, "시간이 있기 전에"라고 말하는 것은 무엇을 뜻하는지 물을 수 있다.

이것을 분명히 깨닫는 것은 답이 되지 않는다. 아퀴나스의 다음 논증은 좀 더 플라톤적 색채를 띤다. 어떤 것이 참되건, 위대하건, 고상하건, 어땠건 "가장 참되고, 가장 위대하고, 가장 고상하고 등등인" 다른 무엇이 존재해야만 한다고 그는 말한다. "왜냐하면 아리스토텔레스가 말하듯이 가장 참된 것들은 존재에서 가장 충만한 것이기 때문이다 ⋯ 따라서 존재, 선, 그리고 다른 모든 것들 안의 완전함의 원인인 무엇이 있다."

마지막으로 그는 다시 사물들은 설계되어 있으며, 궁사가 그런 방식으로 쏘았기 때문에 화살이 특정 방향으로 날아가는 것처럼 기능 혹은 '목적'을 지닌 것으로 보인다는 아리스토텔레스적인 생각에 대해 고려한다. "어떤 것들은 그것들이 언제나 (혹은 적어도 대개는) 동일한 방식으로 행동하고 우연적이 아니라 설계에 의해서 행동한다는 사실로부터 보이듯이, 자연의 물체처럼 인지를 결여하고 있으면서 목적을 향해 나아가는 것을 보게 된다. 그러나 지식 없는 사물들은 그것들이 화살과 궁사의 사례에서처럼 알고 이해하는 어떤 존재에 의해서 그 방향으로 안내되는 경우에만 목적을 향해서 나아가는 경향이 있다." 그러므로 그에 의해 모든 자연적인 것들이 그들의 목적을 갖게 되는 그런 지적인 존재가 있으며, 우리는 이 존재를 '신'이라고 부른다.

종종 보듯이 만약 하나의 논증이 잘 작용한다면, 두 번째 논증은 필요하지 않으며, 만약 하나를 만들어 낸다면, 그것은 첫째 논증을 손상시키는 경향이 있다. 아퀴나스는 다섯 개를 생각해 냈다. 아마도 이것이 바로 마틴 루터가 『신학대전』을 "모든 이단, 오류, 그리고 복음의 파괴의 원천이자 근원적 동력"이라고 부른 이유일 것이다.

그러나 현대의 많은 종교적 주석가들은 아퀴나스를 여전히 매우 높이 평가하고 있다. "삼위일체 커뮤니케이션"이라는 인터넷을 보라. 이 익명의 전문가에 의해, 아퀴나스는 "시대를 통틀어 가장 위대한 작가이자 신학자 중의 하나로 꼽히고 있으며," 그의 『신학대전』은 오늘날도 계속해서 표준이 되고 있다. 그러나 가장 주목할 것은 그의 위대한 명성에도 불구하고 아퀴나스는,

그럼에도 여전히 겸손하며, 아이 같은 단순성과 선함의 완벽한 모델이다. 그는 부드러운 말을 썼으며 친절하게 행동했다 … 누군가가 약하기 때문에 죄를 지었을 때, 아퀴나스는 그것이 마치 자신의 죄인양 슬퍼했다. 그의 선한 마음은 그의 얼굴에서 빛났고, 아무도 그를 올려다보고 마음의 위안을 받지 않을 수 없었다. 그가 가난한 자와 딱한 자를 보고 고통스러워한 것은 매우 감동적이다. 옷이나 다른 무엇이건 그가 나누어 줄 때 그는 기쁘게 그렇게 했다. 그는 다른 사람들의 궁핍을 경감시키기 위한 모든 노력을 다했다. 그가 죽은 뒤 그의 평생의 동료이자 신자 한 명은 이렇게 증언했다. "나는 언제나 그를 다섯 살 아이처럼 순수한 사람으로 알았다. 세속적 유혹은 결코 그의 영혼을 더럽히지 않았으며, 인간의 죄악을 결코 허용하지 않았다."

그러나 이것은 앞서 가는 것이다. 다시 아퀴나스의 겸허한 시작으로 돌아가 보자. 사실 아퀴나스는 매우 유복한 이탈리아 가문 출신이었으며, 형제들도 많았는데 그들 모두는 훌륭한 것들을 많이 배웠다. 그 자신은 그의 아버지가 약탈한 베네딕트 수도원장의 직책을 제안받았다. 그러나 아퀴나스는 세속의 부를 포기하는 '구걸하는 수도사'인 도미니크 수도사가 되기를 원한다고 말하고 그 제안을 거절했다. 그래서 도미니크 수도원으로 향하는 길에 카인과 아벨 이후 가장 사악한 형제가 된 그의 두 형이 그를 납치하여 끌고 가 성에 가두었던 것이다. 그곳에서 형들은 그의 수도사의 제의를 벗겨 성직을 박탈하려고 했으나 아퀴나스는 거부했고, 결국

은 그를 독방에 가두었다. 그러나 수도자들은 어떠한 조용한 반성의 기회
도 환영하는지라 효과는 거의 없었다.

철학에 관심이 있었던 20세기의 소설가 G. K. 체스터톤은 이 이야기
를 숭고하게 이끌어 가고 있다.

그는 투옥 자체를 자신의 습관처럼 침착하게 받아들였으며, 아마도 지하
감옥에서건 독방에서건 철학을 하도록 갇히는 것을 그리 상관하지 않았
을 것이다. 실로 이 모든 이야기는 어떤 방식으로 전해지는가가 중요한
데, 그것은 이 이상한 납치의 과정을 통해 그가 육중한 석상처럼 운반되
었다는 것이다. 그의 납치에 대한 오직 한 버전만이 그가 그저 격앙된 것
으로 그리고 있으며, 그 버전은 그가 그렇게 화낸 것은 전무후무한 일이
라고 전하고 있다.

그리고 이는 그의 형들이 그를 스캔들에 빠뜨릴 생각으로 "아주 예쁘고
진하게 화장을 한 고급 창부"를 그의 방에 끌어들였을 때이다. 체스터톤
은 그 다음 무슨 일이 있었는지를 열심히 말하고 있다.

순식간에 우리는 거대한 인물이 힘차게 움직이는 것을 보게 된다. 그는
실로 매우 활기차게 움직였다. 그는 자리를 박차고 일어나 횃불을 움켜
쥐고 서서 불타오르는 칼처럼 휘둘렀다. 여자는 당연하게도 비명을 지르
며 도망쳤는데, 그것이 그가 원한 전부였다. 그러나 불덩이로 묘기를 부
리고 집을 불태워 버릴 듯 위협하는 괴물 같은 미친 사람을 보고 그 여자
가 무엇을 생각했을지에 대해 생각하는 것은 기묘한 일이다. 그러나 그
가 한 것은 그녀를 문 쪽으로 몰아내고 그녀 뒤로 문을 닫아 버린 것이
다. 그리고는 일종의 폭력적인 의식의 충동으로 그는 불타는 나무를 문

에 문질러 커다란 십자가 문양을 검게 부풀려 새겼다. 그리고 불덩이를 벽난로에 던지고는 학문의 자리, 철학의 의자, 관조의 성좌에 앉아서 다시는 일어나지 않았다.

이는 비록 한 부분이 생략된 듯하긴 하지만 상세한 설명이다. 특히 "그가 요부를 몰아낸 후에 두 천사가 그에게로 와서 그의 허리에 정조대를 채웠다." 또는 적어도 인터넷의 삼위일체 커뮤니케이션의 다른 신학 전문가들은 독자들에게 "당신만의 정조대를 구매하거나 맞추세요. 짠 실이나 얇고 부드러운 노끈으로 쉽게 만들 수 있습니다"라고 말하면서 그렇게 각색하고 있다. ("성 요셉 정조대는 일부 가톨릭 상점에서 구할 수 있습니다"고 덧붙인다. 상점과 무역을 반대한 아퀴나스는 이를 승인하지 않았을 것이다.) 그러나 적어도 아퀴나스의 선한 성품에는 대체로 동의한다. 비록 성행위가 그렇게 나쁘다면 현재의 살아 있는 무리들이 모두 죽고 난 뒤 어떻게 존재하기를 계속할 수 있을지를 생각하는 사람들에게는 여전히 도전적인 일이지만 말이다.

어쨌든 아퀴나스가 마침내 도망쳤을 때, 아니 좀 더 정확히 말해 그의 가족이 그의 마음을 바꿀 희망을 포기하고 그를 놓아 주었을 때, 그는 쾰른으로 아리스토텔레스 철학을 공부하러 갔다. 그곳에서 그는 알베르투스 마그누스 혹은 성자로 공인된 후 '보편 박사'로 알려지게 된 저명한 도미니크 탁발 수도사 알베르트 그라프 폰 볼슈타트 아래서 공부했다. 알베르투스는 기독교 신학과 아리스토텔레스 철학을 성공적으로 결합한 성과로 스콜라주의의 아버지로 여겨진다. 그리고 아퀴나스는 그의 수제자였다.

알베르투스는 아퀴나스에게 주석 혹은 주해를 다는 평범한 일을 시켰고, 수줍어하지 않도록 설득하여 그를 토론에 참여하도록 했다. 체스터톤

삽화 9 그의 형제들은 그를 스캔들에 빠뜨릴 생각으로 그의 방에 "아주 화려하고 진한 화장을 한 매춘부"를 불러들였다.

은 이 열등생이 동료들에 의해 벙어리 황소라는 별명을 얻게 된 것을 알게 된 뒤에 어떻게 되었는지를 자세히 설명하고 있다. "위대한 알베르투스는 그의 유명한 외침과 예언으로 침묵을 깼다; '너희는 그를 벙어리 황소라고 부르지. 나는 너희들에게 이 벙어리 황소가 하도 크게 소리쳐서 그 큰소리로 세상을 채울 것이라고 말하노라!'

그때는 아랍어로부터 아리스토텔레스의 새로운 번역본이 유통되면서 전도에서의 혼란을 일으키던 시기였다. 이들 번역본은 이든 루슈드, 파라비, 그리고 이븐 시나 같은 신학자들에 의해 이슬람교의 철학적 기초를, 그리고 마이모니데스로 더 잘 알려진 랍비 모세 벤 마이몬에 의해서 유대교의 철학적 기초를 제공하는 데 사용되었다. 이제 알베르투스 마그누스와 아퀴나스는 기독교에 대해서 동일한 시도를 하고자 했다. 동료 도미니크 수도사 모에벡의 윌리엄에 의해 그를 위해 제작된 그리스어로부터의 직역본으로 무장하고, 아퀴나스는 논쟁의 용어들을 표준화하고 이단들과 논쟁하기 시작했다. 이 일을 하지 않거나 성서를 연구하지 않을 때, 그는 미칠듯하게 빠른 걸음걸이로 수도원 주위를 걷고 또 걸었다.

아퀴나스의 견해를 잘 보여 주는 것은 그가 '정의로운 전쟁'에 대해 책을 출판했다는 것이다. 여기에 대해서 우리는 '동어반복으로부터의 논증'이라는 영예로운 제목을 붙일 수 있을 텐데, 그것은 이 책이 어떤 전쟁들이 '정의로운' 것인지를 결정하는 데 있어서 정의의 요소들을 가정하고 있기 때문이다.

그는 전쟁이 국가 혹은 통치자의 권위에 의해 시작되고 통제될 때 정의롭다고 말하면서 확고하게 시작하고 있지만, 그리고 나서는 "정의로운 원인이 있어야만 하고, 전쟁은 선을 위한 것 또는 악에 대항하기 위한 것이어야만 한다"고 말한다. 최근에 아퀴나스의 저작에서의 약점을 감지했거나 아니면 많은 전쟁의 길을 터준다는 우려에서인지, 두 개의 추가적 규칙이 가톨릭 교회에 의해 추가되었다. 그것은 전쟁은 마지막 수단이어야 한다는 것과 전쟁은 균형 있게 치러져야 한다는 것이다.

아퀴나스는 또한 노예들의 지위에 대해서도 규정했다. 이는 우리가 보아 온 것처럼 많은 철학자들이 (아리스토텔레스를 따라) 매우 정당화 가능한 것으로 여겼다. 그는 아들은 아버지에 속한다는 의미에서(물론 어머니에게는 아니다), 어떤 사람들은 다른 사람들에 속한다는 것을 주장하는 데에서 많은 철학자들과 일치했다. 더욱이, 그는 "뛰어난 지능을 지닌 사람들은 당연히 지휘할 수 있지만, 덜 지적이지만 더 건장한 체격을 지닌 사람들은 본성상 노예로 행동하게 되어 있다"고 덧붙였다.

만약 이에 대해 추가적 증거가 필요하다면, 그는 천국의 위계적 본성을 지적한다. 천국에서는 어떤 천사들은 다른 천사들보다 더 우월한 것으로 알려진다. 그러나 은혜롭게도 아퀴나스는, 노예들은 아들들처럼 "그들 각각이 남자인 한에서" 제한된 권리를 지닌다고 덧붙이고 있다.

한편, 그는 (아리스토텔레스를 따라) 대금업은 자연에 어긋나는 것이라고 규정했다. 실로 아퀴나스는 한술 더 떠서 일반적으로 무역에는 "인호네스타스"(inhonestas)가 있다고 말한다. "인호네스타스"는 정확하게 부정직함을 뜻하지는 않는다. 그것은 '무엇인가 가치 없는 것' 혹은 아마도 '그리 훌륭하지 않은 무엇'을 뜻한다. 이러한 수고스런 방식으로 아퀴나스는 크고 작은 많은 이슈들에 대해 규정했다. 13세기의 상황을 고려할 때, 그는 놀랍도록 왕성하게 편지를 썼다는 증거를 남겼다. 그는 전혀 알지 못하는 사람들로부터의 질의에 답했는데, 그 질의란 종종 터무니없는 것들이었다. 일례로 어떤 사람이 모든 은총을 입은 것들의 이름이 종이에 씌어 천국에 전시되는지의 여부를 그에게 물었을 때, 아퀴나스는 다음과 같은 답장을 보냈다. "내가 아는 한 그렇지는 않습니다. 그렇지만 그렇게 말한다고 해가 되지는 않겠지요."

"이단자들을 관대하게 대해야 하는지"와 같은 좀 더 무게 있는 주제에 관해서 『신학대전』(제2부, 제2장, 논쟁11, 3절)에서의 그의 답변은 그리 고무적이지는 않다.

이단과 관련하여 두 가지 점에 주의해야 한다. 하나는 그들 자신의 측면이고, 다른 하나는 교회의 측면이다. 그들 자신의 측면에서 볼 때, 죄는 존재하고 그 죄로 인해 그들은 파문에 의해 교회로부터 마땅히 분리되어야 할 뿐 아니라 죽음에 의해 세상으로부터 단절되어야 한다. 왜냐하면 영혼에 생기를 불러일으키는 신앙을 타락시키는 것은 당분간의 삶을 지탱해 주는 돈을 위조하는 것보다 더 심각한 문제이기 때문이다. 그런 이유로 만약 돈을 위조한 사람과 다른 악행을 일삼는 사람이 즉시 세속적 권위에 의해 사형 판결을 받는다면, 이단에게는 그들이 이단으로 기소되자마자 파문뿐 아니라 사형에 처해질 더 많은 이유가 있는 것이다.

그렇지만 관용에 대한 그의 명성은 다음과 같은 심판의 조건을 제시한 것에서 온다. 그것은 바로 그가 교회는 "방황하는 사람들의 개종을 기대하듯이" 즉시가 아니라 "한두 번의 경고를 한 후"에 심판해야 한다고 제안한 것이다. 이렇게 한 뒤에도 만약 이단이 완고하다면, 교회는 "그를 파문하여 교회로부터 분리시키고, 더 나아가 그를 세속의 법정에 세워 죽음으로 세상과 단절시킴으로써" 다른 사람들의 구원을 기대하게 된다. 히에로니무스가 말하듯이, "타락한 육신을 자르고, 옴 오른 양을 우리에서 쫓아내어 집 전체가, 반죽 전체가, 몸의 전체가, 양 떼 전체가 불타거나, 망하거나, 썩거나, 죽지 않게 하라." 아퀴나스는 대신 회개할 기회를 주는 과정을 규정한 공이 있다.

영원한 심판을 면하기 위한 선한 기독교인의 능력과 관해서도 아퀴나스는 아우구스티누스보다 고무적이지는 않았다. 그는 노아의 시대를 상기시키면서 전 인류는 대홍수로 물에 잠겼고, 오직 여덟 사람만이 방주에서 구원되었는데, 방주는 교회이며 구원된 여덟 사람은 아주 적은 기독교인들이 구원되었음을 의미한다. "왜냐하면 매우 적은 사람들만이 진정으로 세상과 인연을 끊었으며, 그저 말로만 그렇게 한 사람은 방주에 의해 대표되는 미스터리의 인물이 아니다."

그래서 아퀴나스 자신은 그의 지대한 식견으로 찬반의 모든 이유들을 심사숙고한 뒤에 가톨릭 신자의 대부분은 (신자 아닌 사람들은 하물며) 심판을 받을 것이라고 결론지었다. 이는 "영원한 지복이 자연 상태를 초월"하기 때문이다.

만약 그것이 대부분의 그의 동료들을 벌레, 참을 수 없는 열과 참을 수 없는 갈증 등등으로부터의 자비나 구원의 희망 없는 영원을 수도원에 남기는 것이라면, 아퀴나스는 그렇게 하는 데 있어서 오직 한 형태의 고문 — 불의 고통 — 만이 사용될 것이라고 규정함으로써 다소간의 위안을 주었다. 지옥에 가지 않는 사람들에게는 추가적인 보상이 있는데, "성자들은 그들의 지복과 신의 은총을 더 풍족하게 누릴 수 있도록" 하기 위해 그들은 지옥에서 심판의 처벌을 볼 수 있는 허락을 받았다. 이 중요한 문제에 대해서 아퀴나스는 다음과 같이 규정한다.

자신들의 지복을 완성하는 축복받은 자들의 어떤 것도 부정해서는 안 된다. 이제 모든 것이 그 반대와 비교되기 위해 알려진다. 반대가 그와 나란히 놓일 때 축복받은 자들은 더 분명해지기 때문이다. 이로 인해 성자들의 행동이 더 즐거운 것이 되고 그들이 신에 대해 더 감사할 수 있도록, 그들은 심판받은 자들의 고통을 완전하게 볼 수 있도록 허용된다.

예민한 사람들은 다른 사람들이 고문 받는 것이 보고 싶지 않겠지만, 그런 사람들은 적절한 식사에 대한 열의가 없는 것이다. 결국 고통 받는 사람들은 성행위를 하거나 상점을 열고 물건을 파는 것 등의 일을 한 대가로 벌을 받는 것이다. 빵집 주인, 정육점 주인, 그리고 양초 제조자 모두는 벌받아 마땅하다.

어떤 이들은 지옥과 연옥이 실제로 동일한 장소에 있는 것인지에 대해 고심했다. 성 토마스 아퀴나스는 (성 아우구스티누스에 의존했던) 교황 그레고리우스 1세를 다음과 같이 인용하고 있다. "같은 불 속에서조차도 금은 빛나고 밀짚은 연기를 낸다. 그래서 같은 불 속에서 죄지은 자는 불타고 선택된 자는 죄를 씻는다." 아퀴나스는 두 곳의 연옥이 있을 것이라고 결론지었다. 하나는 이승 안에 있는 것으로 지옥에 가까워서 연옥과 지옥이 같은 불을 쓴다. 다른 하나는 이승 너머 우리와 신 사이에 있다. 이것은 가장 순수하고 가장 강력한 철학적 연역이다.

그러나 비록 아퀴나스의 아리스토텔레스적 논증은 말할 것도 없고, 그의 중세적 경고가 오늘날 시대에 뒤떨어져 보일지라도, 소크라테스의 양식으로 돌아가 중요한 이슈에 대해 열린 철학적 탐구를 하는 그의 방법은 인상적이다. 만약 (수 세기 후 키르케고르처럼) 그가 신앙만으로 받아들여야하는 신에 대한 것들이 있다고 주장한다면, 그는 또한 그것들은 이성에 반하는 것일 수 없고 단지 이성을 넘어서는 것이라고 주장할 것이다. 그는 논증은 "신앙의 문서들에 기초해서는 안 되고, 이성과 철학자들 자신의 진술에 의존해야 한다"고 썼다. 그는 계속한다.

> 만약 그의 소문난 지혜를 자랑스러워하는 누군가가 우리가 쓴 것에 도전하고자 한다면, 외딴 곳 혹은 그런 어려운 문제에 대해 결정할 능력이 없는 아이들 앞에서 그러지 못하게 해야 한다. 만약 그가 감히 한다면, 공개적으로 답변하게 하라. 그러면 그는 그에 맞서는 나를 발견하게 될 것이며, 하찮은 나뿐 아니라 진리를 공부한 다른 많은 사람들과 맞서게 될 것이다. 우리는 그의 오류와 싸우거나 그의 무지를 치료해 줄 것이다.

아퀴나스로서는 종교적 진리와 과학적 혹은 철학적 진리는 결코 서로 모순되지 않는다. 그들은 단지 동일한 진리의 다른 측면들이며 서로를 보완한다. 우주를 이해하기 위해서 감각과 사고 모두가 필요하며, 신적인 것을 이해하기 위해서는 계시가 필요하다. 그렇다면 "신의 지식에 열려 있는 유일한 방법이 이성의 지식뿐이라면, 인류는 무지의 어두운 그림자 속에 남게 될 것이다."

단테는 아퀴나스를 아리스토텔레스보다 조금 더 높은 천국의 정점으로 인정하고, 그를 거룩한 지혜의 불꽃이라고 불렀다. 아아, 콜린 커크가 최근에 말했듯이, "관용은 아리스토텔레스의 논리학에 의해 표현된 신의 영감을 받은 진리와 양립 불가능하다."

아퀴나스의 마지막 활동의 하나로 교회는 그로 하여금 어떤 것은 과학과 철학에서 거짓으로 증명된다 할지라도 신학에서는 참이 될 수 있다는 시제(Siger of Brabant)의 주장에 대해 종교적 진리의 지위를 변호하게 했다. 아퀴나스는 지식의 문제에서 교회가 무관해지는 것을 막기 위해 논쟁에서 이기고자 했다. 이 논쟁 후에 그의 추종자들은 이를 가장 탁월한 승리라고 환호했으며, 그를 자랑스러워 할 수 있는 최고의 업적이라고 불렀다. 그러나 아퀴나스는 갑자기 저술활동을 중단했다. 일의 내막은 이런 것 같다. 1273년 12월 6일, 미사 도중 철학자 아퀴나스는 천국의 모습을 보았다. 그리고 사람들이 다시 글을 쓰라고 요청했을 때, 그는 "내가 써 왔던 모든 것들이 나에게 그저 하찮은 것이라는 그런 계시를 받았다. 이제는 나의 마지막 날들을 기다린다"고 답했다.

그리고 아직 50세도 되지 않았지만, 그는 3개월 후에 죽었다.

IV:

근대철학
MODERN PHILOSOPHY

제10장
딜레탕트 데카르트
(1596년~1650년)

그와 더불어 '진짜' 철학이 시작되었다는 권위적인 말의 주인공 데카르트가 있다. "폭풍우 치는 바다에서의 긴 항해를 마친 선원처럼 드디어 우리는 집에 도착했다. 우리는 '육지다!' 라고 소리칠 수 있다. 데카르트와 더불어 근대의 문화와 사상이 진정 시작되기 때문이다"라고 헤겔은 그의 『서양철학사』에 썼다.

그러니 군인, 과학자, 기하학자, 철학자는 "근대 철학의 아버지"인 데카르트에 경의를 표하라. 그러나 "그는 어떻게 시작할 수 있었을까?"라고 F. E. 서치클리프 교수는 물은 뒤 스스로 답한다.

> 그가 조금이라도 의심할 원인을 가지는 모든 것을 절대적으로 거짓인 것으로 부정하고, 완전히 의심 불가능한 것이 남게 되는지를 보자 … 그러나 몽테뉴가 회의주의자들은 인간의 마음이 어떠한 확실성에 도달할 능력도 없다는 것을 주장하는데 있어서 옳았다고 결론내린 것에 반해 데카르트는 모든 이슈가 종결된 것처럼 보이는 바로 그 순간 극적으로 그의 명제 "나는 생각한다, 그러므로 나는 존재한다"를 이끌어 낸다.

철학의 이야기

그러나 데카르트는 철학의 전설일 뿐 아니라 역사적 인물이다. 그리고 『성찰』과 『방법서설』을 쓴 군대 신사의 저작은 자기중심주의자의 작품이자 한 '천재'의 작품으로 이해될 수도 있다. 그래서 데카르트는 23세에 "완전히 새로운 학문"을 발견했다고 자신 있게 예언하고, 그의 의도는 전부 책에서 드러난다고 공표했던 것이다. 그러나 있을지 모르는 조롱을 경계하여, 그는 이 책에 전념하지 못하고 오랜 기간의 수정 끝에 중도에 단념하고 말았다. 그의 다음 프로젝트였던 36개의 "정신 지도를 위한 규칙들"과 그 다음의 "형이상학의 요소들" 역시 같은 운명이 기다리고 있었다. 사실, 중년이 될 때까지 데카르트는 아무런 책도 출판하지 않았고 그는 큰소리치기만 하고 아무것도 만들어 내지 않는 위대한 약정자라는 수근거림만 있었다.

그러나 데카르트는 아직 끝난 것이 아니었다. 수도사 친구 마린 메르센느에게 보낸 편지에서 그는 이전의 저작들이 그가 새로운 지식을 얻게 됨에 따라 필요에 의해서 수정되고, 포기되고, 다시 시작하게 되었지만, 그는 "내가 미래에 필요로 하는 새로운 지식이 무엇이든 간에" 수정이 필요 없을 새로운 저작을 마침내 가지게 되었다고 썼다.

약간 아이러니컬하게도 이는 오래지 않아 '회의의 방법'의 도입을 예고하는 저작이었다. 사실 일의 내막은 40세라는 불길한 인생의 이정표에 가까워지면서 데카르트는 그의 미출판 저작 전부를 하나의 '전집'으로 손질해서 모아서 — 아마도 '준비해서'라고 말하는 게 나을 것이다 — "우리의 본성을 최상의 완성도로 고양시키는데 적합한 보편 과학의 프로젝트"라는 제목을 붙이기로 결심했다는 것이다. 이 시기에 그는 본질적으로 자기중심적 일인칭 지칭의 대부분을 제거하는 것이 낫겠다고 결심했다. 서문에서 거의 '방법'의 설명에서 자서전적이 된, 아니면 좀 더 정확하게 그가 어떻게 이렇게 많은 것들을 영리하게도 발견하게 되었는지에 대한 설명을 제외한다면 말이다. 그러나 한동안, 이러한 부분에 대한 그의 열정은 그를 아주 긴 과학적 저작을 변론적인 부록으로 격하시키도록 이끌었다. 그 부록에서 그는 "생각할 자유를 방해하기에" 출판을 혐오하지만, 독자들이 최근의 작품들을 조사해 보기를 희망한다고 썼다 … 그래서 '서문'은 책의 주요 부분이 되었고, 이제는 "이성의 올바른 사용과 학문에서의 진리를 탐구하기 위한 방법에 관한 서설"이라는 새로운 제목을 필요로 하게 되었다.

그러나 근대인의 눈에 그것은 민주주의자, 즉 데카르트가 일인칭으로 쓴 '근대'의 흔적이다. 그가 부엌에서 그를 속이는 악마의 가능성에 대해 숙고하거나 녹고 없어져 버린 양초의 인상에 대해 생각했을 뿐 아니라 젊은 데카르트가 중심 무대를 차지하고 있던 빛과 기하학에 관한 독창적인 과학적 저작에서 그의 새로운 발견들을 제시했던 것이다.

그렇다면 이것은 데카르트의 매우 개인적인 철학 스타일이 지닌 매력의 일부이지만, 그렇다 해도 17세기 프랑스 전통과 친숙하지 않은 사람들에게는 덜 신선한 것이다. 데카르트는 사실 몽테뉴의 매우 대중적 저작들을 흉내 내고 있었는데, 자기 비하적인 산만한 의견들로 이루어진 몽테뉴의 『수상록』은 이미 50여 년간 프랑스의 귀족들을 즐겁게 해 주고 있었다. 데카르트는 『방법서설』을 몽테뉴에 대한 교묘한 언급인 "양식은 이 세상에서 가장 고르게 분배된 것이다"라고 말하면서 시작하기까지 했다. 그러나 몽테뉴는 계속해서 말하길, 그것은 어느 누구도 자신의 양식에 대해 불만족스러워 하지 않기 때문이라고 한다. 데카르트는 그런 유머러스한 글을 쓰지는 않았다.

그러나 데카르트가 출처를 밝히지 않은 소스가 몽테뉴만은 아니었다. 매우 엄격한 정통 예수교 지도자들 아래서 교육받은 사람에 어울리게 데카르트는 그의 철학에서 성 아우구스티누스의 신조 중에서 많은 것을 반복하고 있다. '의심의 방법'은 특별히 그럴듯해 보이는 의견들을 의심하는 것은 아니다. 성 아우구스티누스 자신은 인간 지식의 불확실성을 극복하는 데 있어서 "신의 계시"의 도움에 맡겼다. 이것은 데카르트에 의해 "자연의 빛"으로 고쳐 쓰였는데, 그는 우리에게 분명해 보이는 모든 것 — "명석하고 판명하게 지각되는 모든 것" — 은 참임에 틀림없다고 말하고 있다. 아아, 이는 우리 자신이 의심하고자 하는 진리를 다른 사람들은 자연의 빛에 의해 볼 수 있는 가능성을 열어 둔다. 그럼에도 불구하고, 데카르트의 새로운 지식의 기하학에서 연역은 그러한 확실성들을 확인하고, 그것들을 분명한 진리로 분류하고, 그것들로부터 확대 및 확장하는 데 기초하고 있다. 그래서 일례로 자신의 사고의 존재를 의심하는 것이 "불가능"하지만 자신의 신체의 비존재를 상상하는 것은 전적으로 가능하다는 것을 발견하게 된 데카르트는 "생각하는 것"은 신체와는 전적으로 독립적인 분리된 실체라고 결론 내린다. 그리고 이로부터 확장하여 그는 동물들은 영혼이 없는 무의식의 짐승으로 그저 기계일 뿐이라고 결론지었다.

이제 물리학의 영역을 탐구하면서 데카르트에게 있어서 일상의 관찰 가능한 세계의 본질은 "연장", 즉 높이, 길이, 너비, 공간 등이다. 그리고 그는 이 속성들을 문자 그대로 보편적인 것으로 만들고 있다. 모든 물질은 우주의 어느 곳에서든지 동일하다. 따라서 그는, 비록 그리 과하지 않은 테스트로도 종종 구조물이 흔들리기 시작하지만, 과학이 쌓아올릴 수 있는 튼튼한 기초를 제공했다. 하나의 예는 라이프니츠가 오래지 않아 논박한 그의 '충돌의 법칙'이다.

데카르트가 주장한 충돌의 법칙에서는 더 작은 대상이 그보다 큰 대상에 부딪칠 때는 (돌이 벽에 던져졌을 때처럼) 작은 대상이 동일한 속도로 튀어 나오지만, 큰 대상이 그보다 작은 것과 충돌할 때(구르는 바위가 파리를 짓누를 때처럼) 그들은 같이 움직여서 전체 운동량은 보존된다고 한다. 지금까지 그렇게 명백해 보였지만, 하나의 공이 그보다 아주 미세하게 큰 공에 부딪치는 충돌을 고려해 보자. 이 경우 데카르트의 법칙에 따르면, 첫 번째 공은 그것이 부딪칠 때와 동일한 속도로 되튀어 나와야 하고, 큰 공은 움직임이 없어야 한다. 그런데 라이프니츠는 아주 작은 과자가 두 번째 공을 스쳐 지나가면서 그 공을 첫 번째 공보다 아주 미세하게 작은 것으로 만들었다고 가정해 보자고 한다. 다시 실험했을 때 어떻게 될 거라고 생각하는가?

데카르트의 이론에 따르면, 만약 다시 충돌시킨다면, 다른 공에서 동일한 속도로 되튀어 나온 첫 번째 공이 이번에는 그 공과 함께 동일한 방향으로 원래 속도의 절반의 속도로 진행할 것이다. 라이프니츠는 그러한 미세한 변화가 그렇게 극적인 결과를 가져오리라는 것을 믿기 어려우며, 따라서 데카르트는 그 자신의 법칙을 의심할 필요가 있다고 생각했다. 마음과 신체와의 관계는 물론이고 '빈 공간'의 불가능성과 '운동'의 본성 개념을 포함한 데카르트의 다른 많은 개념들 역시 설명하기가 어려운 것이었다. 뉴턴의 『프린키피아』를 프랑스어로 번역했고, 볼테르의 연인이었던(볼테르가 "여자라는 것이 유일한 잘못인 위대한 사람"이라고 썼던) 가브리엘레-에밀리 르 토넬리에 드 브르퇴유는 데카르트주의에 대해서 다음과 같이 말했다. "그것은 붕괴되어 폐허가 된 집으로 사방에서 떠받쳐져… 나는 떠나는 것이 현명하다고 생각한다." 그러나 의심의 방법의 고안자는 그러한 접근을 스스로 피했다. 결국 『성찰』의 도입부 요약에서 그는 다음과 같이 썼다.

우리의 감각에서 일어나는 오류의 전부는 고찰되는 반면, 그것들을 회피하는 수단은 지적되고, 결국 물리적 대상의 존재를 추론하게 되는 모든 근거들이 제시된다. 그러나 그것들이 증명하는 것을 확고히 하는 데 유용하다고 내가 생각하기 때문은 아니다. 즉 실제로 세계가 있고, 인간은 신체를 지니고 있다는 등의 진리는 건전한 심성을 지닌 어느 누구도 심각하게 의심하지 않는다. 대신 세밀하게 숙고할 때 그것들은 우리의 마음과 신에 대한 지식으로 우리를 지도하는 추론처럼 강하거나 명료하지 않다.

데카르트에 대한 첨언

만약 『방법서설』이 결코 철학이 아니고 원래 과학적 문제들에 대한 실천적 저작집이었다면, 『성찰』은 동등하게 새로운 에세이 — '레나투스 데스카르테스'에 의한 『제1철학에 대한 명상』 (그는 스스로 라틴어로 서명하기를 원했기에) — 에 대해 이야기하는 "유명한 사람들"에 대한 문집이라고 여겨진다. 이에 대해 모든 것을 "의심하는 것"의 개념에 대해 논박하면서 토머스 홉스는 가볍게 무시하는 반대 의견을 제시한다. 이 반론은 부적절하다고 간단히 처리되었다. 왜냐하면 (데카르트는 간결하게 설명하기를) 그는 그저 의학 저술가의 정신으로 의심의 "질병"에 대해 언급하고 곧 이어 그 치료법을 보여 주었을 뿐이라는 것이다. (그러나 아마도 주의 깊은 지적들이 접수되었을 것이고, 『성찰』의 서문은 그 책이 "약한 지식인들"에게 적합한 책은 아니라고 설명한다.)

몽테뉴는 자신에 대해서 끊임없이 그의 관점들을 조롱하고 변명하는 것으로 여겼다. 데카르트는 자신을 예상되는 비판으로부터 거리를 두고, 따뜻한 부엌에서 세계의 본성에 대해서 6일 동안 반성한 뒤 얻는 저자의 '계몽'에 대한 드라마틱한 이야기를 만들어 내기 위해서 그와 동일한 장치를 사용하고 있다. 그러나 그것은 그저 하나의 장치일 뿐이다. 계몽의 과정은 책에 기술된 6일처럼 수년이 걸렸었던 것 같다. 물론, 만약 전체 계몽의 과정이 (예수회의) 숨겨진 종교적 정서를 지닌 것이라면, 6일은 아주 특별한 선택이다.

첫 번째 날, 레나투스는 알려지지 않은 것과 불확실한 모든 것을 허용함으로써 무의 끔찍한 세상에 들어온다.

두 번째 날, 그는 적어도 그가 의심하고, 두려워하고, 생각하는 것이라는 하나의 것을 안다는 반성에 의해 그의 두려움을 주장한다. "나는 무엇인가? 생각하는 것, 그것은 무엇인가? 의심하고, 이해하고, 긍정하고, 부정하고, 의지하고, 의지하지 않으며, 또한 상상하고 이차적 지각을 지니는 것…"

세 번째 날, 그는 신의 존재가 확실하다는 것을 스스로 증명한다 …

네 번째 날, 그는 오류를 피하는 몇몇 방법을 스스로에게 가르친다 …

다섯 번째 날, 그는 신의 존재에 대한 탁월한 증명을 제시하고…

여섯 번째 그리고 마지막 날, 그는 어떤 의심도 던져 버리고 세계를 이해할 수 있는 새로운 과학을 갖추고 있는 세계에 다시 들어간다. 그 과학은 애초에 첫 번째 날 버렸던 바로 그 감각 지각의 도구를 좀 더 주의 깊게 적용하는 것이다.

("나는 생각한다, 고로 존재한다"고 우아하게 번역되는) 코기토 에르고 숨(cogito ergo sum)이라는 유명한 말은 『성찰』의 최초의 버전에는 나오지 않았지만, 나중에 격식을 덜 갖춘 번역본에서 나오게 된다. 실제로 사용된 말은 다음과 같이 번역된다. "악마가 속일 수 있을만큼 나를 속이게 하라. 그는 내가 무엇이라고 생각하는 한 내가 아무것도 아니라는 것을 이끌어 내지 못할 것이다. 그래서 모든 것을 주의 깊게 고려한 뒤 나는 이 명제, 나는 있다, 나는 존재한다는 내가 그것을 말하거나 마음속에 생각할 때면 언제나 필연적으로 참이라고 결론내려야만 한다."[1]

데카르트는 결국 "나는 생각한다"와 "생각들이 있다"는 것 사이의 차이를 분명하게 강조했는데, 이 구분은 그 이후로 아주 많이 잊혀지곤 했다. '코기토'에는 또한 아우구스티누스의 성스런 발자국이 여기저기 남아 있다. 아우구스티누스는 다음과 같이 가르쳤다. "존재하지 않는 자는 확실히 속을 수 없다. 그러므로 만약 내가 속는다면, 나는 존재한다."

그렇다면 무엇이 레나투스 데스 카르테스를 그렇게 '근대적'으로 만드는가?

데카르트는 그의 의도가 "형이상학의 기하학"을 만드는 것이라고 말했다. 그것은 마음속의 계열에서 하나의 벽돌 위에 다른 벽돌을 쌓은 것에 의해서가 아니라 지적인 구조물의 다양한 부분들의 분석에 의해서 그것들이 서로 일치하고 지탱할 수 있는지의 여부를 보기 위한 것이었다. 모든 논리적 접근법은 철학적 서사 자체가 그런 것처럼 "아직 알려지지 않은 것의 지연된 결과에 필연적으로 의존하는 것이었다.

그의 위대한 저작인 『방법서설』과 『성찰』은 여러 면에서 보충적인 저작이다. 그것은 저자를 추켜세우려는 자기중심적인 부가물이지, 프랑스 철학의 진부한 표준을 뒤엎으려는 시도가 아니었다. 하물며 오늘날 종종 재발명되듯이 일종의 교회의 권위에 대한 성상파괴적 "반격"으로서의 전복은 더욱 아니었다. "의심의 방법"은 참된 지식을 직접적으로 얻을 수 있는 저자의 능력에 의해 빠르게 대체되는 장치에 지나지 않는다.

그가 어떻게 세계를 두 개의 분리된 부분, 즉 마음과 물질로 나누었는지에 대한 데카르트의 이야기는 확실히 미스터리, 감정, 동정심을 밀어냄은 물론 기계와 냉정한 과학의 근대 세계의 도래를 알린다. 그러나 플라톤 역시 두 종류의 실체가 있으며, 영혼의 분리된 존재를 강하게 지지했다. (이는 그의 저작들을 아우구스티누스 같은 교부들에게 인기 있는 것으로 만들었고, 데카르트가 아우구스티누스주의자로 자라나게 했다.) 플라톤의 대화편 『에우티프론』은 감옥에서 독배를 마시려고 하는 소크라테

삽화10 "··· 나는 있다, 나는 존재한다는 이 명제는 내가 그것을 말할 때마다 필연적으로 참이다."

스가 등장하는데, 여기에서 영혼만이 천국에 간다고 확고하게 예견하며 신체로부터 영혼의 분리를 제시하고 있다. 소크라테스가 영혼의 불멸성에 대한 믿음을 정당화하는 것에 대해 도전받았을 때, 그는 후에 데카르트에 의해 효과적으로 사용된 것과 동일한 종류의 예들을 사용했다. 즉 순수 지식의 불변하는 세계에 반하는 실체와 현상의 사멸하는 세계의 예들이 그것이다.

데카르트는 『성찰』을 출판한 뒤 몇 년 후에 스웨덴에서 죽었다. 그는 스웨덴을 "바위와 얼음 사이의 곰들의 땅"이라고 애정 없이 묘사했다. 그는 (데카르트의 전설에 의해 교육된 사람들이 추측할 수 있듯이) 위대한

철학적 논저는 아니지만 최후의 저작을 쓰고자 했다. 이것은 스웨덴 여왕
과 그녀의 신하들을 기쁘게 해 줄 희극과 발레를 쓰는 것이었다.

❖ 주 ❖

1) *Ego sum, ego existo, quoties a me profertur, vel mente concipitur, necessario esse
verum*은 1641년의 최초의 라틴어 텍스트에 나온다. 『방법서설』에서 이 원리
의 프랑스어 버전은 "Je pense, donc je suis"로 "나는 생각한다, 고로 존재한
다"에 피상적으로 더 가깝다. 그러나 이에 대한 정확한 번역은 "나는 생각한
다, 고로 존재한다"가 아니라 "나는 생각하고 있다, 고로 존재한다"이다. 어쨌
든 '코기토'는 이 텍스트를 지칭하는 것이 아니라 『성찰』에서의 논증을 지칭
하는 것이다. 그렇게 하는 것이 분명하다.

제11장
불가능한 일을 꾀한 홉스
(1588년~1679년)

잉글랜드 벽지의 대리 목사의 아들이라는 미천한 출생에도 불구하고(그의 아버지는 교회 문 앞에서 다른 목사와 싸운 뒤 — 실로 "주먹다짐이 오고 갔다" — 사라졌다), 토머스 홉스는 귀족들과 친하게 지내고 왕의 호의에 생계를 의존하면서 잉글랜드의 사회 계급의 최상층에 올라섰다.

그러나 14세에 학교를 떠날 무렵 그는 이미 에우리피데스의 『메데이아』를 그리스어에서 라틴어로 번역했는데, 이 업적은 오늘날에도 여전히 철학자들에게 (어쩌면 좀 과대한 것일지도 모르지만) 깊은 인상을 주고 있다. 옥스퍼드에서 학자가 되기 위해 그동안 보살펴 주던 삼촌의 품을 떠나면서 그는 점점 귀족 사회 내로 진입하기 시작했다. 옥스퍼드에서 공부를 마친 뒤 그는 데본셔의 백작의 지위에 오르며, 유럽을 여행하여 1636년에는 저명한 이탈리아의 천문학자 갈릴레오를 만나기까지 한다.

홉스는 달에 있는 산과 금성의 모양, 그리고 행성들의 운동에 대한 갈릴레오의 기술들 뿐 아니라 하비가 발견한 혈액순환에 대해서도 깊은 인상을 갖게 되었는데, 이들 모두는 확립된 견해에 도전하는 것들이었다. 사실 홉스의 정치철학에서 가장 충격적인 측면은 신과 교황, 귀족 등 다양한 권위에 대한 존중을 강요하는 시대였음에도 그 접근법이 단호하게 이성적이었다는 것이다. 그의 논증은 명료하게 제시된 근거에 기초하고 있으며, 애매하거나 "불분명한" 말없이 차분한 용어들에 의해 추론이 제시되고 있다. 이는 다음과 같이 그가 다른 철학자들의 성과를 조소적으로 기술하는 데에서도 볼 수 있다.

전집을 쓰는 사람들이 미치지 않았다면 다른 사람들을 미치게 하려는 것일까? … 그래서 이런 종류의 어리석음은 많은 종류의 미친 짓들 가운데서 적절하게 번호를 매길 수 있을 것이다. 그리고 그들은 세속적인 욕망에 대한 명료한 사고에 의해 안내되는 것에 대해서 논의하거나 쓰려고 하지 않고, 대신 평온을 원한다. 이것만이 지식인들의 덕과 결점이다.

톰 소렐이 『루틀리지 철학백과사전』에서 말하듯이 홉스가 유럽 방문을 마칠 무렵 그는 "특히 기하학적 증명을 윤리학과 정치학 분야에 도입한 인물로 유명해졌다." 그렇지만 확실히 철학을 수학에 도입할 능력이 있는 인물로서는 아니었다.

철학의 이야기

사실 홉스는 철학에서의 전통적인 가정(假定)을 경멸했기 때문에 그의 업적은 영향력이 대단했다. 오늘날 근대 사회는 사람들이 자기 이익에 의해 동기가 부여되고, 각자의 생각대로 내버려 두면 언제나 다툼이 일어난다는 그의 관점을 반영하고 받아들이고 있다. 홉스는 "인간 기계"가 그 에너지를 이기적으로 쓰게 하도록 프로그램 되어 있다고 설명한다. 그리고 그는 만약 인간이 이타적으로 행동하는 것이 가능한지 의심한다. 겉보기에 호의적인 행동도 사실은 자기의 이익을 도모하는 것으로, 아마도 사람들이 스스로 기분을 좋게 하기 위한 시도라는 것이다. 대신 인간에게 있어서 주된 움직임은 권력을 향한 것이다. 애초에 그는 "나는 모든 인류의 일반적인 경향으로, 죽음으로써만 멈추는, 영원하고 쉼 없는 권력에의 욕구에 대해 말한다." 이 때문에 사람들을 통제하기 위한 절대 권력이 필요하다.

그들 자신에 대한 억제를 행사하는 (자연적으로 자유를 사랑하고, 다른 것들을 지배하는) 인간의 목적인, 목적 또는 설계는 … 그들 자신의 보존과 그로 인해 더 만족한 삶을 내다보는 것이다. 즉 전쟁이라는 처참한 상태로부터 스스로를 벗어나게 하는 것에 대한 예견으로 그들을 두렵게 하고, 계약에 따른 행동에 대한 처벌의 공포에 그들을 묶어 둘 현저한 권력이 없을 때 전쟁은 인간의 자연적 정념에서 필연적으로 귀결되는 것이다 … 칼 없이 한 계약은 말이다.

그러나 하나의 절대 권위를 선호함에도 불구하고 홉스는 신이 왕의 자격을 허가했다는 생각을 해체했으며, (다른 많은 이유들 중에서) 그렇게 하면서 그는 당대의 많은 사람들에 의해, 실제로 무신론자가 아니라 하더라도, 확실히 위험한 이단자로 여겨졌다. 런던 사람들 6만여 명이 죽은 1666년의 대역병과 이어서 일어난 대화재 직후 그의 책이 이 두 재앙을 불러왔는지를 조사하기 위한 의회 위원회가 만들어졌다. 조사 결과 홉스는 "인간의 행위"에 대한 문제를 다루는 책을 더 이상 쓰지 못하도록 금지되었으며, 그에 따라 그의 저작은 해외에서 출판해야 했다.

홉스의 모든 책들은 법학, 종교적 열정, 그리고 정치적 인습타파의 특이한 혼합물이다. 비록 그 논증의 논리가 믿기 어려울 때도 있기는 하지만, 법적인 부분은 혁신적이고, 통찰력 있다. 단일하게 가정된 자기 보존의 "근본적인 권리"로부터 시작하여 개인의 권리들이 연역되고 도출된다. 사회의 작용에 대한 그의 가장 유명한 설명인 『리바이어던』에서 홉스는 정치 이론, 사회 윤리, 그리고 국제법의 방향을 규정했다. 이는 커다란 업적이다. 그러나 아마도 그의 가장 위대한 업적은 잘 높이 평가되지 않는 듯하다. 토머스 홉스는 원을 사각형으로 만들어 냈다.

그렇게 하는 방법

'인간' 과 '시민' 의 주제를 포함하는 3부작이 되었을 그의 책 『물체에 관하여』속에 깊이 묻혔던 것은 3천 년 된 수학적 문제인 원을 사각형으로 만드는 것이었다. 플라톤을 당혹스럽게 했던 그 고대의 수수께끼는 자와 컴퍼스만 사용하여 주어진 원과 정확하게 동일한 면적을 지닌 사각형을 그릴 수 있는가 하는 것이었다. 이 문제는 아마도 땅을 측정하는 것과 관련된 실질적인 문제에서 시작했을 것이다. 그러나 17세기에 '원을 사각형으로 만드는 것' 은 일반인들 사이에서 더 일반적 관심의 대상이었다. 아마도 그것은 그렇게 된 최초의 수학 퍼즐일 것이다. "모든 일반 대중" 을 대상으로 한 경연대회가 있을 정도였고, 주제는 정중한 대화 속에서 규칙적으로 제기되었다. 1686년 3월 4일자 『학자 저널』 기사는 한 젊은 여성이 "완벽하게 적격인 구혼자"를 거절했는데, "그가 주어진 시간 내에 원을 사각형으로 만드는 것에 대한 어떠한 새로운 아이디어도 내지 못했기 때문"이라고 기록하고 있다.

플라톤과 홉스 모두의 관점에서는, 기하학에서 두 개의 전통적인 도구만이 사용될 수 있었다. 다른 장치를 사용하는 것은 천박하고 금기로 여겨졌다. 원을 사각형으로 만들기 위해서는 직선에서 시작해야 하며, 이 선을 반지름으로 사용하여 원을 그려야 한다. 그렇다면, 자와 컴퍼스만을 사용해서 유한한 수의 과정을 거쳐서 원과 동일한 면적을 지니는 사각형을 측정하고 만들어 내는 것이 가능해야 한다. 2천 년 동안의 시도에도 불구하고 아무도 그것을 해내지 못했을 뿐이다.

그러나 어떤 방식으로 보든지 이 문제는 그의 견해가 탁월하다는 것을 빼고는 그의 책의 주제와는 관계가 없기 때문에, 홉스의 해결책은 『물체에 관하여』의 나머지 부분과는 잘 들어맞지 않는다. 설상가상으로 홉스의

삽화 11 홉스는 원을 사각형으로 만드는 자신의 증명이 모든 문제에 있어서 그의 권위를 확립해 줄 것이라고 상상했다.

친구들은 거기서 오류를 지적해 내기도 했다. 홉스는 그의 "증명"을 책에서 제거하고 싶어 하지 않았고, 대신 제목을 "잘못된 가정으로부터의 잘못된 원적법"으로 바꾸었다. 얼마 지나지 않아 그는 두 번째 증명을 추가했는데, 이번 역시 그는 바꾸어야 했고 좀 약하게나마 그것은 "원적법에 가까운 것"이라고 설명했다. 그리고는 세 번째 "정확한" 증명이 추가되었다. 그러나 이 책이 인쇄되었을 때 그는 이것 역시 잘못되었음을 깨달았다. 이제 이 성가신 부분을 제거하기에는 너무 늦었기에 그는 그 장의 마지막 부분에 다음과 같이 덧붙였다. "원의 면적을 정확하게 알아냈다고 말한 것들에 대해서 독자는 그것이 확실치 않다고 말한 것으로 받아들여야 할 것이다."

　홉스는 원을 사각형으로 만드는 것에 대한 그의 증명이 그저 수학뿐 아니라 모든 문제들에 대해서 자신의 권위를 확립할 것이라고 상상했다. 플라톤, 바빌론 사람들, 힌두인들, 아랍인들, 그리고 고대 중국인들이 수

천 년 동안 헛되이 논의했던 이 문제를[1] 풀어냄으로써 그는 그의 정치적 저작들에 의해 야기된 논란 위로 떠오르기를 희망했다. 그는 "말름스베리의 괴물", "나라의 도깨비", "신앙 없는 사도", "물질적인 신에 대한 무미건조한 숭배자", 그리고 "수간의 중재자"라는 낙인에 지쳐있었다. 그러나 그는 옥스퍼드 대학의 수학 교수 없이 측정했다. 그의 독자들 중에는 당대 최고의 수학자 중 하나가 있었는데, 그는 "그보다 많은"과 "그보다 적은"에 대한 무한 기호와 계산법의 상당 부분을 고안해 낸 인물이었다. 그는 왕에 반대했던 "원두당원"이기도 했고, 엄격한 장로교파였던 존 월리스(John Wallis)는 내란기에 올리버 크롬웰의 혁명군에게 가는 군사 암호를 해독한 뒤 옥스퍼드 수학 교수직에 임명되었다. 홉스 그리고 홉스가 지지한 모든 것에 크게 반대했던 월리스는 이제 『물체에 관하여』에 드러난 홉스의 수학적 저작 전부를 공격하기로 작정했다.

네덜란드의 물리학자이자 천문학자인 하위헌스(Christiaan Huygens)에게 보낸 1659년 1월 1일자 편지에서 월리스는 그의 계획을 약술했다.

> 우리의 리바이어던은 우리의 대학들 … 그리고 특히 목사와 성직자 그리고 모든 종교를 맹렬히 공격하고 파괴하고 있습니다 … 마치 인간이 철학을 이해하지 못한다면 종교를 이해할 수 없는 것처럼, 수학을 이해하지 못하면 철학을 이해할 수 없는 것처럼 말입니다. 따라서 어떤 수학자가 추론의 역 과정에 의해서 자신이 용기를 얻고 있는 수학에 대해 얼마나 적은 이해를 하고 있는지를 보여 주는 것이 필요해 보입니다. 그래서 우리는 알다시피 우리에 대해 유해한 오물을 토해 내는 그의 오만함 때문에 그의 이해가 부족하다는 것을 보여 주지 못하는 일이 없어야겠습니다.

신속한 한방으로 홉스를 쓰러뜨리려는 의도를 지닌 첫 번째 공격은

"홉스의 기하학 논박"(*Elenchus Geometriae Hobbianae*, '논박'은 소크라테스가 플라톤의 모든 대화편에서 사용한 반대심문 방법이며 때로는 '소크라테스적 방법'이라고 불린다)이라고 불리는 소책자였다. 이 대화의 형식에서 윌리스는 평이한 수학적 기법과 조롱하는 말들을 배합하여 하나씩 체계적으로 홉스의 정의와 방법을 짚어 가며, 차례로 홉스의 각 주장을 무너뜨리고 부수었다. 그는 심지어 도깨비라는 뜻인 '홉고블린'이라고 그를 부르면서 홉스의 이름을 조롱하기까지 했다.

　의심할 바 없이 홉스는 상처를 받았지만, 수학적 모욕이 더 문제였다. 왜냐하면 홉스는 그 이전과 이후의 많은 사람들처럼 철학을 수학으로 환원하려고 시도했기 때문이다. 실로 그는 추론이란 "이름의 덧셈과 뺄셈이나 다름없다"고 주장했으며, "참인 명제들은 사물의 본성에 관한 것이 아니라 사물의 이름에 관한 것"이라고 주장했다. 설상가상으로 그가 지성의 중심에 놓은 것은 기하학의 지식이다.

　그렇다면 우리의 긍정에서 이름의 올바른 질서로 이루어진 진리를 보면서 정확한 진리를 추구하는 사람은 그가 사용하는 모든 이름이 나타내는 바를 기억해야 하며, 그것을 적절히 배치해야 한다. 그렇지 않으면 그는 단어들 사이에 얽히게 된다. 마치 덫에 걸린 새처럼 몸부림칠수록 더 덫에 얽히게 된다. 그러므로 (지금까지 인간에게 부여된 신을 기쁘게 하는 유일한 과학인) 기하학에서 인간은 그들의 말의 의미를 고정시키기 시작했고, 그들이 정의라고 부르는 의미를 고정하고, 그것을 그들의 계산을 시작하는 데에 적용했다.

실로 홉스는 다른 곳에서 기하학은 "포도주와 같은 무엇을 지니고 있다"고 말했다. 확실히 그에게 기하학은 그랬다. 그는 종이가 옆에 없을 때 종종 그의 허벅지와 침대 시트에 기하학 도형을 그렸다고 한다.

역사학자들은 홉스의 기하학과의 연애는 데본셔의 공작과 함께한 그의 '순회 여행' 동안에 시작되었다고 본다. 그는 외국의 한 신사의 서재에서 우연히 유클리드의 『기하학 원론』을 보고 피타고라스의 정리가 유혹적으로 눈에 띄었다. 비록 훗날 유클리드의 정의들을 다시 쓰기를 주저하지 않으면서 점의 정의를 바꾸어 운동의 입자에 더 가까운 것으로 만들었음에도 불구하고, 유클리드는 그에게 언제나 영감으로 남았다. 갈릴레오, 로버트 보일, 그리고 당대의 다른 이들을 따라 홉스는 기계적 운동을 우주를 이해하는 방법으로 간주했다.

그리고 이제 그가 사랑한 기하학적 증명들이 그의 눈앞에서 산산조각 나고 있었던 것이다! 홉스의 아버지는 교회 목사로부터 달아났다지만, 홉스는 더 단호한 성격의 소유자였다. 그는 격앙된 새로운 소책자로 대응했다. 첫 번째 것은 『존 월리스의 부조리한 기하학, 촌스러운 언어, 스코틀랜드의 교회 정치, 그리고 야만성』이었다. 이어서 1660년 봄 *Examinatio et Emendatio Mathematicae Hodiernae*라는 제목 아래 여섯 편의 별 호소력 없는 '대화들'이 이어졌는데, 그중 마지막 것은 "원과 원형에 대한" 70여 개의 이해하기 어려운 명제들로 이루어졌다.

『물체에 관하여』로 돌아와서, 그는 "하나는 기하학, 다른 하나는 천문학 교수인 수학 교수들에 대한 여섯 개의 레슨"이라고 제목이 붙여진 부록을 영어판에 부가했다. 이는 『논박』뿐 아니라 월리스의 다른 저작들과의 대결이었다. 그 저작들은 원뿔에 대해 높이 평가받은 책인 *De sectionibus conicis*(1655)와 무한소의 산수에 대한 책으로서 미분학의 발전에서 뉴튼과 어쩌면 라이프니츠에게 영향을 주었을 *Arithematica Infinitorum* (1656)이었다. 실제로 뒤의 책은 또한 원의 면적을 결정하는 새로운 방법을 찾고, 따라서 산수를 이용하여 원주율을 찾으려는 시도라는 데서 "원을 사각형으로 만드는 것"과 관련된 문제를 탐구하는 것이었다. 그의 공식의 가치는 그 공식인 월리스 공식이 오늘날까지 그의 이름을 지니고 있다는 사실에 기록되어 있다.

그렇지만 홉스는 월리스의 *Arithematica Infinitorum*를 다음과 같이 당당하게 거부하고 있다. "세계의 시작 이후 기하학에서 그렇게 부조리한 것이 쓰인 적이 없었고, 앞으로도 없을 것임을 진실로 믿는다."

그러나 그의 가장 교활한 반격은 또 다른 고대로부터의 문제인 "두 배의 부피를 갖는 정육면체"의 문제에 대한 새로운 해결책을 익명으로 불어로 출판한 것이었다. 홉스는 이번에는 그의 해결책이 옳다는 것을 확신했지만, 그럼에도 월리스가 미끼를 물고 그의 반응을 출판했을 때 홉스는 그에 대한 준비가 되어 있었다. 월리스가 약점들을 지적한 뒤 홉스는 그 자신의 이름으로 증명을 다시 출판하되 이번에는 월리스의 요점들을 마치 홉스 자신의 아이디어인 것처럼 섞었다!

그리고는 1660년대를 통하여 수많은 시골 사람들이 대역병으로 죽어 갔지만, 홉스의 유일한 관심사는 "기하학 교수들"을 이기는 것이었다. 그는 월리스의 대수적 방법들을 "단순한 무지와 횡설수설"이라고 거부했다. 그의 책들은 "천박하고 기호들의 딱지로 덮여 있어서" 그것은 마치 "암탉이 비벼 댄 것처럼" 보인다는 것이다. 1666년 런던 대화재 때 그는 『기하학 원리』(*De principiis et ratiocinatione geometrarum*)를, 3년 후 『원을 사각형으로 만들기, 구를 육면체로 만들기, 그리고 두 배의 부피를 갖는 정육면체 만들기』(*Quadratura circuli, Cubatio sphaerae, Duplicitio cubii*)를 출판했다. 이 모두는 그의 수학적 성취의 거대한 진술로 의도한 것이었다. 그러나 그들 모두는 즉각 월리스에 의해 논박되었고, 두 사람은 끝이 없어 보이는 여러 논문들을 통해서 출판과 반박의 악순환에 빠져들었다.

이러한 교환의 전형은 『홉스 씨에 대한 정당한 교정』 또는 『자신의 레슨은 올바로 말하지 않는 것에 대한 학교 규율』이라는 제목으로 월리스가 출판한 소책자이다. 이는 홉스가 기술적 언어를 잘못 사용하고 있는 것, 특히 "점"이라는 단어의 오용에 초점을 맞추었는데, 홉스의 격앙된 반응은 동일하게 멍청한 제목 『존 월리스의 부조리한 기하학, 촌스러운 언어, 스코틀랜드의 교회 정치, 그리고 야만성의 표시들』이었다.

시간이 지나면서 월리스는 전쟁에 지치게 되었지만, 홉스는 그의 수학적 저작들을 그의 생애 마지막까지 옹호했다. 그가 죽기 바로 전이었던 91세에까지 그는 원을 사각형으로 만드는 것에 대한 또 다른 책을 쓰고 있었다. 서문의 설명은 다음과 같다.

그래서 기하학 교수들에 의해 이해되지 않은 다른 방법들을 통해 이 문제에 대해 충분히 주목한 뒤 나는 가장 새로운 이것을 추가했다.

❖ 주 ❖

1) 1882년 독일 수학자 페르디난드 린데만은 "원을 사각형으로 만드는 것"은 가능하지 않다는 아주 그럴듯한 증명을 제시했다. 그 이유는 사각형의 한 면의 길이는 파이에 의해 곱해진 어떤 수이고, 파이는 초한수라고 불리는 것, 즉 소수자리가 무한한 수이기 때문이다.

제12장
부지런한 스피노자
(1632년~1677년)

"스피노자는 위대한 철학자 중 가장 숭고하고 겸허하다"라고 버트런드 러셀은 『서양철학사』에서 단언했다. "지적으로 다른 철학자들이 그를 능가했지만, 윤리적으로는 그가 최상이다." 러셀은 이러한 스피노자의 선함이 왜 일반적으로 그의 생애와 이후 몇 세기 동안 그가 "끔찍하게 지독한 사람"으로 여겨지는지를 설명해 준다고 생각했다. 그렇지만 다른 이유들이 있을 수도 있는 것이다.

철학의 이야기

스피노자의 삶은 별 해가 없는 것이었다. 그는 암스테르담에서 광학 및 과학 렌즈를 만들면서 소일했다. 하이델베르크에서 철학 교수직을 가질 수 있었지만 렌즈를 갈고 닦는 일을 계속하기를 바랐다. 남는 시간에서야 그는 글을 썼는데, 모든 것은 본질적으로 하나이며, 마음과 신체는 이 동일한 것의 두 측면으로 돌이 되는 것과 동물이 되는 것, 그리고 신이 되는 것 등을 포함한 여러 측면을 지니는 것이라는 결론에 도달했다.

그는 생전에 단 두 권의 책만을 출판했다. 첫째 것은 『데카르트의 철학 원리』로 그의 철학 대부분에 반대한다고 서문에 적고 있다(그는 마음과 신체라는 두 구분되는 것이 있다고 생각하지 않았다. 그들은 동일한 것의 두 '측면'이며 인간은 '자유 의지'를 가지지도 않고, 인간의 지성을 넘어서는 어떤 것도 없다고 생각했다). 두 번째 책은 『신학-철학 논고』다. 이 책은 성서에 대한 많은 회의적 언급을 담고 있는데, 성서 전체가 지닌 "도덕적 메시지"는 찬양했다. 오늘날 시점에서 이 책은 신앙적인 것으로 보이지만, 이단으로 몰리는 것에 대한 충분한 우려로 익명을 유지하면서 책의 세부를 고쳤다. 실로 『신학-철학 논고』는 즉시 논란에 휩싸였고 스피노자가 작가로 '알려졌을' 때 많은 욕을 먹었다. 하도 그래서 스피노자의 사후에도 그의 친구들은 그의 '걸작'인 『에티카』를 포함한 다른 책을 출판할 때, 'B. D. S'라고 적어 저자를 은폐했다. 따라서 서양 철학에서 근본적인 '근대' 저작 중 하나인 "기하학적 질서에서 증명된 윤리학"은 결과적으로 익명으로 출판되어야 했다.

데카르트의 『성찰』처럼 『에티카』는 신을 믿는 논리적 기초를 제공하는데 관심이 있는데, 그 전략은 오늘날도 그리 해롭지는 않다. 그러나 스

삽화 12 종종 "머리를 식히려고" 그는 파리를 거미줄에 놓고, "너무 재미있어서 웃음을 터뜨리면서 싸움을 지켜보았다."

144

피노자의 신은 (희망하거나, 관념을 가지거나, 어떤 것을 선호하는 것과 같은) 많은 속성들이 제거되었기 때문에 당시 많은 사람들은 다른 이름을 지닌 무신론으로 여겼으며, 그의 고향 사람들은 그에 대해 악담을 했다.

정확하게 그가 어떤 점으로 비난받았는지는 아무도 모르지만, 그의 전기 작가 중 하나인 코렐루스는 스피노자가 어떻게 파이프를 피우면서 편안한 시간을 보냈는지, 또는 그가 좀 더 길게 "마음의 안정"을 취하고자 할 때 서로 싸움이 붙은 거미들을 바라보거나, 그렇지 않으면 파리를 거미줄에 놓고 "때로는 너무 재미있어서 웃음을 터뜨리며 싸움을 지켜본 것"에 대해 기술하고 있다.

텔레비전 이전에는 그렇게 기분전환을 했다.

그런 사람들은 타고나는가 — 아니면 만들어지는가?

스피노자는 암스테르담에서 바루흐 벤 미카엘(그는 나중에야 베네딕투스 드 스피노자로 이름을 라틴어화했다)로 태어났다. 그의 부모는 스페인에서 네덜란드로 도망쳤는데, 그 후 스페인 종교재판소가 이단자들을 찾는 과정에서 위협을 당했다. 어머니는 그가 신생아일 때 죽었고, 아버지는 암스테르담 비즈니스계와 유태인 공동체에서 존경받는 인물로 스피노자가 22세 때 죽었다.

벤 미카엘 가족은 유태계였으며, 여러 세대를 통해서 공식적으로는 최소한 '마라노'라고 알려진 일종의 가톨릭이었다가 다시 유태계가 된다. (이 용어는 유태교에서 엄격하게 금지된 행동인 "돼지고기를 먹은" 유태인들을 일컫는 것이었다.) 그러나 유태교든 '마라노 가톨릭'이든 신생 공화국으로 강한 칼뱅주의적 성격을 띠었던 당시 네덜란드에서는 어색한 것이었다. 스피노자는 그 시대의 어떠한 문화적 혹은 종교적 연합과도 자신을 동일시하지 않았으며 가장 세속적인 것만을 받아들였다. 그는 자신을 네덜란드 공화국의 시민으로 여겼으며, 자랑스럽게 그의 "조국"이라고 불렀다.

그 이전과 이후의 많은 네덜란드 사람들처럼 그는 네덜란드어를 거의 하지 못했다. 어렸을 때 스페인어와 포르투갈어를 배우며 자랐고, 후에는 학자가 되기 위해 라틴어와 히브리어를 배웠다. 그러나 네덜란드어는 아니었다. 그는 네덜란드어를 그저 부수적이고 불완전하게, 말하자면 '흡수하듯이' 습득했다.

스피노자는 극단적으로 엄격하고 전통적인 랍비 학교를 다녔는데, 그 학교는 유태교의 위대한 종교서인 탈무드와 구약뿐 아니라 종종 중세 철학자 마이모니데스의 것들과 같은 좀 더 '철학적' 해석들을 강조했다.

마이모니데스는 확실히 스피노자에게 많은 영향을 주었다. 『난처한 사람들에 대한 안내서』에서 그는 신자들에 대해 많은 문제들을 제기하고는 확신 있게 그것들에 답하고 있다. 언제나 빨리 배웠던 스피노자는 곧 텍스트의 문제를 자신을 위해 보기 시작했지만, 해답을 잘 찾아내지는 못했다. 사실 그는 어떤 해결책도 없다고 생각했다. 이는 텍스트가 결점 많은 인간의 구성물로서 결코 신적이지 않은 여러 저자들의 것이었기 때문이다.

예를 들어, 그는 구약성서 맨 앞의 다섯 권인 모세 5경은 전적으로 모세가 쓴 것이기 때문에 신적인 것이라고 학교에서 배웠다. 그러나 스피노자는 그 경우 (다른 학자들이 그랬던 것처럼) 어떻게 모세의 죽음과 이어서 일어난 일들을 기술하는 절들이 모세에 의해서 쓰일 수 있었는지에 대해 의아해했다.

스피노자는 결국 논란 많은 종교들은 미신과 허위가 섞여 있는 것이며, 철학적이지 않은 대중들을 기초적 도덕원리들로 안내하는 한에서만 유용할 뿐이라고 판단했다. 스피노자가 대신 생각해 낸 신은 유태교와 달리 관점이나 선호하는 것이 없으며, 확실히 사람들 또는 종족들 사이에서 선택하지 않는다. 스피노자의 사랑하는 신은 '자연'과 하나됨인 듯하다. "Deus sive Natura" — 신과 자연은 하나다. 18세에 그는 라틴어를 가르쳐 주고 코페르니쿠스, 갈릴레오, 케플러, 하위헌스, 그리고 데카르트와 같은 '과학자들'의 새로운 세계를 소개해 준 네덜란드인 선생님과 공부하면서 이러한 종류의 신을 배우기 시작했다.

1656년이 되자 스피노자는 24세가 되었고 그의 유태교회 원로들은 겪을 만큼 겪었다. 그들은 스피노자를 유태교 공동체로부터 파문했다.

그들은 그의 사악한 방식을 고치게 하지 못했으며, 그와 반대로 그가 행하고 가르친 혐오스러운 이단적 행동과 끔찍한 행동에 대한 더해 가는 심각한 정보를 매일 받게 되자 그들은 스피노자는 파문되어 이스라엘 민족으로부터 추방되어야 한다고 결정했다. 천사의 판결과 성자들의 명령에 의해, 신의 승낙을 얻어, 우리는 바루흐 드 스피노자를 파문하고, 추방하고, 저주하며, 벌한다 … 밤낮없이 그는 저주받을 것이며, 자나 깨나 그는 저주받을 것이다. 안팎을 막론하고 그는 저주받을 것이다.

이로써 충분하지 않았는지 그들은 다음을 덧붙이고 있다: "주님은 그를 용서하지 않을 것이며, 주님의 분노와 경계심은 저 사람을 그을려 죽일 것이며, 이 책에 쓰인 모든 저주는 그에게 행해질 것이며, 주님은 하늘 아래에서 지울 것이다."

그러나 비록 공식적 판결 혹은 '체렘'(cherem)이라고 알려진 가장 심한 파문이었지만, "악한 견해와 행동", "혐오스러운 이단적 행동", 그리고 "끔찍한 행동"을 말하면서 어떠한 구체적 행동도 기록되지 않았으며, 그래서 철학자들은 무엇이 그토록 적대감을 일으켰는지에 대해서 생각했다.

일설에 따르면, 1630년대를 통해 문제가 되었던 사악한 논쟁을 재론함으로써 암스테르담의 유태교 공동체를 거슬리게 했다는 것이다. 이는 죽은 뒤 영혼에 무슨 일이 일어나는가에 대한 것으로, 베니스의 유태 공동체에 지도를 요청한 뒤에야 최종적으로 매듭지어진 것이었다. 이 문제에 대한 견해들 중에 하나는 종종 마이모니데스의 것으로 여겨지는데, 죽음 뒤에 남는 유일한 것은 '지식' 또는 좀 더 정확히 신의 지식이라는 것이다. 스피노자의 견해는 유사한 것이었던 듯하다. 한편, 아마도 주제의 논란적 성격 때문에 주석가들은 그가 특히 복잡하고 혼란스런 방식으로 문제에 대해 말하고 있다고 불평한다. 그래서 일부는 그러한 견해가 무의미한 것이라고 결론 내렸다. "다른 사람들로 하여금 쓰레기를 쓰게 만드는 쓰레기"라고 현대 영국철학자 조나단 버넷은 비호의적으로 썼다.

그러나 우리 스스로 판단해 보자. 『에티카』의 제4부에서 스피노자는 인간의 마음은 "신체와 함께 절대적으로 파괴될 리가 없으며, 그중 어떤 것은 영원히 남을 것이다"라고 말했다. 이 영원한 부분이 "영원한 상에 있어서(*sub specie aeternitatis*) 인간의 신체의 본질을 표현하는 관념이며, 인간 마음의 본질과 관계되는 것이다." 쓰레기라고? 아마도. 그렇지만 고급 쓰레기다. 여하튼 스피노자는 증명을 했다. "그리고 비록 우리가 신체 이전에 존재했음을 기억하는 것은 불가능하지만(왜냐하면 신체에는 그에 대한 어떤 흔적도 있을 수 없고, 영원성은 시간에 의해 정의되거나 시간과 어떠한 관계도 없기 때문에), 여전히 우리는 우리가 영원하다는 것을 경험에 의해서 느끼고 안다."

아니면 특정 입장을 주장하는 대신 종교적 저작에 대한 '비판적으로 읽는' 접근법을 옹호함으로써 그가 이미 스스로를 평판이 좋지 않게 만들었을지도 모른다. 어쨌든 파문은 스피노자의 종교 체계 내에서 움직이는 사람으로 하여금 걱정스럽게 하지는 않는다. 이는 그와 반대로 사회는 다양한 종교적 권위를 견제하도록 세속적인 정치 체제를 필요로 한다는 그의 정치적 확신을 강화시킨다. 정치 이론에서 스피노자는 인간의 본성과 강한 중앙 정부의 필요성에 관하여 그와 동시대인이자 교류관계에 있었던 토머스 홉스의 견해로부터 많은 것을 채용했지만, 홉스와 달리 그는 정치적 관용을 지지했다. 그의 개인적 상황에서는 충분히 자연스러운 것이었지만, 관용은 지배를 받는 시민들의 동의를 유지하는 데 필수적이라고 주장했다.

30세가 되면서 그의 명성은 주목할 만한 것이었고 그의 견해를 토론하고 장려하기 위해 만들어진 모임도 있었다. 그러나 그보다 몇 년 후인 1670년에서야 그는 『신학-정치학 논고』를 출판하고 그의 견해를 좀 더 공개적으로 제시했다. 이 책은 사회와 정치의 맥락에서 종교의 역할을 검토하려 하고 있다. 책은 다음과 같이 말하고 있다.

그래서 신은 천상의 목소리를 통해 모세에게 자신을 드러냈던 것처럼, 그리스도의 마음을 통해 사도들에게 자신을 드러냈다. 그리하여 그리스도의 목소리는 모세가 들었던 것처럼 신의 목소리라고 부를 수 있다. 그리고 이러한 의미에서 우리는 또한 신의 지혜, 즉 인간의 지혜를 능가하는 지혜는 그리스도 안에 인간의 본성을 띠고 있다고 말할 수 있다.

그러나 스피노자가 발전시킨 (그의 『에티카』에서 소개했던) 방법은 훨씬 더 수학적이다. 문제를 탐구하기 위해서 그는 기초가 되는 '공리들'을 확인하고 건전한 증명들만을 통해서 결론을 이끌어 내고 있다. 하이델베르크 대학의 원로들은 이 모든 것에 깊은 인상을 받은 나머지 1673년 그에게 철학 교수직을 제안했지만, 스피노자는 거절했다. 그는 네덜란드에 머물면서, 『에티카』의 출판을 준비하고, (안경뿐 아니라 과학용 도구로 쓸) 렌즈 세공자로서 일하기를 원했다. 그의 철학적 후원자들로부터 후원도 받으면서 말이다.

엄격함을 추구한 결과로 그의 철학에서 '수학적' 부분은 독해가 불가능하다. 수학적 양식으로 표현되지 않은, 종종 각주로 된 몇 안 되는 부분들이 더 많은 통찰력을 보여 준다. 지나친 합리주의로부터 나온 것 중의 하나는 이미 일어난 것보다 미래의 재앙에 대해 더 걱정하는 것은 "불합리하다"는 것이다. 가령 천여 년 전에 팔레스타인으로부터의 "출애굽"보다 스페인 종교재판에 의해 내일 고문으로 죽을 것을 걱정하는 것은 비논리적이라는 것이다. "그래요. 맞습니다. 출애굽에 더 많은 고통이 있었죠. 하지만 우리는 그에 대해 아무것도 할 수 없습니다. 반면 우리는 내일 일어나는 것에 영향을 줄 수 있습니다"라는 반응에 대해 그는 신에게 모든 사건들은 이미 계획된 것이고 오로지 인간의 무지가 우리로 하여금 사건들을 통제할 수 있다고 생각하도록 만든다고 답한다.

그렇다면 그의 "치유"는 정서에 반하는 것이다. 그는 "행복은 덕에 대한 보상이 아니라, 덕 자체다"라고 쓰고는, "우리는 우리의 탐욕을 억제하기 때문에 행복에 기뻐하는 것이 아니라, 그와 반대로 우리가 행복에 기뻐하기 때문에 그에 따라 탐욕을 억누를 수 있는 것이다"라고 덧붙이고 있다.

그리고 『에티카』의 끝부분은 철학계에서 자주 인용되는 낙관주의적이고 친근한 어조로 다음과 같이 말하고 있다.

나는 정서보다 우월한 마음의 힘과 그 자유에 대해서 내가 설명하고자 했던 모든 것을 설명했다. 지금까지 말한 것으로부터 우리는 현명한 사람들의 힘이 무엇으로 이루어져 있는지를 보았고 그가 어떻게 오로지 탐욕에 의해서 움직이는 무지한 사람들을 능가하는지를 보았다. 무지한 사람은 외적인 요인들에 의해 여러 방식으로 동요되고 진정한 영혼의 평화를 즐기지 못할 뿐 아니라, 신과 피조물에 대해 무지하게 살고 그의 고통이 중단되자마자 그의 존재도 중단되기 때문이다. 그와 달리, 현명한 사람은 그가 그렇게 여겨지는 한 그의 마음이 잘 동요되지 않으며, 그 자신의 외적 필요성에 의해 신과 피조물에 대해 의식하게 되며, 결코 그 존재가 중단되지 않으며 언제나 진정한 영혼의 평화를 즐긴다.

그렇다면 이것은 스피노자적인 불멸성이다. 사람은 그보다 더 오래 지속되는 관념의 몫을 지니고 있다. 같은 방식으로 만약 누군가 수학 공식(가령, 피타고라스의 정리)을 발견하고 그것을 종이에 쓴다면, 그 공식은 그에 대한 관념이 기억되거나 고려되는 한 종이가 없어진 후에도 계속해서 존재한다. 스피노자는 그의 대표작을 다음과 같은 말로 끝맺는다.

> 내가 보인 것처럼 이에 도달하는 길이 매우 어려운 것이라 해도 그것을 찾을 수 있을 것이다. 그것이 참으로 힘들기는 할 텐데 드물게 찾아지기 때문이다. 만약 구원이 앞에 있고 대단한 노력 없이 찾아지는 것이라면, 어떻게 거의 대부분의 사람들이 그것을 간과할 수 있겠는가? 하지만 모든 탁월한 것들은 그것들이 드문 만큼 어려운 것이다.

스피노자는 진정 "철학자들의 철학자"이다. 그의 사상은 어려워서 오직 철학자들만이 이해할 수 있다. 그러나 그가 일반인에게 주는 위안이 되는 메시지는 신은 완전하기 때문에 신과 세계는 다르게 될 수 없다는 것이다. 이 입장, 아니면 적어도 스피노자와 동시대의 라이프니츠가 퍼뜨린 버전은 볼테르에 의해서 『캉디드』에서 비웃음의 대상이 되고 있다. 거기서 팡글로스 박사는 삶을 통해 계속되는 재앙과 마주치는데, 언제나 "모든 가능 세계 중 이 최상의 세계에서 모든 것은 최상이다"라고 주장한다. 그러나 스피노자는 이렇게 말하고 있다.

> 어떤 것들이 그것들과 달라야 한다는 것은 신의 의지의 변화를 뜻하는데, (우리가 신의 완전성으로부터 아주 분명히 보았듯이) 신의 의지는 변할 수 없다. 그러므로 어떤 것들은 그들이 어떠한 것과 다른 무엇일 수 없다. (『에티카』 제1부, 제33명제에 대한 주 2)

결과적으로 '자유로운 사람'은 "죽음 이하의 어떤 것도 생각하지 않으며, 그의 지혜는 죽음이 아니라 삶의 매개자이다"라고 스피노자는 열정적으로 결론짓고 있다. 모든 것은 이미 결정되어 있으며, 사람들은 사건들에서 고통 받기보다는 사건을 받아들일 자유가 있다는 제한된 의미에서만 '자유롭다.' 약간은 거미줄에 걸린 파리 같다. 하하하!

V:

계몽주의철학
ENLIGHTENED PHILOSOPHY

제13장
존 로크, 노예무역을 창안하다
(1632년~1704년)

존 로크는 조용한 서머셋 마을에서 청교도 무역상 집안의 아들로 태어났다. 그 시기는 의회와 왕당파 간의 내전기로 전혀 조용한 때는 아니었다. 말처럼 긴 코에 키가 크고 말랐던 그를 한 전기 작가는 "부드럽고, 우울한 눈"이라 불렀다. 그의 1689년 저작 『인간지성론』은 지식을 관념의 "결합과 일치를 지각하는 것"일 뿐이라고 위안조로 기술하고 있다. 이는 생득적 지식의 가능성을 배제하기 때문에 그의 철학은 데카르트 철학에 대한 해독제로 이해되었다. 그리고 마음이 감각을 통해서 "단순 또는 복합 관념"을 취한 뒤 그것들을 어떻게 조립하여 지식을 만들어 내는지를 기술하는 데 있어서는 시간에 대한 기계론적 과학을 반영하고 있다.

그러나 훨씬 더 영향력 있는 것은 『시민정부론』(1690)에 제시된 그의 정치이론이다. 이는 인간의 기본권과 자유의 이름으로 일어난 미국과 프랑스 혁명 모두에 영감을 준 것으로 인정받고 있다. 로크의 영향은 미국 독립선언문과 미국 헌법상의 권력 분립, 그리고 권리장전에 나타난다. 또한 그 영향은 프랑스 혁명의 시초에 나타난 자연권 이론과 인권선언에도 나타난다. 로크는 "모두는 동등하고 독립적으로 어느 누구도 다른 사람의 생명과 건강, 자유, 또는 재산을 해쳐서는 안 된다"고 확고하게 주장한다.

여기서 모든 사람은 노예를 제외한 것이다. 묘하게도, 다른 사람들에게 "자유"를 요구하도록 영감을 준 철학자의 이름은 좀 더 사악한 또 다른 면을 지니고 있었기 때문이다.

철학의 이야기

당대의 많은 뛰어난 인물들이 로크를 존중했다. 훌륭한 수학자이자 물리학자였던 아이작 뉴턴 경은 로크의 사상을 소중하게 생각했다. 그와 많은 의료 연구를 같이 했던 저명한 영국의 의사였던 토머스 시드넘 박사는 "그의 예리한 지성과 견실한 판단력에서 나는 우리 시대의 인물들 중에서 아주 소수만이 그와 대등하고 어느 누구도 그보다 뛰어나지 않다고 확신한다"고 주장했다. 프랑스 철학자 볼테르는 로크를 최고의 지혜를 지닌 인물이라고 불렀으며, "그가 명확하게 보지 못한 것은 결코 볼 수 없을 것이라는 절망감을 느낀다"고 덧붙였다. 한 세대 후 미국에서 로크의 명성은 여전히 대단했다. 벤자민 프랭클린은 그가 "스스로 공부할 수 있었던 것"에 대해 로크에 감사했다. 토머스 페인은 혁명에 대한 그의 급진적 사상을 퍼뜨렸으며, 토머스 제퍼슨은 자유에 관한 가장 위대한 철학자 중 한사람으로 로크를 인정했다.

이러한 아찔한 지위로의 부상은 영국의 주요 학교들에서 시작됐으며, 옥스퍼드 대학의 장학생으로 이어졌다. 로크는 아직 학부생일 때 옥스퍼드에서 인쇄된 글을 처음 발표했다. 이 초기 작품들은 시를 통해 기념할 만한 많은 사건들이 있었던 시기인 1654년부터 1668년 사이에 특별한 기회를 기념하기 위해 쓴 네 편의 시였다. 이를테면 왕이 참수된 1649년에 대한 회고는 차치하고라도 그는 1665년의 임파선종 전염병이나 1666년 런던 대화재에 대해 쓸 수 있었다. 그러나 로크의 시는 좀 더 평범한 사건들에 대한 것이었다. 열병에 대한 그의 친구 (저명한 의사) 토머스 시드넘의 책을 소개하는 것이 하나였고, 다른 하나는 네덜란드 군주체제에 대항한 올리버 크롬웰의 공화국 군대의 승리에 주목한 것이었다. 8년 뒤 크롬웰은 가고 영국의 왕위를 복원한 네덜란드 왕자에 대해 로크는 또 다른 글들을 썼는데, 이번에는 새로운 왕과 브라간사의 케서린과의 결혼을 축하하는 것이었다. 이전에 "강대한 왕자님!"이라는 절로 시작하는 글로 크롬웰을 칭송했던 것처럼 로크는 "우리의 기도가 이루어졌다"고 썼다.

실제로, 단순히 널리 알려지는 것 말고 처형되는 것을 피하려는 잘 겨냥된 욕구 덕에 거의 60세가 될 때까지 이들 시 외에는 로크가 쓴 어떤 것도 공개적으로 드러나지 않았다. 그러한 소심함은 1683년 옥스퍼드 대학 당국이 위험한 것으로 간주한 모든 책들을 불태울 것을 지시하면서 더 강화되었는데, 이 조치 직후 로크는 네덜란드로 여행을 떠났다. 그곳에서 그는 5년간을 지내면서 거리의 카페에서 많은 시간을 보냈는데, 그동안 런던 정부에서는 사형에 해당하는 죄목으로 그의 본국 송환을 위한 영장을 준비했다.

그러나 1660년, 28세였던 존 로크는 옥스퍼드 대학의 그리스어 주니어 튜터로 임명되었었다. 그 직책은 로크에게 목사가 될 것을 요구했지만, 그는 거부했고 매우 이례적으로 1666년 예외가 인정되었다. 만족스럽게 해결되기는 했지만, 그렇게 권위에 대항한 뒤 로크는 종교적 지위의 권력에 대한 두 편의 논문을 영어로 한 편, 라틴어로 한 편씩 쓰기 시작했다. 그러면서도 조심스러웠던 그는 1666년 여름의 우연한 만남이 아니었다면 그 논문을 비밀에 붙이고 그의 시와 (로버트 보일과 시드넘과 같은 명성 높은 인물들과 같이 했던) 존경받을 만한 의학적이고 과학적 연구에만 매달릴 수도 있었다.

그가 앤서니 애슐리 쿠퍼 경을 만난 것은 바로 그가 외교관 비서로 일하고 있던 때였다. 이 고귀한 귀족은 로크의 위트와 지식에 매료되었고, 곧바로 자신의 집에 개인 주치의이자 철학자로 초대했다. 후에 섀프츠베리의 초대 백작이 된 애슐리는 영국의 정치계에서 핵심적인 인물이었고 그의 영향 아래에서 로크는 『인간지성론』과 더불어 『관용론』과 『정부론』

과 같은 좀 더 논란의 여지가 있는 연구의 원고를 쓰기 시작했다.『정부론』은 무역과 식민지에 대한 애쉴리의 관심을 반영한 것이었는데, 상원의 장으로서 그의 견해는 무역과 식민지는 둘 다 영국의 국력에 중대하다는 것이었다.

생명, 자유, 그리고 부의 추구

섀프츠베리는 '신세계'에서 지금의 노스캐롤라이나와 사우스캐롤라이나가 된 식민지를 세우도록 국왕의 특허장을 받은 회사인 캐롤라이나 식민회사의 소유주였다. 로크는 이 회사의 서기관(1668~1671)뿐 아니라 무역 및 식민지 협의회의 서기관(1673~1674), 그리고 마지막으로 상무부의 일원(1696~1700)이 된다. 사실 로크는 '왕정복고' 시대에 식민지들과 그에 있어서의 사악한 용역권 체계를 만들고 감독한 여섯 명 중의 하나였다. 그리고 그의 가장 중요한 일은 새로운 식민지의 헌법을 작성하는 것이었는데, 그로써는 그의 철학적 원리들을 실천에 옮기는 것이었다.

로크의 소규모 국가에 대한 헌법의 전문에는 "다수의 민주주의가 생겨나는 것을 피하기" 위해 (섀프츠베리 백작을 포함하는) 여덟 명의 소유주들이 시민들에 대한 절대적 통제권을 지니는 세습 귀족이 될 것임을 구체적으로 언급하고 있다. 여기서 시민들은 중세의 농노 혹은 로크가 "영지인"이라고 부르는 것으로 여겨진다.

제19조는 다음과 같이 설명하고 있다. "식민 영지의 어떤 소유주든 그의 식민 영지를 전부 완전하게 그에 속한 모든 특권과 영지인들과 함께 다른 어떤 사람이나 그 상속자들에게 영원히 양도, 매도, 혹은 처분할 수 있다."

그리고 제22조는 더 나아가 모든 "영지인"은 "언급된 영주 영지, 남작

삽화 13 소규모 국가의 헌법에서 로크는 "그들의 군주가 서명한 허가증 없이는 누구도 그 군주의 땅에서 떠날 자유가 없음"을 선언했다.

영지나 식민 영지의 각 소유주들의 사법권 아래에 있을 것임을 적시하고 있다. 또한 어느 영지인도 자신의 소유주가 서명 날인한 허가증 없이 자신의 개별적 소유주의 토지를 떠나 다른 곳에서 살 자유를 가지지 않는다."

로크 철학의 다른 곳에서 모든 인간은 "동등하고 독립적으로" 창조되었다 하더라도, 캐롤라이나에서 영지인들은 동등하지 않으며 그들의 소유주에 예속되어 있다. 게다가 "영지인의 모든 아이들도 영지인이 될 것이며 모든 후세들도 그러할 것이다"(제23조).

(사슬에 묶여 그곳에 도착한) 아프리카인들에 대해서, 각 식민지 개척

자는 "그의 흑인 노예들에 대해 절대적 권력"이 부여된다. 로크는 이 특권이 "어떤 견해나 종교를 가진" 식민지 개척자들에게든 적용된다는 평등주의적 메시지를 곁들이고 있다(제110조).

로크가 이렇게 쓰고 있을 때 유럽에서는 노예무역이 막 시작되었다. 시간이 지나면서 이는 근대기 최대 규모의 비자발적 이민이 되었다. 350년간의 무역에서 9백만에 달하는 아프리카 흑인들이 미국으로 수송되었다. 이는 그 과정에서 죽은 사람들은 계산조차 하지 않은 것이다. 노예들 대부분은 1700년부터 1850년 사이에 수송되었고 영국은 적어도 전체 노예선의 1/4 몫을 하면서 모범을 보였다.

로크가 섀프츠베리처럼 충족해야 할 공적 책임이 있었다면, 그에게는 사적인 견해도 있었다. 1671년 그는 수익성 있는 노예 무역상인 왕립 아프리카회사(이 회사는 노예들에게 RAC라는 글자로 낙인을 찍곤 했다)의 지분, 그리고 1년 뒤에는 바하마 투자회사의 지분을 매수했다.

물론 아프리카에서는 미국의 식민지가 되기 전에 노예제가 존재했다. 노예들이 금과 함께 북아프리카 사막을 건너 베르베르 왕국으로 보내지곤 했다는 많은 기록이 있다. 이들은 대개 전쟁 포로이거나 빚을 청산하기 위해 "팔려서" 노예가 되었으며, 경우에 따라서는 살인이나 마술 같은 범죄를 교정하기 위한 것이기도 했다. 그러나 역사학자들은 노예제의 실상은 훨씬 작은 규모였을 뿐 아니라 훨씬 덜 악의적이었던 것으로 보고 있다. 아프리카 노예들은 노예 소유자들의 가족의 일부로 대우받았을 것이며, 소유자들은 노예들과 같이 일하면서 음식과 주거도 같이 했을 것이다. 그와 대조적으로 아메리카에서 노예무역은 새로운 "산업 노예"라고 불린 것을 대표했다. 거대한 익명의 노예 무리들이 수용소에 수용되었고 사탕수수, 담배, 면화 등을 노동집약적으로 수확하는 일에 사용되었다. 그들의 소유자는 그들과 함께 일하지 않았으며, 저택에 살면서 노예들이

"쓰러질 때까지" 일하도록 채찍질 할 감독관을 고용했다. 신세계 농장에서의 조건들은 비인도적이고 끔찍한 것이었다.

그곳으로 향하는 노예선의 조건 역시 매우 열악했다. 일단 아프리카의 서해안 항구들에서 태운 죄수들은 갑판 아래에 쇠사슬이 채워진 채 가득 수용되었으며 몇 주 씩이나 비위생적이고 비인도적인 조건 아래 놓여 있었다. 노예선은 "삼각무역"으로 알려지게 된 긴 항로를 따랐다. 이는 보통 리버풀이나 브리스톨 같은 영국의 항구들로부터, 노예들과 교환되었던 철물이나 면제품과 같은 새로운 산업 제품을 운반하며, 아프리카 서해안으로의 항해를 포함하는 것이었다. 이들 모두를 싣고 노예선은 삼각무역의 두 번째 국면인 서인도제도 또는 아메리카의 다른 항구들을 향해 다시 항해를 했다. 도착하게 되면 살아남은 노예들은 팔려졌고, 영국으로의 최종 목적지를 향해 사탕수수나 럼, 담배 등이 실렸다. 1723년 존 휴스턴이 노예무역을 "지구의 모든 무역이 움직이는 경첩"으로 묘사한 것은 놀랄 일이 아니다.

놀랍게도, 1820년이 되자 미국에는 '식민지 개척자' 보다 노예가 더 많았다. 다섯 배나 더 말이다! (조지 워싱턴마저도 노예 소유주였던 것은 까닭이 없는 것이 아니었다.) 물론 토착 인디언들 역시 (전쟁에 의해, 영토로부터의 축출에 의해, 질병에 의해) 광범위하게 몰살되고 있었다. 그러나 잔인성 및 세부적인 사항과 비용에 대한 관료적 관심 모두에 있어서 노예무역에 유일하게 필적할 만한 것은 1930년대와 1940년대 나치가 유태인들과 다른 '열등한 인종들' 을 수용소에 보낸 일뿐이다.

유럽인들은 더 많은 수의 노예들에게 돈과 다른 상품을 제공함으로써 이미 존재하고 있는 아프리카 노예무역을 크게 확대했다. 이러한 동기는 아프리카인들로 하여금 다른 아프리카인들을 잡기 위한 습격을 계속하도록 만들었다. 빈곤에 그러한 습격이 더해지면서 아프리카인들은 (아마도 결과에 대한 무지에서) 남은 가족들이 음식을 살 수 있도록 그들의 아이들을 노예로 팔게 됐다.

로크의 『시민정부론』은 노예제에 대한 특별한 논의를 담고 있다. 제4장과 16장은 "노예제 상태"에 대한 설명을 제시하고 있는데, 이 설명은 다시 제2장의 "자연 상태"와 제3장을 이루고 있는 "전쟁 상태"에 대한 그의 설명에 의존하고 있다.

왜 로크가 그 주제에 대해 그렇게 길고 자세히 설명하고 있을까? 결국 그것은 동등한 권리와 자유를 찬양하는 그의 다른 저작들의 상당 부분과 잘 어울리지 않는 듯하다. 그러나 사회를 노예와 소유주로 나누는 것을 선호하는 철학자들의 긴 전통이 있다. 아리스토텔레스와 플라톤 이래로 철학자들은 이성적으로 생각 — 명령 — 할 수 있는 엘리트의 능력을 강조했고, 이들 사상사들은 명령할 사람과 스스로 생각할 힘이 부정되어야 할 사람들이 필요했다.

특히 아리스토텔레스는 가사 노예를 재산과 소유물 혹은 "주인의 분리 가능한 부분"으로 정의했다. 설사 노예가 소유주의 이익이나 변덕이 아니라 일반적인 선을 위해서, 그래서 "이성에" 따라 사용되어야 한다 하더라도 말이다. 그와 마찬가지로 아리스토텔레스는 노예를 그런 것에 "자연스럽게" 부합하는 사람으로 정의했다.

> 따라서 힘이 신체로 국한된 사람들과 신체로 봉사하는 것에 탁월한 능력을 지닌 사람들을 나는 자연적으로 노예라고 말한다. 그렇게 되는 것이 그들의 이익이기 때문이다. 그들은 이성을 행사할 능력은 없지만 이성에 복종할 수는 있다. 그리고 자신의 감각과 욕구에 의해 길들여진 동물들과는 다르지만 거의 동일한 임무를 수행하며 다른 사람들의 재산이 된다. 왜냐하면 그들의 안전이 그렇게 하기를 요구하기 때문이다.

『시민정부론』에서 로크는 이를 새롭게 하고 있다.

> 다른 종류의 종들이 있는데, 그들은 우리가 노예라는 특이한 이름으로
> 부르는 것이다. 그들은 정의로운 전쟁에서 포로가 된 존재로 자연권에
> 의해 주인의 절대적 지배와 자의적 권력에 종속된다. 내가 말하듯이, 이
> 들은 그들의 삶을 박탈당하며, 그와 더불어 그들의 자유를 박탈당하고,
> 재산을 상실한다. 그리고 어떠한 재산권도 가질 수 없는 노예 상태의 존
> 재로 시민 사회의 어떤 일부로 여겨질 수 없다. 그들의 주요 목적은 재산
> 을 보전하는 것이다.

그러나 이 논의의 철학적 관심과는 별개로 로크는 그의 정치적 저작에 그
것을 길게 포함시킬 좀 더 구체적인 이유가 있을지도 모른다. 하나의 가
설은 로크가 영국 왕족이 불법적으로 영국인들을 노예화하려는 시도를
하고 있음을 보이기 위해 '합법적인' 노예제에 대한 설명이 필요하다고
생각했다는 것이다. 그의 정치철학의 목적 중의 하나는 합법적인 시민정
부와 불법적인 시민정부를 구별하는 것으로 노예제에 대한 설명은 단순
히 이 주제의 변주일 수 있다.

두 번째 이유는, 섀프츠베리와의 조화로 로크가 영국의 국력에 이득이
되고 유용한 활동을 설명하고 정당화하는 것을 자신의 애국적 의무로 여
겼을지도 모른다는 것이다.

아니면 세 번째 이유는 로크가 아리스토텔레스와 다른 많은 이전의 철
학자들처럼 일부 사람들은 자연적으로 매우 열등해서 자연권에 대한 어
떠한 이론도 그들에게는 적용될 필요가 없다고 생각했을지도 모른다는
것이다.

오늘날 철학자들은 노예에 대한 로크의 견해에 대해 많이 언급하지 않

는다. 그러나 그것이 그 주제가 부적절한 것임을 의미하지는 않는다. 로크의 철학에서 재산은 '시민' 사회의 핵심이며, 재산에서 핵심적인 것은 노동이다. 실로 그에게서 도덕성은 재산이라는 제도와 함께 출발하며, 노예제는 매우 특이하지만 중요한 사례다. 『통치론』에서 그는 "애초에 지구, 그리고 그 위의 모든 열등한 피조물들"은 하나의 중요한 예외를 빼고는 모든 사람에게 공통적으로 속한다고 말한다. 각 개인은 하나의 것을 소유한다. 그들은 각자의 재산을 가진다. "자연 상태"에서는 어느 누구도 자신 외에는 재산에 대한 어떠한 권리도 가지지 않는다. "개인에게 자유를 부여하는 것은 오직 이 재산뿐이다"라고 로크는 덧붙이고 있다. 누군가의 자유는 그 자신의 의지가 이제 "그가 자신을 지배할 수 있는 바로 그 법을 스스로 가르칠 수 있는 능력인 이성을 가지고 있다는 것에 기초한다."

로크는 『시민정부의 진정한 기원과 범위, 그리고 목적에 관하여』에서 노예제는 "비열하고 파렴치한 인간의 재산"이며 "국가의 자비로운 성격과 정신에 직접적으로 반대되는" 것이어서 "신사들은 물론이고 어떠한 영국인도 그것을 변호하는 것을 거의 생각할 수 없다"고 역설한다. 여기서 인간의 자연적 자유는 절대적, 자의적 권력으로부터 양도할 수 없는 자유를 나타낸다. 그러나 노예제의 경제를 정당화하기 위해서 어떤 사람들로부터는 그들의 이성, 따라서 자유를 박탈하는 것이 필수적인 듯하다. 로크의 문제는 그가 "인간의 자연 상태는 평등 상태이며 그 안에서 모든 권력과 사법권은 호혜적이어서 어느 누구도 다른 사람보다 더 많은 권력을 가질 수 없다"고 생각했다는 것이다.

로크가 자신의 라틴 시(바뀌어야 할 것들은 바뀐다)에서 말했듯이, 필요한 변경을 가하여 사적으로는 왕립 아프리카회사에 대한 투자자로서, 공적으로는 캐롤라이나 헌법의 초안자로서 자유에 대한 로크의 입장은

애매한 것이었다고 말해 두자. 사실, 문화적이고 지적인 열등성이라는 새
로운 개념들을 만들어 냄으로써, 그리고 노예들을 사회계약의 외부에 위
치시킴으로써 로크는 인간의 양도 불가능한 권리에 대한 그의 믿음을 그
시대의 냉혹한 실재에 대한 그의 인격과 조화시킬 수 있었다.

제14장
여러 얼굴을 가진 데이비드 흄
(1711년~1776년)

그의 서사적 작품 『인간 본성에 관한 논고』에서 데이비드 흄은 독자들에게 "자신들 앞에 나왔던 모든 이들을 비난하면서 자신들의 체계에 대한 칭찬을 넌지시 말하는" 철학자들을 경계하라고 조언한다. 그러고는 "철학 자체에 대한 불명예"인 "비일관성"으로 가득하다고 다른 모든 철학적 체계들의 약한 기초를 비난하며, 대신 자신의 "완벽한 과학 체계"를 제안한다.

이렇게 데이비드 흄은 움직인다. 그의 졸음 오는 문체는 통통하고 무표정한 얼굴만큼이나 루소가 무척 단순하게 놀라게 한다고 묘사한 교활함과 단호함과는 일치하지 않는다. 종교는 그의 철학에 설 자리나 역할이 없다. 지식, 윤리, 그리고 신은 전부 흄의 정밀한 조사라는 현실에 직면해야 한다. 그렇게 하면서, 버트런드 러셀이 말하듯, "그는 격렬하게 공격하고 싶어 했고, 그에 대한 화려한 반박에 직면했다." 그러나 그는 실망할 수밖에 없었다. 『논고』는 유명하게도 출판계의 "사산아"가 되었다. 그에 대한 수정본인 두 권의 "탐구"는 첫째 권은 『인간 지성에 관한 탐구』(1748)이고, 둘째 권은 『도덕 원리에 관한 탐구』(1751)였지만, 많은 점에서 가장 독창적인 부분임에도 불구하고 "정념"에 대한 기술이 특히 나쁘게 평가받으면서, 그가 진정 그럴 만한 자격이 있다고 생각했던 주목을 받는데 실패했다. 그러나 흄의 철학은 버트런드 러셀이 진술한 것처럼 막다른 길이다. "그의 방향으로는 더 이상 가는 것이 불가능하다."

철학의 이야기

데이비드 흄은 삶에 있어서 그의 목적과 야망이 존경스러우리만치 솔직하다. 그것은 단지 두 가지로 이루어지는데, 바로 학문적 명성과 안정적인 수입이다. 그리고 그것은 아마도 데이비드 흄을 설명하는 역사적 기록이 거대한 철학적 주장이 아니라 그의 첫 저서의 판매에 더 실질적으로 주목한다는 점에서 잘 들어맞는다. 흄은 "나의 『인간 본성에 관한 논고』보다 더 불행한 학문적 시도는 없었다"고 말한다. "그것은 출판계의 사산아로 열광적인 사람들 사이의 속삭임조차 일으키지 못한 것이었다."

실제로 그것은 사실이 아니다. 그 책은 『지식인들의 저작들』이라고 불린 런던의 한 출판물의 서평을 포함하여 약간의 속삭임은 "일으켰다." 서평자는 다음과 같이 결론짓고 있다.

> 이 책은 실로 의심할 바 없이 대단한 능력을 갖춘 천재성을 지니고 있으나, 젊고 아직 완숙하지 않다. 주제는 다른 어떤 것만큼 지성을 행사하기에는 중대하고 고매한 것이다. 그러나 그 위엄과 중요성에서 그 주제를 다루는 데에는 매우 성숙한 판단을 필요로 한다. 최대한의 신중함, 유연함, 그리고 섬세함은 이 매력적인 이슈에 필수적인 것이다. 시간은 우리의 저자에게 이러한 성질들을 무르익게 할 것이며, 우리는 아마도 밀턴의 젊은 시절의 저작이나 라파엘로의 초기 양식에서 보듯이 그의 나중의 작품과 비교하게 될 때 이 점을 고려할 이유가 있을 것이다.

저작가들은 인생의 고락을 태연하게 받아들여야 한다. 그러나 온화하고 신사적인 흄에게 이러한 서평은 좀 지나친 듯하다. 사실 그것을 읽으면서 흄은 "격노하여 출판업자 제이콥 로빈슨에게 사죄를 요구했다. 분노의 발작 상태에서 그는 그의 칼끝을 카운터 뒤에서 떨고 있는 출판업자에게 들이댔다."

그 뒤로 어느 누구도 켄드릭 박사의 『런던 리뷰』에 묘사된 이 충격적인 에피소드를 확인해 주지 못했고, 확실히 흄 자신도 그에 대해서 언급하지 않았다. 대신 그는 『논고』의 일반적 반응에 대해 "유쾌하고 자신 있는 성격으로 나는 타격에서 곧 회복했고, 전원에서 나의 연구를 열정적으로 수행했다"고 말했다.

그러한 낙천성은 철학자에게 잘 어울린다. 그러나 분노의 발작이 좀 더 문필가의 특징이다. 일부에 의해서 영어로 저술한 가장 위대한 철학자로 여겨진다는 흄을 이해하기 위해서는, 문필가 또는 신사 철학자 중 적어도 누가 진짜 데이비드 흄인가를 판단할 필요가 있다.

그는 누구였는가?

대부분의 철학자들과 달리 흄은 (비록 말년과 임종 때로 국한되지만) 자신의 자서전, 혹은 한 평론가가 "호기심을 끄는 회고록"이라고 부르고 "스스로 쓴 데이비드 흄의 생애"라고 제목을 붙였던 것을 쓸 기회를 가졌다.

아우구스티누스는 『고백록』으로 그 장르를 개척했고, 흄과 동시대인인 루소 역시 『고백록』이라는 제목의 책을 쓰려는 계획을 그에게 말했다. 그러나 흄의 자서전은 고백은 아니었고, 그것을 통해 후대가 그를 기록하고, 해석하고, 이해할 수 있는 조건들을 일러두려는 시도였다. 그것은 그의 젊은 시절에 대한 스케치로 시작하고 있다.

나는 보통의 교육과정을 성공적으로 통과했으며, 문학에 대한 열정에 일찍 눈떴는데, 그것은 나의 삶을 지배하는 열정이자 나의 즐거움의 큰 원천이 되었다. 나의 학구적인 성향, 절제, 성실성은 나의 가족들에게 법학이 나에게 적절한 직업이라는 생각을 심어 주었다. 그러나 나는 철학의 추구와 일반적인 학문을 제외한 모든 것에 대한 참을 수 없는 혐오감을 느꼈고, 내가 열심히 공부한다고 사람들이 생각하는 동안 포엣과 비니우스, 키케로와 버질 등은 내가 몰래 탐독한 저자들이었다.

거기에는 아주 흥미진진한 것들이 있었다. 그러나 그러한 비밀이 영원히 숨겨질 수는 없었다. 어쨌든 흄이 말하길 이로부터 얼마 지나지 않아 그는 "내가 지속적이고 성공적으로 추구한 삶의 계획"을 결정했다. "나는 매우 엄격한 검소함이 결핍된 부를 충족시키고, 나의 독립이 손상되지 않도록 유지하고, 문학에 있어서의 나의 재능을 증진시키는 것을 제외한 모든 대상을 경멸스러운 것으로 여기기로 결심했다." 자연스럽게 첫 단계는 책을 출판하는 것이었다.

그 획기적인 일은 오래 지나지 않은 1738년 말 『논고』의 출판과 더불어 일어났다. 이 책은 프랑스의 중심인 앙주의 라 플레쉬에 있는 데카르트가 자주 다니던 곳에 흄이 세를 든 방에서 쓰였다. 아직 20대 중반이었지만, 그의 책은 프랑스 대가의 '회의의 방법'에 영감을 얻어 모든 철학을 고발하는 것이었다. (여기서 데카르트에 대한 언급이 많이 나오는 것은 아니다.) 서두에서 그는 "도덕적 주제에 추론의 실험적 방법을 도입하려는 시도"라고 말한다. 그러나 이 책을 주도하는 것은 실험적 방법의 성격이며, 그것은 곧 칸트를 "독단적인 잠으로부터 깨우게 되는" 것이었다. 오로지 두 종류의 진정한 지식 — 경험과 실험에서 오는 지식과 관계들을 이성적으로 검토하는 데서 오는 지식 — 만이 있다고 (흄이 공언)했기 때문이다. 나머지는 의심해야 할 필요가 있다. 실로 흄은 다음과 같이 좀 더 강하게 쓰고 있다.

만약 우리가 신적인 혹은 학파적 형이상학의 책을 손에 지니고 있다면, 그것은 양 또는 수에 관한 어떠한 추상적 추론을 포함하고 있는가? 그것은 사실의 문제와 존재에 관한 어떠한 실험적 추론을 포함하고 있는가? 아니다. 그렇다면 불태워 버려라. 왜냐하면 그것은 궤변과 환상 이외의 아무것도 포함하지 않은 것이기 때문이다.

내친 김에 흄은 과학과 윤리학을 걷어치우고, 어떤 사실적인 증거도 윤리적 이슈를 결정하지 못하는 것처럼 어떤 과거의 경험도 미래에 대한 정보를 주지 못한다는 점을 지적한다. 그는 '존재'는 결코 '당위'를 함축하지 못한다고 멋지게 쓰고 있다.

후에 새로운 버전을 소개하면서 흄은 그의 목적을 좀 더 일반적으로 설명하면서 철학에서 어떤 것이 "확정될 수 있는지" 탐구하려 하고 있다. 그는 그것이 로버트 보일과 다른 사람들(그들은 "그저 특정한 종류의 논증에 주의하면서 결론의 불확실성을 보여 주었다")과 같은 "동일한 의심의 체계"가 아니라, "지성의 구조에 의해 모든 탐구의 결과, 모든 주제를 의심해 보아야 한다는 것을 보이는 전면적인 논증이다."

데카르트가 그의 모든 규약적 가정을 일시적으로나마 버리는 『성찰』을 연상시키는 매우 두드러진 문단에서 흄은 그의 들뜬 철학과 그것이 그의 마음속에 만들어 낸 느낌에 대해서 말하고 있다.

나는 처음에 나의 철학에서 처하게 된 쓸쓸한 고독에 두렵고 당황했다. 그리고는 사회에 섞이고 융화할 수 없으며, 모든 인간적 교제에서 쫓겨나 버려지고 절망적인 상태로 남겨진 거친 괴물을 상상했다. 온기와 머물 곳을 찾아 사람들 속으로 들어가고 싶었지만, 나는 그런 결함으로 사람들과 섞이는 것을 스스로 설득하지 못했다. 교제를 위해 나는 다른 사람들에게 나와 함께 할 것을 요청했지만 아무도 나의 말을 경청하지 않았다. 모든 사람들이 거리를 두었으며, 사방에서 몰아치는 공격이 나를 두렵게 했다. 나는 모든 형이상학자, 논리학자, 수학자, 그리고 신학자들까지 반목하게 되었다. 내가 당해야 하는 모욕이 놀랄 일일까? 나는 그들의 체계를 받아들일 수 없다고 단언했으며, 그들이 나의 체계와 나의 인격에 적대감을 드러낸다면 놀라운 것일까? 다른 나라로 눈을 돌리면 전방위적인 분쟁, 반대, 분노, 비방, 중상 등을 보게 된다. 눈을 안으로 돌릴 때 나는 의심과 무지 외에는 아무것도 볼 수 없다. 모든 세상이 공모하여 나에 반대하고 대립하고 있다. 하지만 다른 사람들의 승인에 의해 지지받지 못할 때 나의 모든 견해가 느슨해지고 와해되는 것은 나의 유약함이다. 내가 취하는 모든 단계는 망설임과 함께 하며, 모든 새로운 반성은 나의 추론에서 오류와 모순으로 나를 두렵게 한다.

그는 이처럼 외로운 길을 걸은 용감한 철학자다. 흄 학자들은 오늘날 『논고』를 위대한 작품으로 평가한다. 셀비-비그 교수는 나중에 나온 두 편의 『탐구』를 "중요한 부분들"을 생략한 것으로 무시하면서 『논고』를 "어떤 면에서 영어로 쓰인 철학의 가장 중요한 저작으로" 평가한다.

　슬프게도 흄 자신은 후에 그의 "젊은 날의 저작"을 비난하고 학자들의 계속되는 주목이 그에게 공정하지 않으며, "공정성과 공평무사의 모든 규칙에 반대되는 행위이며 인위적인 논쟁거리로서 고집스런 열성이 그렇게 하도록 승인한 행위"라고 말했다. 그것은 결국 1740년에 당대 가장 뛰어난 철학자 중의 하나(이자 흄이 탐냈던 에딘버러 대학의 교수)였던 프랜시스 허치슨에게 편지를 썼던 인물과 다른, 자신의 저작에서 오류를 바로잡을 것을 주장하고 "내가 실패했던 것들을" 더 많이 발견하기를 간청하는 흄이었다.

에딘버러 대학의 자연철학 교수 존 스튜어트에 보낸 편지에서 다음과 같이 고백한 것은 바로 그 첫 번째 흄이다.

나는 (무한히 더 물리적인 것을 인정하는) 행위에서 매우 커다란 실수를 인정해야 한다. 즉 철학의 모든 숭고한 부분에서 혁신을 가장하는 책인 『인간 본성에 관한 논고』를 출판한 것, 그리고 내가 25세 전에 썼던 것들이 그렇다. 무엇보다도 그 책에 스며 있는 긍정적인 기운과 젊은 탓으로 돌릴 수 있는 것들은 매우 나를 기분 상하게 하며, 그것을 평가할 참을성이 없다.

비록 실제로는 "요약문"이라 불린 그 책에 대한 상세한 평가가 있지만, 그것은 책이 출판되자마자 나왔고, 흄 자신에 의해 쓰인 것으로 판명되었다. 그러나 우리는 교회 측 반대자들에게 대신 그의 바람과 요약문을 허용한 것은 존중할 수 있다. 여러 사람들이 그랬는데, 이를테면 윌리엄 워버턴과 같은 저명한 인물은 공적인 심성으로 흄의 출판사에 편지를 써서 다음과 같이 말했다.

당신은 나에게 종종 흄의 도덕적 미덕에 대해서 말했습니다. 그는 내가 알고 있는 어떤 것이든 알 수 있다고. 하지만 내가 당신에게 말하자면, 신체뿐 아니라 마음의 악도 있습니다. 나는 내가 알지 못했던 가장 사악하고 심각하게 나쁜 사람을 생각합니다.

유사하게 제임스 비티는 그의 저작에서 "완고하고 멍청한 마음의 지독한 분출"을 보았는데, 그것은 "천재의 활동에 있어서의 불안함이며 총명함에 대한 스스로의 흠잡기"라는 것이다. 한편 사무엘 존슨은 흄이 거짓을 일삼는 "얼간이"이며 "악당"이라고 솔직하게 주장했다. 그러나 그의 반대자들이 에딘버러 교회 법정에 『논고』의 요약문을 제시할 정도로 조직화된 것은 1756년이 되어서였다.

자세히 읽으면 그들은 흄이 다음을 믿었다고 쓰여 있다.

첫째, 미덕과 악덕 사이의 구분은 그저 상상일 뿐이다.

둘째, 정의는 공적 이익에 기여하는 것 이상의 어떠한 기초도 없다.

셋째, 간통은 매우 불법적이지만, 때로는 쓸모가 있다.

넷째, 종교와 그 성직자들은 인류에 대해 편견이 있으며, 언제나 미신 혹은 광신에 빠질 것이다.

다섯째, 기독교는 신의 계시에 대한 증거가 없다.

여섯째, 기독교의 모든 양식 중에 로마 가톨릭교가 가장 나으며, 그로부터의 개혁은 그저 미치광이와 광신도들의 작품일 뿐이다.

그들의 분노는 매우 컸는데, 흄이 정상에서 벗어난 신자라기보다는 그저 믿지 않는 사람이었고, 무신론자라기보다는 불가지론자였기 때문이다. 실로 여러 해가 지난 뒤 흄은 그가 좋아했던 파리의 한 파티에서 자신은 무신론자를 만나본 적이 없으며 무신론자가 정말로 있는지 의심스럽다고 주장했다. 파티의 주최자였던 홀바흐 남작은 그가 17명의 무신론자와 함께 저녁을 먹고 있다고 확고하게 답했다.

어쨌든 애석하게도 최소한 학문적 논란에 목말랐던 흄을 감안하면, 당시의 교회는 그러한 재판을 충분히 해 왔었고, 교회 당국은 "너무 난해하고 형이상학적 주제를" 뒤쫓기 거부하고, "교화의 목적에서 그 과정을 기각한다"고 판결했다.

만약 그들이 동료 시민의 명성을 박탈하기를 바랐다면 실망했을 것이다. 왜냐하면 흄은 이제 그의 다음 출판 계획인 6권짜리 『영국사』 집필을 진행 중이었기 때문이다. 이는 1754년부터 나오기 시작하여 1762년이 되자 18세기의 베스트셀러 중의 하나가 되었으며, 흄으로서는 처음으로 재정적으로 독립감을 느낄 만큼 충분한 돈을 벌었다. 『영국사』는 이내 100판을 넘겼고 19세기 말에도 여전히 읽혔다.

마지막 권이 출판될 무렵 흄은 에딘버러의 호화스러운 동네로 이사할 수 있을 만큼 충분한 인세를 받았다. 이는 클레페인 박사에게 보낸 편지에 기록되어 있다.

약 7개월 전 저는 집을 샀고, 제가 주인인 하인 하나와 고양이 한 마리 등 두 하위 구성원으로 이루어진, 정상적인 가정을 완성했습니다. 그 뒤 저의 여동생이 함께 살게 되었고, 적적하지 않게 되었습니다. 검소함으로 저는 청결함과 따뜻함, 빛, 풍족함과 만족감을 찾고, 그것들을 얻을 수 있습니다. 더 이상 무엇을 가지겠습니까? 독립이요? 저는 그것을 최대한 가지고 있습니다. 명예요? 그것은 삶에 필요 불가결한 것은 아닙니다. 책이요? 책은 필요 불가결한 것으로 내가 사용할 수 있는 것 이상 가지고 있습니다. 요컨대 제가 다소간 가지지 않은 것으로부터 오는 어떠한 즐거움도 찾을 수 없습니다. 그리고 많은 노력의 철학 없이도 저는 편안하고 만족합니다.

무명의 글쓴이 — 그리고 오늘날 아마존에 서평을 쓰는 (최소한 긍정적인 서평) 사람들처럼 무명의 글쓴이들이 종종 저자 자신이거나 그의 친한 친구들이듯이 — 와 같이 『위클리 매거진』이나 『에딘버러 어뮤즈먼트』의 기사에 대해 그를 칭송하는 사람들로서는 그 저작이 흄이 지배적인 역사 서술 양식을 저버린 것으로 보인다. 그것은 "연대, 이름, 미화" 대신

174

"배경에 작용하는 힘의 광범위한 과정에 대해 분석을 곁들인 탁월한 인물 연구를 조합하는 것이었기 때문이다."

다른 이들은 그것을 다르게 이해했다. 폭스 씨는 흄에 대해 불평하면서 "그는 탁월한 사람이었으며, 대단한 지적인 힘을 가진 사람이었다. 그러나 그는 왕과 왕자들에 대한 편파성은 참을 수 없다. 내 생각에 그것은 매우 멍청한 일이며, 철학자의 옳고 그른 견해라기보다는 여성과 아이들의 왕에 대한 바보스런 칭찬에 더 가깝다."

흄이 세상을 떠나고 더 이상 공격할 수 없는 대상이 된 후 역사 비평을 쓰면서 존 스튜어트 밀은 흄의 지성에 대해 호의적으로 말했지만 그의 정직성에 대해서는 유감을 표했다.

그는 놀라운 명민함으로 추론했지만, 그의 추론의 대상은 진리를 얻으려는 것이 아니라 진리에 도달할 수 없음을 보이려는 것이었다. 그의 마음 또한 완전히 문학적 기호에 사로잡혔는데, 그것은 인간에게 그들의 행복과 불행의 원인을 알도록 가르쳐 주어 행복을 추구하고 불행을 피하도록 하는 그런 종류의 문학이 아니라, 진리 또는 공리에 대한 고려 없이 정서만을 자극하는 그런 문학이었다.

그러나 아논의 관점이 승리했다. "스튜어트가에 대한 그의 역사를 읽으면 감탄하게 된다 … 전체적으로 인간의 천재성의 가장 탁월한 작품 중의 하나로 여겨질 만하며, 근대의 가장 위대한 역사서임이 확실하다." 아논은 런던 서적상 중의 우두머리였던 밀라 씨의 손에서 그 책이 곧 "상류계급 사람들"이 "가장 좋아할 흥행물"이 될 것이라고 덧붙였다.

그럼에도 불구하고 흄은, 적어도 처음에는 자신의 책에 대한 반응에 실망했다. "템스 강 기슭에는 야만인들이 살고 있다"고 그는 불평했다.

"나는 이 책의 성공에 대한 기대에 낙관했다. 나는 내가 현재의 권력과 관심 그리고 권위, 대중적 편견을 무시한 유일한 역사학자라고 생각했으며, 그 주제는 모든 자격에 적합한 것이었기에 나는 그에 비례하는 칭찬을 기대했다. 그러나 내 실망은 괴로운 것이었다. 나는 비난과 반대, 그리고 증오라는 여론에 시달렸다."

최후의 굴욕을 당한 것은 1763년이었다. 뷰트 경은 당시 스코틀랜드의 총리였는데 스코틀랜드 역사학자 윌리엄 로버트슨을 스코틀랜드의 또 다른 왕실 사가로 임명한 것이었다. 대신 뷰트 경은 흄에게 퇴직 연금을 제공했다.

연금이라! 당대 최고의 작가에게! 말도 안 되지! 결국 흄은 프랑스로 돌아갔다.

프랑스에서 흄은 유명 인사로 실로 매우 높이 평가되었다. 그는 일반적으로 환대를 받았다. 귀족과 귀부인들은 그를 끊임없이 초대했고, 흄이 그들의 리셉션과 극장의 관람석에서 보이지 않으면 만족하지 못했다. 브리튼을 방문했던 샬레몽 경은 그가 항상 흄을 오페라에서 마주쳤던 것을 회상했다. "그의 넓직하고 무표정한 얼굴"은 주로 "예쁜 두 얼굴 사이에서" 볼 수 있었다.

왜냐하면 에딘버러에서 흄이 그저 한 집단의 심부름꾼에 지나지 않았다면, 파리에서는 그의 팬에 둘러싸여 있었기 때문이다. 모든 문예계의 호스트들, 소위 "문학 공화국"이라는 프랑스 계몽주의의 독특한 살롱 현상을 주도한 재능 있는 여성들은 흄에게 잘 보이려고 경쟁했다. 일례로 흄을 크고 뚱뚱한 영국의 역사학자라 부른 마담 데피네는 한 일화를 묘사하고 있다. 여흥을 북돋우던 배우가 저명한 철학자 흄에게 달변으로 두 명의 아름다운 여자 노예를 유혹하려 애쓰는 술탄의 역을 부탁했다. 그에 따라 흄은 구레나룻을 붙이고, 터번을 두르고, 검게 분장한 뒤 파리의 가장 유명한 미녀 두 명 사이에 앉았다. 흄은 다음과 같은 지시를 받았다.

> 무릎을 꿇고 가슴을 친다. 그러나 그의 혀는 "자! 나의 숙녀들이여. 자!
> 여기에 있군요. 음! 여기에 … 여기, 여기를 원하나요?"를 말하는 것 이
> 상으로 그의 연기를 돕지는 못했다. 그는 그러한 감탄사들을 그의 인내
> 심이 소진될 때까지 반복했다. (『마담 데피네의 전기와 서한』)

흄 자신은 동료 역사학자에게 다음과 같은 편지를 쓰면서 그 시간들을 좀
더 밝게 기억했다.

> 나는 신의 음식만을 먹고, 신의 술만을 마시며, 향기만을 맡으며, 꽃만을
> 밟는다고 말할 수 있을 뿐이다. 내가 만나는 모든 사람과 모든 숙녀들은
> 그들이 나를 칭송하는 장광설을 나에게 늘어놓지 않는다면, 그들에게 없
> 어서는 안 될 의무를 필요로 한다고 생각할 것이다.

살롱에서 흄은 프랑스 계몽주의를 이끌어 간 비평가, 작가, 과학자, 예술
가, 그리고 철학자들을 만났다. 아름답고, 지적이며, 덕망 있는 마담 드
부플러는 그중 하나였다. 그녀의 살롱에는 거대한 눈부신 거울들이 걸려
있었는데, 한 번은 모차르트가 그곳에서 연주했다. 그리고 흄과 마담 드
부플러 사이의 서신 왕래는 잘못된 의견으로 가물거렸다. 그녀는 그의 천
재성으로 흄에 대한 조바심을 가졌다. 흄과의 만남은 그녀가 "견뎌 내야
할 사람들에 대해 혐오스러워하게" 만들었다. 이에 대해 그는 "애석합니
다! 왜 내가 당신 곁에 있어서 하루에 반시간만이라도 볼 수 없는 것일까
요?"라고 떠벌렸다.
  실로 흄은 그를 한 인간으로, 선한 데이비드(le bon David)라는 인격

삽화 14 무릎을 꿇고 가슴을 때렸지만, 그의 혀는 "자! 나의 숙녀들이여. 자! 여기에 있군요!"라고 말하는 것에 그쳤다.

으로, 그의 고향에서는 많은 스캔들을 일으켰던 그의 개인적 원리들을 받아들인 프랑스인이 특히 고마웠다. "나에게 주된 기쁨을 준 것은 나에게 부여된 대부분의 찬사를 발견해 낸 것, 나의 개성적 성격 — 나의 순진성과 매너의 단순성, 나의 솔직하고 상냥한 성향 등 — 을 나타내게 한 것이다." 이것이 그의 프랑스어 별명인 르 봉 데이비드의 유래다. 그러나 그의 행복의 정점에서조차 구름은 태양을 훔쳐 내고 있었다.

이 사건은 가장 유명한 철학의 이야기로서 대중적이고 인상적이며 상세한 『루소의 개』와 같은 책들에서 당시와 근자에 널리 이야기된 것이다. 여기서 데이비드 에드먼즈와 존 에이디나우는 흄이 그 사건이 자신을 순진하고, 감사할 줄 모르는 프랑스 철학자의 과대망상의 비극적 피해자로 보여 줄 것으로 생각했다고 썼다. 그러나 실재는 그보다 좀 더 복잡하다.

주된 사건은 아주 분명하다. 대사였던 허트포드 경이 교체되자 천국에서의 흄의 휴가는 갑자기 끝났다. 그는 영국으로 돌아가야 했다. 이것이 불행이었다. 그렇지만 사실 더 불행한 것은 그가 좋아했던 숙녀 마담 드 부플러의, 가난한 한 작가를 도와달라는 얼핏 보기에는 악의 없는 요청이었다. 그 작가란 다름 아닌 인습타파적 프랑스 철학자 루소였다. 두 사람은 전에 만난 적이 없었지만 편지로 서로 간에 축하인사를 여러 차례 나누었고, 이제 흄은 루소가 영국에서 정치적 피신처를 찾도록 도울 수 있냐는 부탁을 받은 것이다. 르 봉 데이비드가 어떻게 아니라고 말할 수 있겠는가? 두 철학자는 결국 1765년 12월 파리에서 만났다. 루소는 흄의 저작에 도취되었다. "당신의 위대한 견해, 당신의 놀라운 공평함, 당신의 천재성은 당신을 나머지 인류보다 훨씬 위로 끌어올릴 것입니다. 만약 당신이 선한 마음으로 그들에게 덜 애착을 가진다면 말입니다." 흄 역시 루소를 소크라테스에 비교하면서 스코틀랜드의 교회에 있는 친구에게 당당한 칭찬의 편지를 썼다.

그러나 흄과 루소가 영국을 향해 떠나기 바로 전날 밤 불쾌한 일이 벌어졌다. 흄은 작별 인사차 홀바흐 남작을 만나러 갔다. 남작은 흄의 환상을 깨뜨리는 것이라면 사과한다면서 흄에게 루소에 대해 다음과 같이 경고했다. "당신은 그를 모릅니다. 내가 솔직하게 말하지요. 당신은 당신의 가슴 안에 독사를 데우고 있습니다"라고!

하지만 처음에는 모든 것이 괜찮았다. 런던에 도착해서 루소는 위대한 소설가로서뿐 아니라 유명한 급진주의자로 인정받았다! 런던의 신문들은 그들의 독자와 함께 영국의 환대, 관용, 그리고 공정함을 보여 준 것에 대하여 자축했고, 아주 상반되게 독재적인 프랑스를 비웃었다.

그렇지만 이는 파리가 환호했던 흄에게는 짜증나는 일이었다. 그의 친한 친구 윌리엄 루엣(에딘버러 대학의 교회조직 및 문명사 교수)이 날카롭게 주목한 것처럼 사자를 보여 주는 사람이 된 것이다. 그 사자는 가운과 술이 달린 모자를 갖춘 이상한 아르메니아 복장을 하고 서서 어디를 가든 갈색과 흰색이 섞인 작은 강아지 술탄을 데리고 갔다. 루소와 대조적으로 흄은 우스꽝스런 모습이었다.

흄이 갔던 많은 파티에 참석했던(것으로 우리가 기억하는) 샬레몽 백작은 그에 대해서 다음과 같이 가장 잘 묘사하고 있다.

그의 얼굴은 넓고 뚱뚱했으며, 그의 입은 널찍했고, 바보스럽다는 말 외에는 달리 표현할 수 없다. 그의 눈은 멍하고 기운이 없었으며, 그의 비대한 몸은 세련된 철학자보다는 거북이를 먹는 시의원의 생각을 전달하는 데 훨씬 더 적합했다. 그의 영어 연설은 스코틀랜드 사투리에 의해 우스꽝스러웠고, 그의 불어는 더 웃기는 것이었다. 그래서 지혜란 그에게 전혀 어울리지 않는 것이었다. 이제 거의 50세에 가깝지만[1], 그는 튼튼하고 건강하다. 그러나 그의 건강과 튼튼함은 그 외모에 이득을 주는 것과는 거리가 멀어서 단정한 대신 촌스러운 외모일 뿐이다. 제복을 입은 모습은 훨씬 거북해 보이는데, 민병단의 잡화상처럼 입었기 때문이다. (하디의 『샬레몽의 생애』)

흄은 이런 루소와의 슬픈 비교에 시달렸다. "나는 루소처럼 온화하고 덕망 있는 사람을 안 적이 없었습니다. 그는 온화하고, 부드럽고, 겸손하고, 자애롭고, 사심 없는 사람입니다. 그리고 무엇보다도 최고의 섬세한 마음을 지녔습니다"라고 쓰면서, 프랑스 친구들에게 루소에 대한 애정을 가장하는 동안에조차 흄은 스코틀랜드 친지들에게는 아주 다른 이야기를 하고 있었다. 흄은 런던으로 돌아온 지 겨우 일주일 후 "스코틀랜드의 셰익스피어"인 사촌 존 흄에게 쓴 편지에서 루소를 "그의 개와 정부에 의해 동등하게 지배당하는" 철학자라고 불렀다.

흄은 루소가 영국의 시골 생활에 만족하지 않을 것이라고 예측했는데, "그가 언제나 모든 상황에 놓여 있었기 때문이다"라고 썼다.

그는 직업도 없고, 동료도 없고, 어떤 종류의 즐거움도 없을 것이다. 그는 그의 생애를 통해서 거의 읽은 것이 없으며, 이제는 모든 독서를 완전히 포기했다. 그는 본 것도 거의 없고, 무엇을 보거나 언급하려는 호기심도 없다. 적절히 말해서 그는 숙고나 공부도 거의 하지 않으며, 아는 것도 별로 없다. 그는 그저 생애를 통해서 느껴 왔을 뿐이며, 이 점에서 그의 감수성은 내가 보아 온 어떤 예보다도 더 높은 수준에 있다. 그러나 그 점은 그에게 기쁨보다는 더 심한 고통을 가져다준다. 그는 옷뿐 아니라 피부까지 벗겨진 사람 같다.

실제로, 루소는 열심히 그리고 폭넓은 독서를 했으며, 저술활동 또한 그러했다. 그의『고백록』은 유럽 문학에서 가장 영향력 있는 작품 중의 하나가 되었다. 그리고 시골 역시 좋아했다. 사실 새 집으로 이사한 후 그는 곧 수집가이자 식물학자인 포틀랜드의 공작 부인을 만나서 친구가 되었으며, 둘은 같이 피크 지구에서 즐겁게 식물 찾기 모험을 했다. 흄이 아이디어를 내기 위해 고심하여 "피부가 벗겨진 것"과는 거리가 멀게, 루소의 독창성은 언제나처럼 활활 타올랐다.

그러나 애초에 루소는 런던의 스트랜드 부근에서 두 명의 스코틀랜드 집주인 밑에서 살아야 했고, 산업화의 정점에 있었던 런던에서 루소는 확실히 "어두운 공기로 가득한" 도시를 느꼈다. 다행히, 이는 임시적인 것이었다. 곧 흄은 루소에게 치즈윅 마을에서 "정직한 잡화상" 제임스 풀레인의 작은 집을 알아봐 주었다. 그리고는 1766년 3월 영국 신사 리처드 데이븐포트로부터 우턴 홀이라는 스타포드셔 맨션의 빈집 하나를 얻게 되었다.

그렇게 루소가 스타포드셔의 새 집으로 가는 길에 그의 친구를 만나러 런던에 들렀을 때, 표면적으로는 모든 것이 괜찮아 보였다. 하지만 이미 루소는 자신을 도와준 흄에 대한 감사의 마음과 스코트랜드인에 대한 의심 사이를 왔다 갔다 하고 있었다. 루소가 적은 비용에 자신의 집까지 안전하게 데려다 줄 편안한 "4륜마차"를 발견한 것에 대해 흄이 거짓말을 했다고 비난한 날 저녁은 비극이었다.

실로 그 "발견"은 추측건대 루소가 너무 빚진 느낌을 가지지 않도록 하려는 작전이었다. 그러나 (아마도 흄 또는 그의 친구 한 명의 저작에서) 그 시간에 대한 "익명의" 설명이 계속되자 그 작전은 루소의 의심을 자극했다.

루소는 선의의 작전을 의심했고, 흄을 공범이라고 비난했다. 흄은 자신의 결백을 주장했고, 주제를 돌리려고 노력했다. 냉소적인 답변에 이어 루소는 한동안 우울하게 앉아 있다가 일어나서 방을 두세 번 가로질러 걷더니 마침내 형제나 다름없는 철학자의 목 부근을 강타했다. 놀란 흄의 얼굴은 눈물로 뒤덮였고, 그는 마치 아이처럼 울었다. 다시 말할 수 있게 되자마자 그는 "나의 친구여, 이러한 무절제를 용서하게. 자네가 나에게 준 모든 고통 뒤에, 자네의 우정의 헤아릴 수 없는 증거들 뒤에 내가 자네의 호의를 욕설과 화풀이로 되갚을 수 있을까! 하지만 나를 용서하면서 자네는 나에게 새로운 호의를 줄 것이고, 나는 자네가 나를 더 잘 알게 될 때 내가 그럴 가치가 없음을 알게 될 걸세"라고 말했다.

그러나 종종 비록 역사가 루소는 "피해망상"이었다고 결론짓곤 했다 하더라도, 루소는 의혹을 가질 만한 근거가 있었다. 이를테면, 버트런드 러셀은 그의 『서양철학사』에서 그들의 "불행한 싸움" 뒤에 흄은 "칭찬할 만한 관용"으로 행동했지만, 피해망상이었던 루소는 격한 절교라는 억지를 부렸다. 그러나 만약 그렇다면, 루소에게는 나름의 이유가 있었다. 자신의 편지들이 가로채어져 다른 사람들에 의해 읽힌다는 루소의 의혹은 옳았으며, 자신과 자신의 망명에 대해 심한 조롱을 담은 이야기들이 영국과 프랑스에서 널리 회자되고 있다는 것을 이미 알고 있었다.

이 중 가장 고통스런 것은 프러시아의 왕으로부터 온 것으로 일컬어지는 빈정대는 편지인데, 뿌리 없는 스위스 망명자에 성역을 제공하는 것에 대해 조롱하며 신랄하게 다음과 같이 덧붙이고 있다. "만약 당신이 새로운 불행을 원한다면, 나는 왕이라서 당신을 당신이 원하는 만큼 불쌍하게 만들 수 있습니다." "프러시아 왕"의 편지는 런던의 신문에 실렸고 스타포드셔의 루소의 피신처까지 도달했다. 그는 매우 당황했다. 흄은 그가 이 장난에 대해 전혀 모르는 일이라고 주장했다. 그러나 에드먼즈와 에이디나우에 따르면, 흄은 이 장난이 시작된 곳의 저녁식사에 참석했으며, 아마도 편지가 담은 가장 모욕적인 일격에 한몫 했을 것이다.

그리고 흄은 루소의 등 뒤에서 그의 재정 상태를 조사했다. 그는 조사를 위하여 다양한 프랑스인들에게 의뢰했고, 그들 각각에게는 그가 의뢰했다는 것을 감추었다. 마담 드 부플러는 흄이 그녀와 홀바흐 남작 모두한테 같은 심부름을 시켰다는 것을 알게 되었다. "무엇 때문에?"라며 마담은 흄에게 답변을 요구했다. "당신은 그를 보호해 온 후에 고발자가 되지는 않을 겁니다." 그러나 바로 그것이 그의 의도였던 듯하다. 흄이 루소를 도울 정보를 찾고 있었을 가능성은 없다. 대신 흄 스스로 자신이 조사하고 있던 것은 루소의 성격에 관한 것이었음을 분명히 했다. 그는 루소가 빈민을 가장한 돈 많은 사기꾼인지를 알려고 했다는 것이다! 그에 대한 진실은 루소가 1767년 5월 영국을 떠날 당시의 역사가 기록하고 있는데, 그는 자신의 여비를 지불하기 위해 자신의 식당용 날붙이를 팔아야만 했다는 것이다.

이쯤 되자 루소는 자신이 음모의 중심에 있고, 악의 있는 거미처럼 그

거미줄의 중심에는 자기편이라고 여겼던 흄이 있음을 알게 되었다.

1766년 6월 23일 루소는 흄에게 자신의 의혹을 주장하는 편지를 썼다. "자네는 자신을 몹시 숨겨 왔네. 나는 자네를 이해하며, 자네도 그것을 알 것일세." 그리고 그는 음모의 본질에 대해서 썼다. "나에게 피신처를 마련해 주기 위하는 것처럼 하면서 나를 영국에 데려왔지만, 사실은 나를 망신주기 위한 것이었소. 당신은 스스로 당신의 열성과 재능 있는 기교에 고결한 노력을 다했소." 흄은 질겁했고, 아마도 겁도 좀 났을 것이다. 그는 "루소의 끔찍한 배은망덕, 만행, 그리고 광포함"에 대해 자신을 지지해 줄 것을 친구들에게 호소했다.

걱정스럽게도 흄의 관점에서는 저술가로서의 자신의 명성에 잠재적인 해였다. 어쨌든 루소는 유럽에서 가장 저명한 저술가 중의 하나였고, 그의 책들은 파리의 서점에서 매시간 대여되었다고 한다. 흄은 에딘버러의 또 다른 친구인 수사학 교수 휴 블레어에게 다음과 같이 편지를 썼다. "루소와 같은 재능을 가진 사람과 논란의 여지가 있는 것에 대해 논쟁하는 것이 얼마나 위험한지를 자네는 잘 알걸세."

루소가 "음모"라고 기술한 편지에 대한 흄의 첫 반응은 루소에게 누가 그렇게 말했으며 그 음모에 대한 증거를 제시하라고 묻는 것이었다. 첫째 질문에 대한 루소의 답변은 짧았고 적절한 것이었다. "증언을 들어야 할 그 사람은 세상의 단 한 사람으로 바로 당신입니다." 그의 "증거"에 대한 질문에는 1766년 7월 10일, 그가 결론에 이르게 된 "사건들"을 담은 63개 문단의 약식 기소로 답했다.

그 기소장은 법적으로는 강제력이 거의 없었고, 오히려 소설가의 연극에 대한 사랑을 보여 주는 것이었다. 파리에서 영국으로의 숙명의 여행에서 흄이 잠결에 "너 J. J. 루소를 잡았다"라고 중얼거리는 것을 들었다는 루소의 주장이 그 기소의 중심내용이었다. 루소는 그가 "겁나는 네 단어"

라고 부른 그 표현을 가지고 놀았다. "'너 J. J. 루소를 잡았다'라는 말이 매일 나의 귀를 울려서 마치 그가 막 그 말을 내뱉은 것 같았다. 그렇다. 흄 씨여. 당신이 나를 잡았다는 것을 나는 안다오. 하지만 나의 외적인 것들만을 잡았을 뿐이오… 당신은 나의 명예를 잡았고, 아마도 나의 안전도… 네. 흄 씨, 당신은 이 삶의 모든 연줄을 잡았지만, 나의 덕과 나의 용기를 잡지는 못했소."

흄에게 루소가 지닌 멋은 없었다. 대신 그는 힘들여서 기소장을 검토했고, 각 사건에 대해서 "거짓말", "거짓말", "거짓말"이라고 여백에 적었다. 물론 그는 이를 그 자신의 설명의 근거로 삼았다.

특히 프랑스에서 르 봉 데이비드로 명성이 높았던 흄은 대중적 관심 때문에 결과를 두려워했다. 그래서 흄은 루소에 대한 가혹하고 필사적인 비방전을 수행했다. 그의 첫 고발은 "흄과 루소 간의 분쟁에 대한 간략하고 진정한 설명"이라 불리는 소책자로 프랑스어로 출판되었으며 (루소의 오랜 적에 의해 편집되었다) 파리에 있는 그의 친구들에게 보내졌다. 흄은 마담 드 부플러와는 직접적인 연락을 피했는데, 그녀가 그러한 공격을 하지 말라고 충고하고 대신 "관용"을 주문할 거라고 생각했기 때문이었으며, 결국 후에 그녀는 그렇게 충고했다. "어둡고, 검고, 악한" 믿을 수 없는 악당이라는 루소에 대한 흄의 묘사는 신문들의 기사거리로 화려하게 다루어졌고, 사교계의 응접실과 다방에서 주요 화제가 되었다.

편지들에는 흄의 적의와 절박함이 드러나 있다. 흄에 따르면, 루소는 "비할 데 없이 지금 세상에 존재하는 확실히 가장 사악하고 가장 지독한 악당이다." 달랑베르에게 보낸 편지에서 흄이 루소를 너무나도 좋지 않은 표현으로 공격한 나머지 달랑베르는 그 편지를 파기하고 "온건한 사람" 흄에게 온건을 유지하라고 조언하는 답장을 보냈다.

사실 영국에서조차 『먼슬리 리뷰』가 "두 유명한 천재들 사이의 다툼"

이라고 부른 언론 보도는 전적으로 흄의 편은 아니었다. 루소가 감사할 줄 모른다는 비난을 받았을지라도, "그의 특이한 성미와 마음 구조에 대해 우리는 그를 모든 상황에서 불행해진 것을 걱정하며 그 사람에 대한 동정심"을 요구한 것은 『먼슬리 리뷰』만이 아니었다. 루소의 영원한 적이었던 볼테르가 프레데릭 대제에게 루소에 반대하고 흄을 지지하라고 부탁하자 프레데릭 대제는 "당신은 내가 루소에 대해 어떻게 생각하는지를 묻는 것인가요? 나는 그가 불행하며 그를 불쌍히 여겨야 한다고 생각합니다"라고 답하면서 다음과 같이 덧붙였다. "오로지 타락한 사람만이 어려운 시기에 처한 사람을 비난합니다." 이러한 공평한 처사는 흄이 기대했던 것이 아니었으며, 그가 마담 드 부플러에게 전달한 버전도 아니었다. 그는 그녀에게 "신문들이 써 댄 이 사건에 대한 많은 놀림거리가 있었지만, 전부 그 불행한 사람에 반대하는 것들이었습니다"라고 전했었다.

에드먼즈와 에이디나우는 이 문제를 매우 자세히 그리고 끈기 있게 조사한 뒤 사건에 대한 흄의 조치는 "적의에 가득찬 것"이었다고 결론 내렸다. 그들은 그의 편지들이 "반쪽짜리 진리와 거짓말로 가득했는데," 이는 이를테면 루소가 그를 가장 사악한 사람이라고 불렀다든가, 루소가 그를 망신주려고 두 달 동안 계획을 했다든가, 조지 3세가 루소에 대해 좋지 않은 "편견을 많이 가지고 있었다"는 것 등이었다. 루소가 마담 드 부플러의 보호 아래 살기 위해 프랑스로 돌아간 뒤, 흄은 마담에게 편지를 보내어 "루소 그 자신을 위해서" 루소를 미친 사람으로 격리시키는 게 제일 낫다는 제안을 하기까지 했다.

논평자들은 이 모든 것에 대해서 르 봉 데이비드가 이성이 정념의 노예가 되는 것을 허락했다고 빈정대기 시작했다. 그러나 비록 그것이 경멸적으로 들리지만, 흄은 이성은 그러하며, 또한 그래야만 한다고 썼었다. 그의 삶의 상당 부분이 술책과 익명 뒤에 숨어서 한 것이라면, 적어도 여기서 그는 일관성을 유지한 것이다.

그리고 흄 자신에 대해서는 어떤가? 그는 정말 위대한 철학자로, 아니면 그가 스스로 말하듯이, "학자"로 기억되어야 할까? (오늘날 철학자들이 여전히 심한 격론을 벌이는 문제다.) 스스로를 도덕적인 인간으로서 윤리학의 전문가라고 주장했지만 그의 편지에서 볼 수 있듯이 흄은, 루소에 대해 음모를 꾸미고 괴롭히는 사람이었을까, 아니면 그의 사후 애덤 스미스가 윌리엄 스트라턴에게 묘사했듯이 성자적 인물이었을까?

내가 그런 표현을 써도 된다면, 그는 실로 내가 알았던 다른 어떤 사람보다도 안정된 기질을 지닌 사람인 듯합니다. 생활이 아주 곤란한 상황에서도 그는 검소함으로 적절한 경우에는 자선과 관용을 베풀 수 있었습니다. … 그의 본성의 지나친 온화함은 그의 마음의 완고함이나 굳은 결단을 결코 약화시키지 않았습니다. 그의 끊임없는 익살은 선한 본성과 유머의 진정한 발로로 우아하고도 겸손함을 갖춘 것이었고, 티끌만한 악의도 없는 것이었습니다. … 그러한 쾌활한 성격은 대단한 몰두, 학습, 심오한 사유와 모든 면에서 가장 포괄적인 능력을 동반한 것이었습니다. 전체적으로 저는 그를 생전이나 사후에 늘 완벽하게 지혜롭고 덕망 있는 사람이라는 생각에 근접한 사람으로, 또 인간의 연약한 본성을 받아들일 사람으로 여겨 왔습니다.

확실히 그렇지는 않다. 스미스의 그림은 인정 많은 것이기는 하지만 통찰력 있는 것은 아니다. 아마도 스미스는 흄이 에딘버러의 철학 교수가 될 기회가 막힌 후 안된 생각을 했을 것이고, 이는 그에 대한 다소간의 보상이기는 할 것이다. 그러나 그도 다른 사람도 흄에 대해서 더 변호하지는 않았다. 아마도 그에 대한 해답은 심리적으로 더 흥미로운 것일 텐데, 결국 흄은 인간의 본성에 대한 학자여서 우리의 마음속에 세계를 구성하는 복잡한 방식을 지적하면서 그것은 진정 "객관적으로" 밖에 있다고 주장했다. 흄은 냉정한 모사꾼인 동시에 정서적이고 선한 사람이었을지도 모른다. 또 인습타파주의자인 동시에 보수주의자였을 수도 있으며, 독창적인 사상가이자 동시에 얄팍한 사상가였을 수도 있다. 아마도 흄에 대한 마지막 언급은 『논고』에서의 젊은 자신에 대한 것이어야 할 듯하다. 그는 다음과 같이 쓰고 있다.

> 마음은 일종의 극장이다. 그곳에는 여러 지각이 연속적으로 나타나고, 지나가고, 다시 지나가고, 점점 사라지고, 무수한 다양성으로 섞인다. 한 시점에의 단순성은 없으며 다른 시점에서의 동일성도 없다. 그 단순성과 동일성을 상상하기 위해 우리가 어떠한 자연적 성향을 가지든지 …

❖ 주 ❖

1) 실제로 샬레몽 백작이 글을 쓰고 있을 때, 흄은 50세처럼 보였을 수 있지만 고작 30대 후반이었다. 그리고 흄이 루소를 런던으로 데리고 갈 무렵 흄은 족히 50대였고, 더 나이 들어 보일 수도 있었다. 그럼에도 불구하고 멋진 루소는 고작 한 살 어렸을 뿐이다.

제15장
악당 루소
(1712년~1778년)

버트런드 러셀의 기념비적인 『서양철학사』에서 가장 흥미로운 내용 중의 하나는 루소에 관한 것이다. 실로, 러셀은 루소 전문가였던 것 같다. 그가 말하듯이 루소는 "우리가 오늘날 부르는 철학자"는 아니었다. 아마도 계몽사상가일지는 몰라도 확실히 철학자는 아니라는 것이다. 철학자가 아닐지라도 루소는 "철학에 지대한 영향을" 미쳤으며 "사상가로서 그의 탁월함이 무엇이든 우리는 엄청난 그의 사회적 중요성을 인정해야 한다"(고 러셀은 유감스럽게 말한다). 곧 러셀은 이것이 히틀러로 직접 이어지는 "사이비 민주적 독재"의 정치철학을 발명한 것이라고 평가한다. 그리고 다른 사람들은 루소를 자유, 평등, 그리고 박애와 연관 지어 생각하게 되었다는 것이다.

히틀러가 가장 좋아했던 철학자 니체는 확실히 그랬다. 그렇지 않다면 노예제 폐지와 사람들을 "동등하게" 대우하라는 새로운 선전을 비탄해하는데 여념이 없었을 니체는 1887년 그의 공책에서 자연 인간을 선하게 본 루소의 생각에 반대하고 있다. 니체는 "귀족 문화에의 증오에서" 철학이 태어났다고 강하게 주장했다. 그와 대조적으로 러셀은 루소를 단지 계산을 뛰어넘는 감정을 고양하는 삶의 방식인 감수성과 연관 짓고 있다. 감수성은 루소를 낭만주의의 기초를 제공한 인물로 만드는 것이다. 낭만주의는 시, 예술, 그리고 실로 명민한 계산을 넘어서는 거대한 몸짓을 칭송하고, 둔하지만 유용한 소보다는 사납고 당당하고 진짜 쓸모없는 호랑이를 찬양하는 철학이다.

철학의 이야기

진지한 철학자들에게는 아닐지라도 역사학자들에게는 다행히도 루소의 이야기는 그 자신의 『고백록』에 잘 나와 있다. 이러한 설명은 특히 정확한 것은 아니지만, 적어도 (그들의 자서전을 쓴 그 많은 다른 사람들과는 달리) 흥미롭기는 하다. 사실 가장 흥미로운 부분들의 일부는 그가 얼마나 사악한 인간이었는가에 대한 과장들이다. (배 도둑, 친구가 죽었을 때 슬퍼하는 등등의) 매일의 존재의 사소한 일에서 악을 찾으려고 노력한 성 아우구스티누스의 특이한 방식이 아니라, (살 집을 얻으려고) 가톨릭과 "가짜"로 대화했고, (자신의 절도를 숨기려고) 가족의 하인을 거짓 고발했고, (우연치 않게) 자신의 아이 중 하나 둘이 아니라 다섯 명을 고아원에 보내는 등 놀라울 정도로 이기적이었다.

그는 거리낌 없이 각각의 사악한 행동을 인정했다. (그가 삶의 여러 시기에 반복했던 과정이고 언제나 금전적 이유에서였던) 거짓 개종은 그가 삼촌의 도제가 되는 것을 피하기 위해 당시 완고한 칼뱅주의의 중심이었던 고향 제네바에서 도망쳤을 때 했다. "본심으로는 강도 같은 행동을" 한다고 느끼면서, 그는 잘 속는 가톨릭 신부를 찾아서 필요한 성스런 말들을 했다고 회상한다.

불쌍한 하녀를 고발한 것은 그가 가톨릭 사제로부터 쫓겨나고 부유한 귀족 부인의 집안을 관리하게 되면서 작은 은빛 메달이 달린 리본을 훔친 후 얼마 되지 않아서였다. 그는 발각된 것에 대한 자신의 반응을 심리적 의미에서 흥미로워하며 다음과 같이 썼다.

이 중요한 순간보다 내가 더 사악한 적은 없었다. 내가 불쌍한 소녀를 고발했을 때, 그것은 모순이긴 하지만 그녀에 대한 나의 애정이 내가 한 행동의 원인인 것은 사실이다. 그녀가 내 마음에 나타났고 나는 내 마음에 나타난 첫 번째 대상한테 나의 책임을 떠넘겼다.

루소는 온갖 불쾌한 세부 이야기를 늘어놓고 있다. 귀족 부인이 죽자 그는 아무도 눈치 채지 못할 일을 한다.

그러나 로렌지 부부가 가사에 충실했고 조심한 덕에 재산목록의 물품 중 어느 것도 모자라지 않았다. 그러니까 마드모아젤 몽탈이 입었던 분홍과 은빛 리본을 빼고는 아무것도 없어지지 않았다. 비록 더 값어치 있는 몇 몇 것들이 내 손에 닿았지만 리본만이 탐났으므로 그것을 훔쳤다. 그것을 감추는 데 애쓰지 않았기 때문에 곧 발견되었고, 그들은 즉시 내가 어디서 그것을 가져갔는지 알고자 했다. 이는 나를 곤란하게 만들었다. 나는 망설이다가 장황하게 말했다. 마리온이 나에게 주었다고.

그는 계속해서 마리온에 대해서 주방에서 "맛있는 수프"를 만드는 모리엔느 출신의 소녀라고 묘사했다.

마리온은 예뻤고 산에서나 볼 수 있는 신선한 빛을 지녔다. 무엇보다도 애정없이 그녀를 볼 수 없게 만드는 수줍음과 부드러운 분위기를 지녔다. 그녀는 선하고, 덕이 있고, 엄격한 충실성을 지녀서 그녀가 지목되자 모두들 놀랐다. 그들은 나를 더 신뢰했고, 우리 둘 중 누가 도둑인지를 입증하는데 필요한 판단을 했다. 마리온은 쫓겨났다. 아주 많은 사람들이 모였다. 그중에는 드 라 로크 백작도 있었다. 그녀가 들어오자 그들은 그녀에게 리본을 보여 주었다. 나는 뻔뻔스럽게 그녀를 지목했고, 그녀는 혼란스러움 속에 말문이 막혔다. 그녀는 악마도 무력하게 할 눈으로 나를 보았지만 나의 야만스런 마음은 저항했다.

루소는 아우구스티누스처럼 그의 사악함을 탐닉했다.

그녀는 오랫동안 단호하게 부정했지만 분노하지 않았으며 나에게 본래의 모습으로 돌아와서 순진한 소녀에게 상처주지 말기를 간곡히 부탁했다. 나는 지독한 뻔뻔함으로 나의 고발을 확인했고, 그녀가 나에게 리본을 주었음을 단언했다. 이에 불쌍한 소녀는 눈물을 터뜨리며 다음과 같이 말했다. "오, 루소님! 저는 당신이 좋은 분이라고 생각했습니다. 이제 당신은 저를 매우 불행하게 만드시네요. 하지만 저는 당신처럼 되지는 않을 겁니다."

루소가 지적하길 그녀의 겸손이 "그녀에게 해를 입혔다. 한편으로는 그런 극악무도한 뻔뻔함과, 다른 한편으로는 천사 같은 부드러움을 가정하는 것은 자연스러워 보이지 않기 때문이다." 결과는 백작이 그들 모두를 내보내는 것이었다. 그는 "죄인의 양심이 결백한 자에 복수할 것이다"라고 퉁명스럽게 말했지만, 루소는 그녀가 "모든 면에서 그녀의 성격에 잔인한 오명" 속에 영원히 남을 것이라고 상상했다. 그녀는 도둑이라는 의심을 받았을 뿐 아니라 루소를 유혹하려는 동기를 가졌고, 발각되었을 때 그것을 인정하지 않은 망신까지 뒤집어썼다.

나는 내가 그녀를 거대한 악마로 몰아간 데서 가엾음과 망신으로 보지 않는다. 그녀의 나이에 경멸과 결백을 무시당한 것이 그녀를 어디로 이끌어갈지 누가 알겠는가? 슬프게도, 만약 그녀를 불행하게 만든 것을 후회하는 것이 지지될 수 없는 것이라면, 그녀를 나보다 더 나쁘게 만드는 것에 대한 생각으로 내가 무엇을 고통스러워해야 하는가. 이 사건에 대한 잔인한 기억은 때때로 나를 너무 힘들고 혼란에 빠지게 해서 불안한 수면 중에 나는 마치 어제 내가 그 일을 저지른 것처럼 이 가엾은 소녀가 나타나 나의 범죄를 꾸짖는 것을 보는 상상을 한다.

물론 그것 말고는 루소는 아주 심하게 고통스러워하지는 않았다. 왜냐하면 다행히 세상은 잘생긴 악당과 친해지려는 부유한 귀족 여성들로 가득했기 때문이다. 루소는 머지않아 마담 드 사보이의 애인이 되어 그녀의 집에서 이후 10년간을 지냈고, 그러는 동안에도 그녀의 원래 (나이든) 파트너는 여전히 그녀와 함께 살았다. 사실 세 명 모두는 서로 잘 지냈다. 루소는 마담을 "마망"이라고 불렀고, 그가 언젠가 나이 많은 애인의 옷들을 물려받을 날을 고대했다고 적고 있다.

1743년 다시 귀족과의 밀착 관계라는 수를 쓰면서, 루소는 그의 첫 번째 직장을 갖게 되는데, 그것은 주 베네치아 프랑스 대사의 비서직이었다. 2년 뒤 그는 그가 종종 묵었던 파리의 호텔에서 하녀로 일하는 테레즈 르 바쇠르를 만난다. 러셀은 모든 사람이 그녀가 "못생기고 무식하다"는데 의견을 같이했다는 점을 들어, 무엇이 루소를 그녀에게 반하게 했는지 아무도 이해하지 못했다고 말한다. 그러나 여기서 러셀은 확실히 루소보다는 그 자신에 대해서 더 알려 주고 있다. 적어도 사랑은 이성적 계산의 명령을 따를 필요가 없다. 그럼에도 불구하고, 러셀은 평생의 파트너에 대한 사랑의 불꽃을 느껴본 적이 없다고 썼던 루소의 지지를 받고 있다. 루소는 그녀에게 글자를 적는 법을 가르쳤지만, 너무 멍청했던 그녀는 읽는 것을 배우지 못했으며, 그녀의 어머니와 가족은 루소를 손쉬운 돈벌이 수단으로 이용했다. 결국 그녀는 나중에는 "마부들"의 꽁무니를 쫓으며 루소에게 충실하지도 않았다. 낭만주의의 창시자에게 적절한 남

삽화 15 때때로 잠결에 그는 가난한 소녀가 침실로 들어와서 그의 죄를 꾸짖는 것을 볼 수 있다고 상상했다.

녀관계란 드문 듯하다.

여기서 관련된 이야기가 전해지는데 제임스 보스웰이 루소의 정부를 프랑스에서 영국에 있는 루소에게 데려가는 것을 자원했을 때, 목적지에 도착할 때까지 그가 테레즈를 한 번도 아니고 열세 번이나 유혹했다는 것이다. 이는 그 영국 신사[1]를 헐뜯는 것이며 아마도 그의 망명 시 흄의 도움에 대한 루소의 의심에 영향을 주었을지도 모르지만(앞의 "데이비드 흄의 여러 얼굴들"을 볼 것), 적어도 보스웰은 후에 테레즈의 적절한 경고를 받았다. 그녀는 그에게 그의 구애가 세련되지 못하다고 말했다. 비록 그러고 난 뒤 그녀가 그에게 한 수 가르쳐 주었지만 말이다.

지금까지는 사소한 일이다. 하지만 많은 철학자들은 놔두고라도 많은 계몽사상가들의 기준에서도 좀 늦은 나이인 38세에 루소는 심오한 통찰력의 시기를 맞게 된다. 디종 아카데미가 낸 "예술과 과학이 인류를 이롭게 했는가?"라는 주제의 에세이 공모의 광고를 본 것이 그에 대한 촉매제가 되었다.

그에게 생각들이 마구 불어 닥쳤다. 루소는 그의 작은 방에서 과학, 문학, 예술은 모두 "나쁘고", 기초가 아니라 도덕을 부식시키는 산이라고 미친 듯이 그의 생각들을 적었다. 그것들은 만족스럽지 않은 획득으로 머지않아 갈등, 노예제, 종속으로 이어진다. 지식의 모든 요소는 죄로부터 나오는데, 기하학은 탐욕으로부터, 물리학은 허영과 공허한 호기심으로부터, 천문학은 미신으로부터 나온다. 윤리학은 자존심에서 기원한다.

과학자는 우리의 구원자이기는커녕 세상을 파멸시키며, 어떠한 진보 관념도 과거의 건강하고 단순하고 균형 잡힌 삶으로부터 우리를 더 멀어지게 하는 환상이다. 대신 『학문 예술론』은 플라톤이 2천 년 전에 옹호한 종류의 사회, 즉 고대 스파르타의 "단순한 삶"에 경의를 표하고 있다.

그의 에세이는 당시의 김빠진 논쟁에서 신선한 공기를 호흡하는 것 같았으며, 좀 더 놀라운 것은 루소가 상을 받았다는 것이다. 이로 인해 무명에서 유명인으로 치달으며 그는 그의 에세이 작가적 관점에 더 부합하는 새로운 행동 패턴을 보이기 시작했다. 그는 긴 산보와 시골에서의 조용한 사색을 즐겼으며, 모든 도회적 세련됨과 기술적인 것들을 피했다. 그는 더 이상 시간을 알 필요가 없다고 말하면서 손목시계를 팔기까지 했다.

그는 『인간 불평등 기원론』이라는 제목의 후속 에세이를 썼지만, 이는 상을 받지 못했다. 그럼에도 모든 면에서 논란거리였다. "인간은 자연적으로 선하며, 제도에 의해서만 악하게 된다"는 그의 설명은 가톨릭과 개신교의 모든 경향을 통틀어 전능한 교회를 불쾌하게 할 수 있는 견해였다. 여기서 토머스 홉스처럼, 그는 특정 '자연법'을 추론하기 위해 상상의 '자연 상태'를 이용하는데, 그 자연법에 기초해서만 국가가 스스로의 질서를 확립할 수 있다는 것이다. 역시 홉스처럼 그는 건강, 지성, 힘 등 분명한 차이를 인정하면서도 인간은 본질적으로 동등하다고 말한다. 그러나 차이는 사회에서 나타난다.

> 우리 삶의 방식의 극단적인 불평등, 어떤 이들에게는 지나친 나태와 어떤 이들에게는 지나친 노동, 우리의 식욕과 감각을 쉽게 자극하고 충족시키는 것, 소화불량을 일으키는 부자들의 지나친 음식, 종종 아예 먹지도 못해서 기회가 있을 때 탐욕스럽게 과식하게 하는 빈자들의 형편없는 음식. 심야는 모든 것들이 지나쳐서 모든 정념, 피로, 마음의 소진, 모든 계급의 사람들이 고통 받는 헤아릴 수 없는 슬픔과 공포, 그리고 인간의 영혼이 끊임없이 고통 받게 되는 무절제한 요동이다.

이에는 다른 기원이 있는데, 그것은 자연적인 것이 아니다. 불평등은 사유 재산이라는 제도로부터 유래한다. 유명한 구절에서 그는 "둘러막은 한 조각의 땅을 가지게 된 첫 번째 인간은 '이것은 나의 것'이라는 생각을 하고, 사람들이 그를 믿기에 충분히 단순하다는 것을 알아낸, 시민 사회의 진정한 창시자"라고 말한다. 또 하나의 기억할 만한 말은『공산당 선언』을 내세우기 위해 마르크스가 차용한 것으로 루소의『사회계약론』에 나오는 말이다. "인간은 자유롭게 태어났지만, 그러고 나서 어디서나 사슬에 묶여 있다."

루소는 사람들이 그들의 사회적 지위나 재산이 아니라 모든 사람들 안에서 보게 되는 신의 흔적, 즉 '자연적 인간'의 불멸의 영혼에 의해서 평가되는 것이 더 낫다고 말한다.

『사회계약론』과『인간 불평등 기원론』모두에서 루소는 홉스가 묘사한 것처럼 자연 상태에서 인간은 탐욕이나 두려움과는 거리가 멀고, 실제로는 평화롭고 만족스런 상태에서 진정 자유롭게 살고 있다고 주장한다. 이는 세 개의 요소를 지닌 자유다. 첫째는 자유의지, 둘째는 (법이 없기에) 법의 규정으로부터의 자유, 그리고 셋째는 개인적 자유다. 여기서 세 번째 자유가 가장 중요하다.

루소는 처음에는 사람도 동물처럼 살았다고 한다. 그는 이것이 최초의 사람들이 그저 단순한 물리적 욕구의 충족만을 추구했다는 의미에서 나쁜 의미로 말한 것은 아니다. 그들은 말과 개념, 그리고 확실히 재산의 필요성을 지니지 않았을 것이다. 루소는 홉스와 로크에서 비유적 묘사의 대부분은 재산을 소유한 사회에 속하는 것이지 소유권의 발명 이전에 있었을 자연 상태에 대한 것이 아니라고 지적한다. 이를 인식하면서 우리는 "우리가 한 인간을 인간으로 만들 수 있기 전에 그를 한 철학자로 만들어서는" 안 된다. 사람들이 재산에 대한 감각을 처음 가지게 된 것은 그들이 한 곳에 정착하고 살 오두막집을 지었을 때다. 루소는 성적인 결합조차도 자신의 경험을 반영하여 아이들과 관련된 어떤 배타성을 함축하는 것이 아니라 경험하자마자 잊는 탐욕스런 에피소드에 더 가까운 것이라고 실용적으로 언급하고 있다.

그에게 있어서 이 원시 상태는 ("네 발로 걸을" 필요에 대해 불평한) 볼테르는 아닐지라도 그것을 따른 사람들보다 우월한 것이었다. 루소는 자아의식의 발전에 의한 변화와 그에 따르는 사유재산의 욕구에 대해 설명하고 있다. 루소에 의하면, 이 점에서 홉스의 유명한 "만인의 만인에 대한 전쟁"이라는 주장, 즉 서로 다른 경제적 이해에 따라 사회는 필연적으로 사람들이 서로 미워하게 한다는 것에 동의한다. 그러나 홉스의 이른바 사회계약은 사실 가난한 자들을 속이기 위한 방법으로 부자들이 만들어 낸 것이라고 그는 말한다. 실제로는 부자들조차도 그로부터 이득을 얻지 못하는데, 그것은 가난한 자들이 그들에게 적합한 상태보다 아래로 밀려 내려가는 것처럼 부자들도 불필요하게 그들에게 적절한 상태 위로 올라가면서 자연의 조화로부터 점점 멀어지기 때문이다.

　루소는 대신 이성의 등장에 앞서는 두 법칙, 또는 원칙을 제안한다. 첫 번째 것은 자기보존에의 강한 관심과 우리들 자신의 안녕이고, 두 번째 것은 감각 있는 다른 어떤 존재, 특히 그 존재가 인간일 때, 죽거나 고통받는 것을 보는 것에 대한 자연스런 혐오다. 그 자신의 삶은 첫째 원칙의 진정한 반영이다. 둘째 원칙을 설명하기 위해 그는 도살장에 들어가는 소의 "애처로운 울음소리"와 동종의 시체를 서둘러 지나는 동물의 "몸서리침"을 낭만적으로 상기시킨다. 자연적 인간이 다른 인간을 해치는 유일한 때는 그 자신의 안녕이 그것을 필요로 할 때이다.

　루소는 희생자에 대한 배려를 가장하면서 그의 이익을 추구하는 부자가 제시한 사회계약을 조롱하듯 묘사하고 있다. 그 부자는 약자를 억압으로부터 보호하고, 각자가 소유한 것을 지키고, 모든 사람을 예외 없이 묶는 정의와 평화의 체계를 만들도록 단결하자고 말한다. 루소는 시민법에 대한 이러한 설명이 다른 종류의 보편적 사회계약을 가정한 철학자들이 제안한 설명보다 더 설득력 있다고 생각했다. 왜냐하면 그가 말하듯 가난한 자들에게는 좋은 것이라곤 그들의 자유 하나 밖에 없으며, 얻는 것 없이 그들이 가진 것을 자발적으로 빼앗기는 것은 완전히 멍청한 일처럼 보이기 때문이다. 반면에 부자들은 얻을 것이 많다.

　사실 인간 사회는 사람들의 이해가 충돌하는 정도에 비례해서 서로 증오하게 만든다. 사람들은 실제로는 서로를 이용하고 속이면서 서로 도움을 주는 척한다. 우리는 살인, 중독, 강도, 그리고 실로 그러한 범죄들의 처벌을 재산 제도, 따라서 사회 탓으로 돌려야 한다. 이는 개인적인 차원이다. 국가적 차원에서는 자연 상태에 거의 존재하지 않는 존재였던 불평등은 "재산 제도와 법을 통해 고착되고 합법화된다." 그렇게 될 수밖에 없겠지만, 사회가 전제정으로 퇴보하고 모든 사람은 다시 노예가 될 때, 순환이 완성된다. 왜냐하면 모든 개인은 그들이 아무것도 아닐 때 다시 동등해지기 때문이다. 그리고 항상 시민은 더 힘든 직업을 찾아 죽도록 일하고, "불멸에 도달하기 위해 인생을 포기하면서" 스스로를 끊임없이 고문한다. 사실 시민 사회는 거의 모든 사람들이 불평하고 그들 중 일부는 스스로의 존재를 박탈하는 사람들의 사회다. 이것이 재산 소유와 자본주의의 논리다.

이 갈등을 벗어나는 길이 단 하나 있다. 주권자와 사람들이 단일하고 동일한 이익을 가지고 "시민 기계의 움직임" 모두가 공통의 행복을 증진할 수 있도록 하는 유일한 방법은 사람들이 주권자가 되는 것이다.

따라서 루소는 '자유'라는 불확실성을 향한 권위에 대한 끊임없는 철학적 탐색으로부터 철학적으로 과격한 전환을 하게 된다. 18세기가 저물고 세상을 바라보는 새로운 방식이 필요하게 되면서 루소는 개인적으로 귀족인 체함에도 불구하고 시대의 가치에 완전히 역행하는 글을 썼다. 많은 글들은 훌륭했다. 또한 그의 관점은 많은 사람들에게는 질색인 것이었다. 닥터 존스는 루소와 그의 지지자들에 대해서 말하기를 "진리는 더 이상 우유를 만들어 내지 않는 암소여서 우유를 짜러 황소한테 갔다"고 했다. 루소로부터 직접 책을 받고 평을 하게 된 볼테르는 신속히 다음과 같이 썼다.

인류에 반하는 당신의 새 책을 받았습니다. 감사합니다. 우리 모두를 멍청하게 만드는 데 그런 영리함이 사용된 적은 없었습니다. 당신의 책을 읽으면서 우리는 네 발로 걷고 싶게 될 것입니다. 하지만 저는 그 습관을 잊은 지 60년이 넘었기에 다시 그렇게 할 수 없는 것이 별로 기쁘지 않습니다.

유명해진 뒤 1754년 루소는 그의 고향인 제네바로 돌아오라는 초대를 받고 다시 아주 작은 독립 국가의 '시민'이 되었다. 루소는 이에 매우 기뻐했으며, 다시 칼뱅주의로 개종했다. 『인간 불평등 기원론』과 『사회계약론』 둘 다 "제네바의 동료 시민들과 그 작은 국가를 다스렸던 위대하고 영예로운 군주"에게 헌정되었다.

그러나 감사할 줄 모르는 제네바 시민과의 관계는 곧 나빠졌는데, 부분적으로는 거의 모든 문화 활동이 청교도적 이유에서 금지되었음에도 불구하고 그곳에 살고 있던 볼테르 때문이었다. 볼테르가 연극 공연 금지를 해제하기 위해 노력할 때, 루소는 (파리에 살면서 "마을 수호신"이라는 많은 사랑을 받은 오페라를 썼음에도 불구하고) 극장이 자연과 미덕에 반한다고 시 당국의 편을 들었다. 그러나 한쪽에 들어맞는 것은 다른 쪽에도 들어맞는다. 마찬가지로 공중도덕을 타락시킨다는 비난으로 『사회계약론』은 1762년 루소의 교육에 대한 이상주의적 저작 『에밀』과 함께 제네바의 시청 광장에서 불태워졌다.

루소는 그의 비평가였던 볼테르와 같은 해에 확실히 슬프고 외로운 상황에서 어쩌면 자신의 손으로 죽음을 맞았다. 그러나 괴테는 다음과 같이 평했다: 볼테르와 함께 하나의 시대가 끝났고, 루소와 함께 새로운 시대가 시작했다.

❖ 주 ❖

1) (『존슨의 생애』의 제2권에서) 보스웰은 다음과 같이 썼다. "대부분의 악덕은 매우 점잖게 저질러진다. 남자는 친구의 아내를 점잖게 유혹하고, 카드게임에서 점잖게 부정행위를 저지른다." 하지만 그가 여기서 이 기준에 맞게 행동했는지는 분명하지 않다.

제16장
쾨니히스베르크의 도자기 상인, 임마누엘 칸트
(1724년~1804년)

『옥스퍼드 철학사전』의 편집자 테드 혼더릭은 칸트를 "근대 유럽의 가장 중요한 철학자"로 간주하고 있다. 실로 너무 중요해서 그가 칸트에 대한 항목을 직접 집필했다. 여기서 요한 헤르더가 칸트를(물론 혼더릭에 대한 기술은 아니지만 둘 다에 해당하는 얘기다) 다음과 같이 기술했음을 알 수 있다.

> 칸트는 기쁨과 즐거움을 나타내는 넓은 이마를 가졌다. 풍부한 사고의 언변이 그의 입술에서 흘러나왔다. 그는 대단한 쾌활함과 위트, 그리고 유머의 소유자였다. … 어떠한 음모, 어떠한 당파, 어떠한 편견, 명성에 대한 어떠한 욕망도 진리를 확장하고 밝게 비추는 데 있어서 그를 전혀 유혹하지 못했다. 그는 다른 사람들로 하여금 스스로 생각하도록 자극했고 강요했다. 독재는 그의 심성과 거리가 멀었다.

19세기 초『블랙우드 매거진』에서 토머스 드 퀸시는 칸트의 개인적 삶이 그의 철학보다 더 흥미롭다고 하며, 맨체스터 대학의 버드 교수의 견해는 "외고집의 관점에는 이제 어울리지 않는 것으로 여겨진다"고 썼다. 그레이엄 버드는 대신 칸트의 '선험적 통각'과 '본체계'가 훨씬 더 흥미롭다고 생각했다. 또한 그는 후설로 하여금 '선험적-현상학적 환원'에 이르도록 영감을 주었고 데이비드 데이빗슨으로 하여금 '변칙적 일원론'을 고안하도록 자극했다는 점을 지적하면서 '선험적 통각'과 '본체계'가 가장 중요한 것으로 여겨져야 한다고 했다.

그러나 우리는 약간 고집스런 것을 받아들일 수 있다. 왜냐하면 철학에 대한 칸트의 공헌은 일련의 규칙들이기 때문이다. 규칙들은 또한 그의 개인적 삶을 규정하는 것이기도 하다. 그래서 둘 다를 조사해 보는 것은 아주 적절하다.

철학의 이야기

흥미롭지는 않을지라도 칸트의 가장 중요한 아이디어 중의 하나는 '공간'과 '시간'은 그저 심적 장치의 일부에 지나지 않는다 — 실제로 '밖에' 있는 것이 아니다 — 는 것이다. 우리는 사건들을 시간에 위치시키며 세계에 질서를 부여하기 위해 원인과 결과의 개념을 만들어 냈다. 원인과 결과의 개념이 게으른 습관과 맹목적 믿음에 기초한다는 데이비드 흄의 주장은 칸트를 잠에서 깨웠다. 그는 이를 『순수이성비판』에서 "독단의 잠"에서 깨어난 것이라고 썼다. (비록 버트런드 러셀은 몰인정하게도 그 깨어남은 "일시적인 것이었고 칸트는 곧 자신을 다시 잠에 빠뜨릴 수면제를 만들어 냈다"고 썼지만 말이다.)[1]

원인과 결과의 낮은 철학적 지위는 칸트에게 중요한데, 그것은 그가 우리의 행위가 그저 기계적인 것으로 환원되어 우리 자신이 생물학적이고 화학적 자극을 따르는 자동장치로 환원되는 것을 원하지 않았기 때문이다.

그 자신의 상투적 일과는 아주 신뢰할 만한 것이어서 쾨니히스베르크의 주민들은 칸트를 보고 시계를 맞추었다고 한다. 이는 단지 '유쾌한' 개념 이상의 것이지만, 사실의 기록이기도 하다. 그런 정밀함이란! 인간사의 사소한 일에 대한 승리! 그래서 적어도 철학자들은 언제나 그렇게 생각해 왔다.

니체에 의해 "쾨니히스베르크의 도자기 상인"이라고 불린 칸트는 매일 아침 5시에 일어났다. 일 분 일찍도 아니었고, 일 분 늦게도 아니었다. 그리고는 아침 먹을 새도 없이 글을 쓰기 시작했다. 철학은 그가 산출한 것 중의 아주 작은 부분이었다. 사실 자연법칙, 역학, 광물학, 수학, 물리학, 지리학 모두가 그의 능력에 속한 것이었다. 진짜 아침이 되어 세상 사람들 모두가 깨어나면 그는 강의를 했다. 칸트는 40대 후반에야 교수가 되었으며, 그의 삶의 상당 기간 시간강사 생활을 했는데, 그 점에서 그가 가능한 많은 분야에 준비를 한 것이 이해가 된다.

유럽식 점심식사는 중요한 시간이었다. 칸트는 학계 인사는 아니지만 세심히 선택한 지식인 친구들을 이끌었다. 언제나 최소한 세 명(은총의 수)은 넘었지만 결코 아홉 명(뮤즈의 수)을 넘지 않았다. 칸트의 식탁에서 대화는 광범위한 주제를 아울렀으며, 칸트 자신은 언제나 최신의 정치적, 경제적, 과학적 뉴스에 깊은 관심이 있었다. 비록 쾨니히스베르크를 떠날 욕구는 전혀 없었기에 어디에도 가 본 적은 없었지만, 세세한 부분에 대한 기억으로 그는 외국의 도시와 장소에 대해서 장황하게 이야기할 수 있었다. 칸트가 정한 다른 준칙 하나는 그가 좋아한 음료다. 그는 커피 기름이 건강에 좋지 않다고 여겼기 때문에 점심 식사를 커피로 마무리하지 않고 언제나 연한 차를 대신 마셨다. 식사는 여유로운 것이었지만, 차는 하루에 한 번이었다.

오후에 칸트는 강가를 따라 오래 산보를 했고, 비가 올 것에 대비해 하인 람페가 우산을 들고 동행했다. 모든 사람은 그 자체로 목적으로 대해야 하며 결코 목적에 대한 '수단'으로 여겨져서는 안 된다는 칸트의 규칙("한 사람의 행동이 다른 사람의 의지에 종속되어야 한다는 것보다 더 끔찍한 것은 없다")은 확실히 우산을 휴대한 하인에게는 적용되지 않았다.

삽화 16 칸트는 오후에 비가 올 것에 대비해 우산을 휴대한 하인 람페를 대동하고 오랫동안 산보를 했다.

집으로 돌아온 뒤 칸트는 책을 읽고 잠자리에 들 때까지 연구했다. 그 시간은 늘 밤 10시였다. 정확하지 않더라도 언제나 그 무렵이었다. 한 번은 성급하게 초대에 응한 뒤 10시 넘어서까지 집에 돌아올 수 없었다. 이 사건 후로 칸트는 마음이 동요되어 다시는 그런 위험을 감수하지 않겠다고 단언했다.

침대에 누워서도 규칙은 지켜졌다. 칸트는 침대보로 자신을 감싸서 꼭 끼게 했다. 그는 7시간 이상 자지 않았다. 그는 건강과 관련된 작은 책자를 썼는데, 거기서 너무 많이 자는 것의 위험에 대해 경고하고 있다. 그는 사람마다 특정한 잠의 양을 가지고 있는데 만약 그것을 침대에 누워서 다 써버리면 일찍 죽게 된다고 설명했다. (나의 부모님은 왜 나에게 그런 말을 해 주지 않았을까 …)

칸트의 첫사랑은 과학이었기 때문에 (1755년에 완성된 박사논문은 철학에 관한 것이 아니라 "불에 관하여"였다), 잠을 너무 많이 자는 것의 위험에 대한 경고는 새겨들어야 한다. 그는 생애를 통해 계속해서 물리학과 지리학을 강의했고, 포르투갈에서의 지진 후에는 지진에 대한 논문을 썼다. 대서양의 비를 동반한 바람은 물론 (1755년 『일반 자연사와 천체의 이론』에서) 태양계가 어떻게 스스로 형성되었는지를 설명하는 논문도 썼다. 이 이론은 피에르 시몬 라플라스가 계속 연구했고, 오늘날 칸트-라플라스 성운설으로 불린다. 그러나 그 일부는 지금은 폐기되었는데, 이를테면 태양계 내의 모든 행성에는 생명체가 있음에 틀림없고, 생명체의 지능은 태양으로부터 멀어질수록 증대된다는 것이 그렇다.

『실천이성비판』(1786)에서 칸트의 생각은 물리적 우주를 뒤로 하고 천국의 존재와 사후세계의 증명을 찾고 있다. 그는 정의는 선이 꽃피우고 악은 처벌되는 것이라고 지적하면서 이는 우리가 주변을 둘러보면 알 수 있듯이 이승에서는 일어나지 않는다는 점에서 "다음 세상에서" 일어나야 한다고 지적했다. 이는 숭고한 추론이다. 그리고 충분히 평가되지 않은 아름다움과 숭고함에 대한 논문 역시 그렇다. 밤은 숭고하고, 낮은 아름답다. 바다는 숭고하고, 육지는 아름답다. 남성은 숭고하고, 여성은 아름답다. 당시에 많은 교수들이 그와 같은 논문들을 써서 거의 필수나 다름없었다.

과학에 대한 관심에도 불구하고, 칸트는 감각에 의해 얻어진 지식을 비판하고 선험적 연역에 의해 도출된 지식이 더 낫다고 했다. 불행하게도 아무도 이것이 무엇인지를 알아내지 못했다. 그러나 확실히 마음은 물질보다 낫다. 물질은 어떤 경우에든 형태를 지니며 이는 우리가 그것을 보기 때문이다. 오래된 철학의 이야기이겠지만, 칸트는 그의 생각을 『순수이성비판』의 제2판(1787년에 나왔고, 그로부터 6년 전에 제1판이 나왔다)의 서문에서 철학에서의 "코페르니쿠스적 혁명"이라고 당차게 기술했다. 이 점이 분명하지 않을 것에 대비하여 다음과 같이 덧붙였다. "나는 해결되지 않은 혹은 적어도 해결의 실마리가 제공되지 않은 형이상학적 문제는 단 하나도 없다고 감히 말한다."

『순수이성비판』의 상당 부분은 시간과 공간의 본성을 잘못 이해하여 나온 오류를 드러내는 데 치중하고 있다. 이는 약간 제논과 같은 것인데, 그의 패러독스로 실로 700쪽이 넘는 이 책의 가장 유효한 부분은 "안티노미"라는 짧은 부분이다. 여기서 그는 패러독스 추론의 네 사례를 예증하려 하고 있다. 첫째 패러독스는 세계가 시간과 공간 안에서 시작되었음에 틀림없다는 것과 그럴 리가 없다는 것이다. 둘째는 모든 것이 그보다 작은 부분들로 이루어졌음에 틀림없다는 것과 모든 것은 동일한 것의 모든 부분임에 틀림없다는 것이다. 셋째는 원인과 결과는 완전히 기계적이라는 것과 그렇지 않다는 것이다. 마지막은 신은 필연적으로 존재한다는 것과 신은 필연적으로 존재하지는 않는다는 것이다.

그것이 제논과 고대 철학자들의 논쟁으로부터 빌려 온 것이 무엇이든 『순수이성비판』의 이 부분은 확실히 헤겔에게 깊은 인상을 주었고, 헤겔은 그의 철학 전부를 통해 '테제'에 따라 나오는 '반테제'의 형식을 사용했다. 그러나 칸트가 제논처럼 특정한 방식의 사유를 신뢰하지 않은 반면, 헤겔은 '종합'을 덧붙임으로써 문제를 해결했다.

칸트는 『이성의 한계 내에서의 종교』(1793)에서 한걸음 더 나아가 신의 존재에 대한 모든 대중적인 이론들을 강하게 무너뜨렸고, 당시 프러시아의 지배자였던 프레데릭 윌리엄 3세는 칸트가 다시 그렇게 하는 것을 금지했다. 그러나 칸트는 '그 규칙을 위반했다'!

그럼에도 불구하고 칸트의 사유를 그렇게 독특하게 만든 것은 확고하고 고정된 '규칙들'이지만 그 규칙들은 이성 자체의 구현이었다. 이 중 아마도 가장 잘 알려진 것이 칸트가 정언명법이라고 부른 것이다.

네가 의지하는 것이 동시에 보편법칙이 될 수 있는 그런 준칙에 의거하여 행위하라.

이는 약간은 "남에게 당신이 대접받기 원하는 대로 대접하라"는 신약성서에 나오는 말과 비슷하다. 『도덕형이상학』(1785)에 등장하는 칸트의 버전에는 모든 도덕적 이슈들을 결정하는 명법 또한 제시되고 있다. 묘하게도 이는 가장 쉬운 테스트도 통과하지 못하는 것처럼 보인다. 예를 들어, 확실히 금지되어야 하는 것들을 허용하는 반면, 그리 중요하지 않아 보이는 것들은 금지된다. 가령 철학자들을 방해하는 5세 이하의 모든 어린아이들은 두들겨 패서 입 다물게 하는 것은 보편화 할 수 있는 것이기 때문에 '규칙'이 허용된다. 반면에 돈을 빌리는 것은 금지된다. 만약 모든 사람이 돈을 빌린다면, 은행이 망할 것이기 때문이다. 칸트는 제3세계 농부들에게 종자와 삽을 대여하는 자선사업을 매우 사악한 일로 비난했을 것이다.

칸트는 공리주의에 완강히 반대했으며 도덕 원리는 무조건적이고 결과에 대한 고려 없이 따라야 한다고 주장했다. 그것이 바로 그의 '명법'을 정언적이게 하는 것이다. 그래서 희생자를 찾아 나선 미치광이에게도 언제나 진실만을 말해야 한다. 반면에 다른 사람을 결코 해치지 않는 사람은, 만약 그의 행위가 그저 감옥에 갈까 두려움에서 나온 것이라면 좋은 사람이 아니며, 매상을 올리기 위한 의도에서 언제나 도움을 주는 상인들도 좋은 사람이 아니다. 어떤 면에서 이는 '고대의' 윤리다. 그에 비해서 당대에 활동했던 애덤 스미스는, 사회적 배경 내에서 작동하는 "계몽된 자기 이익"의 도덕 체계를 구성했다.

사회는 둘째 치고, 가족들은 규칙들과 더불어 자기 이익을 위한 약간의 공간이 필요하다. 그런데 칸트는 그가 흠모했던 마리아 폰 헤르베르트와의 편지를 통해서 낭만적 문제에 대해 논의하기는 했지만 결코 결혼을 하지는 않았다.

1791년 마리아는 칸트에게 자신이 칸트의 오랜 팬이며, 가장 친밀한 애정에서 "진리를 말하는 원리"를 적용했다고 말하는 편지를 썼다.

마리아는 다음과 같은 열렬한 표현으로 시작하고 있다. "믿음이 있는 사람이 그의 신을 부르듯이 저는 죽음을 준비하는 데 있어서 당신의 도움과, 당신의 위로, 그리고 당신의 조언을 청합니다." 그녀의 "이전의 연애" 상대를 이야기하면서 마리아는 그가 "오랜 거짓말" 때문에 불쾌해지도록 했다. 그녀는 "거기에는 어떤 악도 없었지만, 많은 거짓이 있었고, 그의 사랑이 사라져 버렸습니다"라고 설명했다. "품위 있는 사람으로" 그녀의 애인은 계속해서 "친구"로 남길 제의했다. "그러나 청하지 않은 내적인 감정은 우리 각자를 더 이상 내키게 하지 않고, 나의 가슴은 수천 조각으로 쪼개집니다!"

여기까지는 매우 비극적이다. 마리아는 덧붙이길 자신을 자살하지 않게 해 준 것은 오로지 자살에 대한 칸트의 심한 비난 때문이었다고 한다. 칸트는 다음 봄 즉시 답장을 보냈다(이때는 이메일이 편지교환 속도를 느리게 만들기 전이다). 그녀의 좋은 의도에 대한 친절한 말 몇 마디를 쓴 뒤 칸트는 그녀의 의무를 엄중하게 상기시키는 말을 썼다. 그는 거짓말은 계약을 무효화시키고 그 효력을 잃게 하며, "이는 인류 일반에게 저질러지는 나쁜 것"이라고 경고하고 있다. 거짓말은 나쁜 해를 직접 끼치지는 않으며, 그것이 좋아 보이는 경우에도 진리가 무너진다는 점에 의해 판단되어야 한다. "그러므로 모든 선언에서 진실한 것은 신성한 것이며 절대적인 이성의 명령으로 어떠한 편의에 의해서도 제한되지 않는다."

만약 그런 완전한 솔직함이 한 커플을 갈라서게 한다면, 이는 그들의 "애정이 도덕적이라기보다는 훨씬 물리적"이고 머지않아 어쨌든 사라졌을 것이기 때문이다. 확고부동한 독신남 칸트는 그것이 삶에서 종종 마주치게 되는 불행이라고 탄식한다. 다행히 삶의 가치 그 자체는 우리가 사람들로부터 얻는 즐거움에 의존할 때 "매우 과대평가된다."

마리아는 1년 후 답장에서 그녀는 비록 그녀의 삶을 약간 공허하게 느끼기는 하지만 이제 칸트가 이야기한 도덕적 엄밀성의 높은 수준에 도달했다고 말한다. 대신 그녀는 모든 것에 무관심하며 좋지 못한 건강으로 고통스럽다고 말한다. 그녀는 최고의 도덕철학자들처럼 "매일매일은 그것이 나를 죽음에 더 가까이 데려간다는 점에서만 나의 관심을 끕니다"라고 썼다. 하지만 그녀는 "『순수이성비판』이 증명하고 있는 명민함은 아닐지라도 그 책의 심오한 평온함과 도덕적 깊이"는 알 수 있었기에 칸트를 방문하고 싶다고 생각한다. 그녀는 "그녀의 신"에게 "나의 영혼으로부터 이 참을 수 없는 공허함을 없애 줄 어떤 것을 줄 것을" 애원한다.

그러나 그 점에 대해서 칸트는 해 줄 것이 전혀 없었던 것처럼 보인다.

❖ 주 ❖

1) 버트런드 러셀은 칸트 이전에 철학자들은 일상의 언어로 아마추어 청중들에게 이야기하는 신사였다고 지적한다. 칸트 이후에 철학은 기술적 언어와 난해한 용어로 행해지는 대화(사실 대개는 독백)가 되었다.

VI:

관념론자들
THE IDEALISTS

제17장
생각하는 기계, 고트프리트 라이프니츠
(1646년~1716년)

볼테르는 말했다. "나는 라이프니츠를 좋아한다. 그는 확실히 대단한 천재다. 비록 약간의 사기꾼이긴 하지만 말이다 … 그의 생각은 약간 혼란스럽다."

라이프니츠는 철학자에게서 태어난 — 그의 아버지는 윤리학 교수였다 — 드문 존재였다. 그는 법학을 공부했지만, 졸업한 해에는 법학자의 일자리가 적어서 그와 몇몇 졸업생들은 1년을 기다리라는 이야기를 들어야 했다. 그는 학장의 부인과 관련된 음모를 의심했지만, 그 음모란 것이 무엇인지는 아무도 모를 일이다. 결국 알트도르프 대학에 자리를 제안 받았을 때, 그는 거절하고는 "아주 다른 것"을 생각 중이라고 말했다. 그러나 당시 그는 언제나 매우 자신감이 넘쳤던 것 같다.

라이프니츠는 삽화가 있는 책으로 라틴어를 스스로 익혔고, 8세가 되자 아버지의 서재에서 전문적인 설명들을 읽을 수 있을 정도로 능숙해졌다. 적어도 그의 편지들에서 그는 그렇게 쓰고 있다. 15세 때 어린 고트프리트는 "조합의 기술에 대하여"라는 첫 번째 거대한 계획을 세우는데, 이는 모든 추론이 수와 음, 그리고 색채의 복잡한 망으로 환원되는 그런 체계였다. 이것은 "보편언어"에 대한 탐구의 시작이었으며, 후에 그는 그 체계를 바탕으로 첫 번째 컴퓨터를 만들게 된다.

철학의 이야기

생애를 통해 라이프니츠는 (대부분이 라틴어로 쓰인) 그의 시와 버질의 『아에네이드』를 암송하는 능력에 대해 자랑했다. 이러한 주목할 만한 능력에도 불구하고, 결혼은커녕 그에게 '가까운' 여자 친구가 있었던 적은 없는 듯하다.

대신 다행히 그는 수(number)와 사랑에 빠졌다. 이는 법학을 공부하기 전에 그가 예나 대학에서 여름을 보낼 때 심각해졌다. 그곳에서 그는 피타고라스주의와 수가 궁극적 실재라는 것을 알게 되었다. 피타고라스는 우주가 음악에서의 기본 음정처럼 단순한 수학적 비율을 구현한다는 점에서 우주 전체는 조화롭다고 믿었다("천체의 조화"). 라이프니츠의 철학은 이들 관점을 모두 반영한다.

그래도 그가 살아 있을 때 출판한 유일한 작품은 『신정론』(1710)으로, 이 책은 악의 문제를 다루고 있다. 이 책은 이 세상에서 일어나는 모든 것은 그것이 최상의 것이기 때문에 — 우리가 "모든 가능한 세계들 중 최상의 세계"에 살기 때문에 — 일어난다는 그의 관점을 발전시킨 작품으로, 볼테르가 『캉디드』에서 패러디하고 있다.

그의 저작 『이성에 기초한 자연과 은총의 원리』에서 그는 다음과 같이 설명한다.

신의 최고의 완전성으로부터 그가 우주를 만드는 데 있어서, 가장 위대한 질서와 함께 가장 위대한 다양성들이 있다는, 최상의 가능한 계획을 선택했다는 것이 귀결된다. 가장 조심스럽게 사용된 지면, 장소와 시간의 플롯, 가장 단순한 수단에 의해 만들어지는 가장 위대한 결과, 우주가 허락할 수 있는 피조물에서의 힘과 지식, 행복과 선 등이 그렇다.

신의 관점에서는 나쁜 것처럼 보이는 어떤 것도 결코 나쁜 것이 아니다. 왜냐하면 그것은 다른 곳에서 더 많은 행복을 만들어 내기 위해 필요한 것이기 때문이다. 현재의 세계는 그것이 동시에 "가정에 있어서 가장 단순하고 현상에 있어서 가장 풍부하다"는 점에서 가능한 최상의 세계다 (『형이상학 서설』, §6). 모든 것에는 이유가 있다. 이것을 그는 '충족이유율'이라고 불렀다.

물론 그의 논의는 정치적인 여운이 있으며, 라이프니츠는 귀족이면서 또한 평민으로 여겨졌다. 그러나 그는 자신을 "세계의 시민"으로 여겼고, 실로 단일한 세계 사회에 대한 그의 정치적 비전은 단지 그의 고향과 가까운 하노버에서 그의 고용자들에게만 그런 것이 아니라 당시 유럽 엘리트 내에서 정치적 불화를 일으키기에 충분할 정도로 급진적인 것이었다.

'개별화의 원리'의 주제에 대한 그의 대학 논문은 (이는 후에 '식별불가능자 동일성의 원리'가 되었다) 마인츠의 대주교의 관심을 끌었고, 그는 라이프니츠를 고용했다. 대주교는 유럽에서 프로테스탄트와 가톨릭 분파 간의 기독교에서 공유하는 기초에 근거하여 보편적 평화에 대한 기획을 하고 있었다.

이를 추진함에 있어서 라이프니츠에게는 프랑스 왕으로 하여금 독일 대신 이집트를 공격하도록 설득하는 외교적 임무가 주어졌지만, 그의 노력은 신앙심이 없는 자들에 대한 성전은 시대에 뒤떨어진 것이라는 제안과 함께 거절당했다.[1] 전술의 일부로서 더 지속된 중요성은 그가 1672년 파리로 가서 4년 동안 머무르면서 '무한소'의 새로운 수학 또는 '미적분'을 포함한 새로운 논쟁과 아이디어들을 열심히 익혔다는 것이다. 독일로 돌아오는 길에도 그는 저명한 네덜란드 철학자 스피노자와 함께 머무르면서 "기하학에 기초한" 스피노자의 윤리학의 초기 버전을 관심 있게 읽었다. (하지만 훗날 스피노자가 한물갔을 때 라이프니츠는 그의 방문을 최소화했으며, 자신은 스피노자를 단지 한번 만났으며 그 유태계 철학자가 정치적인 일화들을 말해 주었을 뿐이라고 말했다.)

또한 파리에 있을 때 라이프니츠는 자신의 많은 기술적인 꿈을 탐구할 수 있었다. 그중 하나는 나란히 작동하는 두 개의 대칭적 균형을 이루는 평형 바퀴를 지닌 시계였다. 그는 이 모델을 1675년 4월 파리 아카데미에서 실증했다. 또 다른 장치는 나침반이나 별을 관찰하지 않고 단일 관측점으로부터 대상의 거리를 규정하는 방법으로 배의 위치를 계산하는 장치였다. 그 다음으로 (1843년 파리의 비디가 다시 발명할 만큼 유용한) 액체를 쓰지 않는 기압계에 대한 그의 설계, 그리고 렌즈 설계에 대한 다양한 진전들이 있다. 추진 기관을 위한 그의 압축 공기 엔진과 적의 감지를 피해 물 밑으로 갈 수 있는 배의 계획은 말할 것도 없다. 그의 방식에서 라이프니츠는 작은 레오나르도 다빈치였다. 그는 모든 예술과 과학에 관심이 있었을 뿐 아니라 그의 아이디어를 충족시키기를 원할 만큼 충분히 실천적이었다.

중국을 좋아했던 사람으로서 그의 계획 중의 하나는 비단 제품을 통해 독일 경제가 회복될 수 있다는 것이었다. 그는 자신의 정원에 이탈리아에서 수입된 종자로부터 자란 뽕나무를 가지고 이를 스스로 실험했다. 어처구니없어 보이지만 1703년 그는 베를린과 드레스덴에서 생산 허가를 받았고, 꽤나 실질적인 사업이 되었다. 다른 계획 한두 개만 언급하자면 소방서로 왕궁의 정원을 위한 증기력 분수, 그리고 전염병 환자들을 위한 격리 병원 등이 있다.

죽을 때까지 그는 연금술에 대해 진지한 관심을 유지했고(임종시에 의사와 이를 논의하기까지 했다), 주기적으로 여러 연금술사들의 주장을 실험했다. 1676년경, 그는 두 명의 연금술사와 이윤 분배에 관한 법적 계약을 맺는데, 그의 계약 조건은 자본과 기술적 조언을 제공하는 것이었고, 연금술사들의 조건은 단순히 그들의 발견을 그와 나누는 것이었다. 라이프니츠의 주된 우려는 쉽게 만들어진 금으로 인해 금속이 시장 가치를 잃을지도 모른다는 것이었다. 다행히도 그런 일은 일어나지 않았다.

그러나 컴퓨터야말로 그의 모든 발명들 중에 가장 특징적인 (그리고 가장 인상적인) 업적이다.

1673년 라이프니츠는 "계산하는 기계"를 런던의 왕립 학회에서 실증하는데, 이로 인해 그는 곧 왕립 학회의 회원으로 선출되었고, 뉴턴을 격앙케 했다. 1685년의 편지에서 라이프니츠는 그 발명에 대한 영감의 순간을 다음과 같이 설명하고 있다.

수년 전, 내가 보행자의 걸음 수를 자동으로 기록하는 도구를 처음 보았을 때, 산수 전체를 그와 유사한 종류의 기계로 할 수 있어서 계산뿐 아니라 덧셈과 뺄셈, 곱셈과 나눗셈까지 적절하게 배열된 기계에 의해서 쉽고, 신속하고, 확실한 결과와 더불어 할 수 있을 것이라는 생각이 바로 떠올랐다.

그러나 후에 누가 미적분을 고안했는가에 대한 뉴턴 박사와의 언쟁에서처럼, 라이프니츠는 그것을 처음 생각해 낸 사람은 아니었다. 파스칼은 세금 조사원으로 지루한 계산을 해야 했던 그의 아버지를 도와 한 세대 전에 계산 기계를 만들었다. 그것은 다섯 자리 수들을 더 할 수 있었지만 다른 계산은 하지 못했다. 그것은 제작비용이 매우 비쌌고 고장도 잘났다. 고작 15개의 기계만이 만들어졌을 뿐이다.

우리가 보았듯이 라이프니츠의 아버지는 세금 공무원이 아니라 도덕 철학자였고, 그에 알맞게 라이프니츠의 기계는 도덕 문제들을 푸는 따분한 일을 자동으로 하도록 설계되었다.

그것은 모든 이성의 진리가 일종의 계산으로 환원되는 그런 일반적 방법을 이용한다. 동시에 이는 일종의 보편언어이지만 과거에 상상했던 모든 언어와는 무한히 다르다. 왜냐하면 그 기호와 단어들은 이성을 지도하며, 오류(사실에 관한 것을 제외하고)는 단지 계산에서의 실수일 뿐이기 때문이다.

라이프니츠는 후에 그의 독창성을 변호하면서 그가 자신의 컴퓨터를 만들 당시에 "파스칼의 계산 상자"에 대해 몰랐지만, 나중에 그에 대해 듣고서는 "그 기계가 수행할 수 있는 작업에 대해서 설명해 달라고 편지로 요청했다"는 것을 인정했다.

사실 일반적으로 말해서 라이프니츠는 친구와 지인, 그리고 낯선 사람들에게서 공히 사실을 찾아내려고 하는 데 있어서 지칠 줄 몰랐다. 일단 그가 얻을 수 있는 모든 정보를 가지게 되면, (모두 자기 것이라 주장하며) 그는 한 단계 더 나아갔다. 그리고 파스칼의 아이디어에 이르렀다. 그

삽화 17 라이프니츠의 기계는 도덕적 문제들을 푸는 따분한 임무를 자동으로 처리하도록 설계되었다.

는 일단 그것이 어떻게 작동하는지를 이해하고는 재빨리 더 나은 것을 만드는데 착수했다. 그리고 이 경우에 그는 "층층 계산기"라 불리는 것을 개발했다. 이제 이 기계는 더하고, 빼고, 곱하기까지 할 수 있었다.

라이프니츠가 자신의 살아 있는 은행원이라고 불렀던 그 기계에는 두 개의 주요 부품이 있었다. 하나는 파스칼의 기계와 유사한 것으로 덧셈을 수행하는 핀 톱니바퀴 더미였다. 다른 하나는 그 자신의 혁신으로 곱셈을 할 때 10의 자리를 따르는 움직이는 운반부였다. 두 부분은 1에서 9에 이르기까지 대응하는 서로 다른 길이의 산등성이 같은 날을 포함한 실린더에 의해서 정교하게 연결되었다. 실린더 위의 작은 기어들과 물려 있는 실린더들을 연결하는 핸들을 돌리면, 그 실린더들은 순서대로 덧셈 부분에 물린다. 그러나 실망스럽게도 라이프니츠의 기계는 그가 의도했던 우수성을 보여 주지 못했다. 사실, 그 기계는 번거로운 것이었으며, 조작하기 어려웠고, 빈번하게 고장 났으며, 부정확했다.

그러나 라이프니츠는 스스로 기뻐하곤 했으며, 이 발명에 대해 매우 자랑스러워 했다. 그는 "인간보다 우월한"이라는 모토를 새긴 메달로 그것을 기념하려는 생각을 했으며, 서양 기술의 우월성의 사례로 중국 황제에게 보내도록 러시아의 피요트르 대제를 위해 기계를 만들었다.[2]

잘 작동하지는 않았지만 실로 그 기계가 작동하는 원리는 최초의 성공적인 기계식 계산기의 발전하는 길을 열었다. 이 기계는 기어의 날의 운동 원리를 이용했다. 그와 동일한 설계는 20세기까지 계산기에 사용되었으며, 오늘날 (전기 사용량을 측정하는) 킬로와트 미터기와 속도계 같은 계수기에 여전히 사용되고 있다. (나눗셈을 하고, 제곱근을 계산하고, 제곱수를 결정하는 좀 더 공들인 기계를 만들 계획이 있었지만 실현되지 않았다. 추측건대 그 부품을 만들기에는 당시 기술이 충분히 발전하지 않았기 때문인 듯하다.)

자랑을 많이 한 곱셈 능력에 대해서도 그의 말년까지 이 계획에 많은 돈을 썼지만, 라이프니츠의 기계는 완벽하게 자동적으로 수행하는 능력을 보이지는 못했다. 이 점에서 그의 진전은 실질적이라기보다는 이론적인 것이었다.

1676년 대주교가 죽자 라이프니츠는 하노버 궁정 업무로 옮겨 하노버 공이 소속된 브런즈윅가의 가계를 연구했다. 머지않아 (영어를 거의 하지 못했던) 게오르그 루트비히가 영국의 조지 1세가 되었고, 이는 종종 라이프니츠의 연구 덕이라고 한다. 실제로 그럴 가능성은 낮은데, 라이프니츠가 기록과 유럽 언어 전통을 길게 다루면서 가계를 다루기 시작한 것은 아마도 그의 고용자들이 기대했던 것보다 훨씬 일찍 시작했기 때문이다. (그를 도왔던 에크하르트는 수에 대한 그의 연구처럼 라이프니츠는 가계에 대해서도 얼마나 무한히 그 문제를 확장할 수 있는지를 알았다고 적고 있다.) 그리고 게오르그 루트비히가 영국의 조지왕이 되었을 때, 그는 라이프니츠를 독일에 남겨두었는데 미적분에 대한 논란(이는 실로 라이프니츠를 영국의 수도에서 달갑지 않은 인물로 만들었다) 때문이라기보다는 그가 떠날 당시 라이프니츠는 느슨한 연구에 열중하고(여유 있는 시간을 보내느라) 오랜 기간 자리를 비우곤 했기 때문이다.

라이프니츠는 계속해서 가계의 역사를 다루는 척하는 것을 걱정하지는 않았다. 1679년 그는 풍력을 활용하여 광산에서 물을 퍼내는 데 사용하는 방법에 관심을 가지게 되었다. 그 후로 7년 동안 그는 하르츠 광산에서 그의 시간의 절반 정도를 지냈다. 그는 고대의 아르키메데스의 나선 방식에서부터 오늘날의 로터리 펌프의 선구가 된 방식에 이르기까지 다양한 기술을 이용하여 온갖 종류의 펌프를 설계했다. 그는 또한 주철과 제철, 화학물 분리, 석탄운반용 조랑말 대체 등 관련된 여러 발명을 했다. 주목할 것은, 각 단일 계획은 모두 실패했고, 그에 대해 라이프니츠는 일

220

꾼에서 관리자에 이르기까지 다른 사람들을 비난했다는 것이다.

그리고 그는 항상 무엇인가를 쓰고 있었다. 책들은 아니고 편지들을 썼다. 라이프니츠는 종교, 철학, 문학, 역사, 언어학, 화폐학, 인류학은 말할 것도 없고, 과학과 우주론, 수학, 법학, 정치학, (통화 정책, 세제 개혁, 무역수지 등과 같은) 경제 문제들을 포함한 광범위한 주제에 대해서 당시 수많은 지식인들과 편지를 주고받았다. 15,000통이 넘는 편지가 남아 있다. 전 백작의 딸(이자 확실히 가깝고 진정한 친구였던) 소피-샬럿과의 편지처럼 일부는 영혼의 윤회와 같은 그의 이론들에 대한 길고 명료한 설명을 담고 있다. 철학은 라이프니츠의 편지들에게 친숙한 것은 아니었다. 『라이프니츠 철학의 비판적 해설』(1900)에서 버트런드 러셀은 그런 편지들을 귀족 후원자에게 아첨하는 것이라고 혹평했다. 리처드 오스본과 같이 『초심자들을 위한 철학』을 써서 철학을 대중화하려는 사람들은 그러한 메시지를 계속 썼는데, 라이프니츠가 살아 있는 동안 출판한 대부분의 것들은 "그가 소속된 사람들에 대한 충성심에 호소하기 위해 의도된 것이며, 반동적이고 천박한 것이었다"라고 말한다.

라이프니츠의 편지들이 적어도 두 개의 목적이 있었다는 점에서 확실히 위 두 사람은 옳다. 그중 하나는 의심의 여지없이 사회적 지위상승이다. 여기서 그는 아주 잘했다. 1712년이 되자 그는 하나가 아니라 다섯 군데가 넘는 궁정에서 급여를 받은 직책을 맡았다! 그것은 바로 하노버, 브런즈윅, 뤼네베르크, 베를린, 빈, 그리고 상트페테르부르크였는데, 이들 각각은 당연히 그가 다른 곳들에서 일하는 시간에 대해 유감스러워했고, 그가 돌아와 일할 때까지 간헐적으로 급여 지급을 중지했다. 직업적으로 말했을 때에도 그는 아주 잘했다. 비록 공식적으로 가톨릭교로 개종할 의사가 없다고 말하면서 거절하기는 했지만, 그는 바티칸(1689년)과 파리(1698년)의 명예로운 사서직을 제의받았다.

221

더 젊었을 때 그는 (당대의 한 사람이 "가발 분장이 우아한 인물"이라고 요약했듯이) 우아한 궁정신하로서의 명성을 지녔다. 그는 분홍 장미로 현란하게 칠한 마차를 타고 돌아다녔다. 오를레앙의 공작부인은 그에 대해서 "지식인이 그렇게 멋지게 입고 냄새 나지 않고, 농담을 이해하는 것은 아주 드물다!"고 언급했다. 17세기 지식계에 미친 그의 영향은 대단한 것으로 미적분을 발명한 사람의 명예와 관련한 그의 라이벌이었던 아이작 뉴턴 경의 시기심을 불렀다. 그러나 우리가 본 것처럼 그를 별로 좋아하지 않았던 러셀에 따르면, 라이프니츠는 아주 비열했다. 하노버 궁정에서 젊은 여성들이 결혼할 때, 라이프니츠는 그들에게 결혼 선물을 주었는데, 그것은 남편을 찾았다고 씻는 것을 포기하지 말라는 유용한 준칙들로 이루어진 것이었다. 그리고 그의 말년에는 구식에다가 과도하게 꾸민 의상, 거대한 검은 가발, 불완전한 설계안 등으로 조롱의 대상이 되었다.

대표적인 예는 라이프니츠와 사이가 좋지 않았던 연금술사가 『어리석은 지혜와 지혜로운 어리석음』이라는 책에서 그를 풍자한 것이다. J. J. 베커는 라이프니츠가 당시 도로가 부드럽지 않고 마차 바퀴 자국이 깊음에도 불구하고 암스테르담에서 하노버까지(거의 400km를) 6시간에 갈 수 있는 마차를 발명했다고 믿었다고 주장했다. 1687년 라이프니츠는 실험적인 마차를 만들었다고 전해지지만 애석하게도 그 마차가 이 속도로 달렸는지의 기록은 남아 있지 않다.

다시 그 편지들로 돌아가자. 만약 그 편지들이 그의 사회적 신분상승의 일부였다면, 철학적이고 과학적인 것 모두에 있어서 그의 상투적 수법에 중요한 것이었다. 일례로 1673년 4월에 라이프니츠가 런던의 왕립 학회의 간사였던 하인리히 (헨리) 올덴버그로부터 영국의 수학계에 대한 존 콜린스의 보고서를 받았을 때의 일이다. 이 보고서에서 주목을 끄는 부분은 케임브리지의 비밀스런 인물 아이작 뉴턴에 의해 명시되지 않은 방법으로 해결 가능한 일련의 문제들(그들 중 많은 것들이 무한계열과 관련된 것이다)이었다. 후에 라이프니츠가 기억하듯 그는 바로우와 그레고리, 뉴턴의 업적에 대한 보고서를 보기 이전에 미적분에 대한 독창적인 영감을 이미 지니고 있었고, 1673년의 보고서에는 미적분에 대한 어떠한 실질적인 기술도 없었던 것이 사실이다.

1675년, 그리고 1676년에 접어들면서 (올덴버그를 통해) 뉴턴과 라이프니츠 간에 편지 교환이 있었는데, 거기에서 비록 일반적인 방법을 드러내기를 조심스러워 했지만 뉴턴은 미적분에 대한 좀 더 분명한 암시를 주고 있으며, 이는 미분과 적분 간의 반대 관계를 철자를 바꾸어 만든 말에 언급되어 있다. 라이프니츠 역시 그 편지에서 미적분에 대한 그 자신의 버전의 중요한 세부를 흘리고 있다. 이 두 사람은 각자가 얼마나 진전이 있었는지에 대해 드러내지 않고 상대방이 얼마만큼 알고 있는지에 대해서 알아내려는 카드 게임을 하고 있었던 것이다.

모든 학생들이 알듯이 실제로 미적분의 원리는 우스울 정도로 단순하다. (나는 학교에서 그것을 이해하지 못했지만, 확실히 다른 모든 학생들은 이해했다. 그러니 쉬운 게 틀림없다.) 미분은 기울기를 구하는 방법이다.[3] 언덕 위로 올라가는 길의 기울기는 길의 길이로 나눈 거리다. 예를 들어 만약 100미터 거리에서 10미터를 올라가는 것이라면, 그것은 1:10이다. 라이프니츠와 뉴턴은 수학 곡선의 기울기는 아주 작은 직선들의 계열이 아주 미세하게 한데 결합된 것과 동등하다고 보았다. 따라서 곡선에서의 어떤 특정한 점은 아주 작은 직선으로 여길 수 있다. 직선의 길이는 '높이'로 나눌 수 있는데, 이 높이는 선의 수학적 방정식에 의존한다. 이는 적어도 수학 교사의 눈에는 유용한 것인데, 한 점에서 곡선의 기울기는 어떤 시점에서의 '변화량'을 나타내는 수학적 방법이기 때문이다. 그와 유사하게 한 곡선의 면적은 그것을 작은 직사각형들의 계열들의 합으로 여김으로써 계산할 수 있다. 이것은 '적분'이라고 알려진 것이며 다른 곳에서도 유용하다(하지만 나는 말하는 동안 여기에 이르기 전에 주제를 놓쳐 버렸다).

누가 그것을 발명했는가를 아는 것은 어렵다. 그럼에도 불구하고, 미적분의 진짜 발견자로 알려지기 위한 권리에 대해서 뉴턴과의 오랜 싸움은 계속되었다. 이 싸움은 라이프니츠를 지지하는 익명의 편지들을 통해서 라이프니츠의 편에서 수행되었고, 만약 결국 국제적으로[4] 채용된 것이 그의 표기법이었다고 할 때, 그 결과는 완곡하게 말해서 역시 라이프니츠의 이름이 "논란 속에 더럽혀졌다."

그러나 라이프니츠가 뉴턴과 다툰 것은 미적분에 관한 것만은 아니었다. 두 사람은 우주가 어떻게 움직이는지에 대해서 다른 견해를 지녔다. 라이프니츠는 뉴턴이 현상을 다루고 그것을 설명하는 법칙을 이끌어 내는 방식이 잘못되었다고 생각했다. 대신 그는 철학자들은 관찰된 현상을 재생산할 수 있는 거대한 체계를 상정해야 한다고 생각했다. 중력을 설명하기 위해 거리에 대해 순간적으로 행위가 가능한 '중력'을 뉴턴이 '발명'한 것을 싫어한 그는 ("아이작 뉴턴 경과 그의 추종자들은 신의 작품에 관해 아주 이상한 견해를 가지고 있다. 그들의 이론에 따르면, 전지전능한 신은 그의 시계를 종종 감아 주길 원한다. 그렇지 않으면 시계는 움직이기를 멈출 것이다 …!"라고 비웃었다.), 런던의 왕립 학회에 천체의 운동에 대한 그의 설명을 제시했다. 이는 궁극적으로 데카르트로부터 도출한 것이며 태양이 행성들을 그저 밀어 냄으로써 그 궤도를 따라 움직이도록 하는지를 보이려는 의도였다. 라이프니츠는 공간은 아주 미세한 입자들의 에테르로 채워져 있으며, 태양의 회전은 에테르에서의 원운동을 하는 것으로 행성들을 소용돌이에 놓인 보트처럼 밀어 돌리는 것이다.

뉴턴의 비서 사무엘 클라크에게 쓴 편지에서 그는 다음과 같이 말했다.

결론은 이렇습니다. 만약 (저자가 상상하는) 모든 물체로부터 비어 있는 공간이 전부 비어 있지 않다면, 꽉 차 있는 것은 무엇일까요? 그것은 스스로 연장하고 수축할 수 있는 물리적 실체의 연장 있는 정신일까요? 그래서 두 물체의 그림자가 서로 벽의 표면 위에서 관통하듯이 각자가 불편함 없이 서로 관통하는 ··· 아닙니다. 어떤 이들은 사람이 순수한 상태에서 관통하는 재능이 있다고 상상하고, 그가 추락에 의해서 단단하고, 불투명하고, 관통할 수 없게 된다고 상상합니다. 이는 신이 부분을 가지는 것으로 만들고, 정신이 연장을 가지는 것으로 만드는 것으로 세상에 대한 우리의 개념을 뒤집는 것 아닌가요? 충족이유율 하나만으로도 이러한 상상력의 유령을 쫓아 낼 수 있습니다. 사람들은 위대한 원리를 잘 사용할 필요성에서 쉽게 허구를 만들어 냅니다.

과학이 뉴턴의 기계적 세계를 성공적으로 채용했다면, 라이프니츠가 이론적 논쟁에서 졌다고 반드시 말할 수 없다. 그의 편지는 계속된다.

저는 물질과 공간이 같은 것이라고 말하지 않습니다. 저는 그저 물질이 없는 곳에 공간도 없으며, 공간 그 자체는 절대적 실재가 아니라고 말하는 것뿐입니다. 공간과 물질은 시간과 운동처럼 다른 것입니다. 그러나 이들은 다르긴 하지만 분리할 수 없는 것들입니다.

마찬가지로, 그는 두 대상의 반응을 용인한다는 점에서 뉴턴의 역학을 비난했다. 비록 이론적으로 이는 입자들의 아주 작은 운동의 무한한 계열을 필요로 하지만 말이다. 이러한 논리적 난센스를 피하기 위해서 라이프니츠는 물질은 궁극적으로 에너지 장들로 이루어진다고 말했고, 이는 이탈리아에서 그 이론을 주창한 루지에로 주세페 보스코비치(1711~1787)가

인정했듯이 물리학에서 '장이론'의 발전의 선구가 된다. 그럼에도 불구하고, 당시 과학적 지식을 진전시킬 수 있었던 모델을 만든 사람은 뉴턴이었다. '새로운 물리학'의 창시자인 아인슈타인조차도 20세기의 물리학은 뉴턴의 뛰어난 업적 위에 확립된 것이라고 거리낌 없이 인정했다.

그러나 무엇보다도 라이프니츠는 세계를 특정한 '절대적' 법칙에 따라 움직이는 작은 입자 또는 원자에 의해 설명했던 뉴턴, 보일, 그리고 데카르트와 같은 사람들에 동의하지 않았다. 그의 요점은 가장 작은 입자조차도 물질의 입자로 여길 수 있는 무엇이 더 이상 없을 때까지는 더 분해할 수 있어야 한다는 것이었다. 원자 대신 그는 "부분이 없는 단순 실체"라고 부른 것으로부터 구성했다. 그것은 바로 모나드다.

라이프니츠의 '모나드'(단자)는 철학에서 가장 신비로운 대상 중의 하나다.[5] 그는 다음과 같이 모나드를 소개하고 있다.

모나드에 속하는 물체(그것은 물체의 활력 또는 영혼이다)는 활력과 함께 살아 있는 존재라고 부를 수 있는 것을 구성하며 영혼과 함께 동물이라고 부를 수 있는 것을 구성한다. 이제 살아 있는 존재 또는 동물의 신체는 언제나 조직화되어 있다. 왜냐하면 모든 모나드는 그 자신의 방식으로 우주의 거울이며, 우주는 완전한 질서로 규제되기 때문에, 재현하는 존재, 즉 영혼의 지각에서 질서가 있어야만 하며, 그 결과 우주가 재현되는 것과 조화를 이루는 신체에도 질서가 있어야만 한다.

그리고는 특유의 열성으로 그는 계속하고 있다.

따라서 모든 살아 있는 존재 각각의 조직화된 신체는 일종의 신적인 기계 또는 자연적 자동기계로 모든 인공적 자동기계를 무한히 능가한다.

왜냐하면 기계는 인간의 기술로 만들어졌지만, 그 부분들 각각도 기계인 것은 아니기 때문이다. 예를 들어, 톱니바퀴의 날은 부분 또는 파편들을 가지는데, 이들은 더 이상 인공적인 것이 아니며, 그 톱니바퀴가 사용되도록 의도된 기계를 나타내는 어떤 표시도 없기 때문이다. 그러나 자연의 기계, 즉 살아 있는 신체는 그들을 최소한의 부분에서도 무한히 기계인 것이다. 이것이 자연과 기술, 즉 신적인 기술과 인간의 기술의 차이다. (『단자론』)

라이프니츠는 새로운 망원경의 세계에서 깊은 인상을 받았다. 망원경을 통해 그의 동시대인이었던 안톤 반 레벤후크는 과거에는 의심받지 않았던 일군의 매우 작은 유기체들을 드러냈다.

매우 작은 물질의 부분에 피조물, 살아 있는 존재, 동물, 실체적 형태, 영혼의 세계가 있다. 물질의 각 부분은 식물들로 가득 찬 정원 또는 물고기로 가득 찬 연못이라고 생각할 수 있다. 단 식물의 모든 줄기, 동물의 신체의 모든 부분, 그들이 지니고 있는 체액 모두는 또 다른 정원이나 연못을 다시 포함하고 있다. 그리고 비록 정원의 식물들 사이의 공간을 차지하고 있는 땅과 공기, 또는 연못 속의 물고기들 사이의 공간을 차지하고 있는 물은 그 자체로는 식물이나 물고기가 아니다. 그렇지만 그들은 잘 안보일 정도로 작은 더 많은 것들을 포함하고 있다. 따라서 우주에서 경작되지 않고, 열매를 맺지 않고, 죽은 것은 아무것도 없다. 겉보기에 그런 것을 제외하고는 혼돈이나 혼란은 없다. 멀리서 보이는 연못에서 우리는 혼란스런 움직임과 연못 안에서 개별적 물고기들을 구별하지 못하면서 물고기들이 빙빙 도는 것을 본다. 이로부터 우리는 모든 살아 있는 신체는 동물의 영혼인 지배적으로 실체적인 형태를 지닌다는 것을 보게

227

된다. 그러나 이 살아 있는 신체의 구성원들은 다른 살아 있는 신체들, 식물들, 동물들로 가득 차있으며, 이들 각각은 또한 그 자체로 실체적인 형태 또는 지배적인 모나드를 지닌다. (같은 책, 66~70절)

라이프니츠의 우주는 그와 유사하게 살아 있으며, 의식이 있다. 우주의 궁극적 구성요소인 모나드는 살아 있는 에너지와 활동의 중심이다. 그러나 그것은 현미경이 아니라 순수 논리학을 통해서만 찾을 수 있다. 사실 모나드는 가정할 필요가 있을 뿐이다. 그리고 『단자론의 규칙들』은 매우 단순하다.

1. 각각의 모나드는 파괴될 수 없다. (모나드에는 부분이 없기 때문이다.)
2. 신을 제외하고 모나드를 창조할 수 없다. (물질은 창조 또는 파괴될 수 없다.)
3. 모나드에는 색이 없다. (모나드에는 물리적 속성이 없다.)
4. 모나드에는 창이 없다. (모나드는 다른 모나드에 영향을 줄 수 없다.)
5. 모나드는 다른 어떤 모나드와도 서로 교환가능하다. (모나드의 본질적 속성은 단지 '활동'이기 때문이다.)

라이프니츠는 비록 모나드가 감각에 나타나지는 않지만("모나드에는 색이 없다"), 우리는 실재와 언어의 유의미성을 설명하기 위해 그들의 존재를 가정할 필요가 있다. 라이프니츠가 말하듯이 모나드의 주요 활동은 '지각' 또는 반영이며, 모든 모나드는 다른 모든 모나드를, 동등하게, 지각한다. 모든 물리적 신체는 "예정된 조화" 속에 살고 있는 모나드의 "영토"다. 그러나 추정된 정도의 "반영"과 관련된 어떤 이유 때문에 라이프니츠는 식물, 돌, 동물, 그리고 인간에 대한 다른 유형의 모나드를 인정하고 있다. 라이프니츠는 그의 무색의 모나드를 무지개의 메타포로 설명하려 하고 있다. 하늘에 찬란한 색채의 스펙트럼이 보이지만, 실재에서는 물의 수많은 아주 미세한 방울들로 이루어진 것이다. 그리고 이들 각각은 확실히 무색이다.

단자론이 함축하는 것은 인간조차도 모나드의 집합으로 돌과 다르지 않다는 것이다. 또 다른 함축은 모나드는 파괴불가능하고 영원하기 때문에, 비록 우리의 의식은 모나드들의 배열에 따라 다양하긴 하지만, 우리들 또한 파괴불가능하고 영원하다는 것이다. 또한 신은 모나드들이 (인과적으로 상호작용할 필요 없이) 마치 상호작용하는 것과 똑같이 행위할 수 있도록 하기 위해서 우주의 탄생 시에 모든 모나드를 프로그램 해 놓았음에 틀림없다는 것이다. 사실 모나드는 완전히 독립적인 채로 있지만, 라이프니츠는 모나드들이 어떻게 상호작용하는 것처럼 보이는지를 설명하기 위해서 합창단의 예를 들고 있다. 이 '예정조화설' 은 데카르트가 세계를 두 종류의 실체로 나누면서 만들어 낸 영혼과 신체의 상호작용 문제를 잘 설명해 준다. 그러나 라이프니츠는 그의 기계를 (데카르트를 포함한) 당대 사람들의 기계와는 무척 다른 것으로 보았다.

다른 한편으로 라이프니츠는 모나드를 '마음 모나드' 와 '물질 모나드' 로 나눈 듯한데, 여기서 우월한 종류의 '마음 모나드' 가 인간의 신체를 구성하는 모나드를 통제한다. 이런 방식으로 그의 이론은 데카르트의 이론을 재포장한 것이 되는데, 특히 신체에서 다른 모나드의 움직임으로 명령하는 지배적인 모나드를 도입할 때 특히 그렇다. 이렇게 하면서 그는 그 자신의 이론의 우아함을 훼손하는 듯하다.

그러나 만약 라이프니츠가 여기서 모순과 앞뒤가 맞지 않는 것을 깨달았다면, 적어도 그에 대한 설명은 준비되어 있었다. 사고의 계산에 대한 준비인 "보편언어"에 대한 그의 독창적인 추구의 일환으로 그는 존재하는 언어들이 형편없이 구조화되어 있고, 비논리적이고, 따라서 깊이 있는 사고에 매우 부적절하다는 것을 이미 깨닫고 있었다. 이러한 이유에서 그는 아리스토텔레스적 정신을 지닌 기획으로 라틴어에 기초한 새롭고, 논리적인 언어를 만들어 내려 했던 것이다. (실로 라이프니츠는 근대의 아리스토텔레스라고도 불린다.)

일례로 '라이프니츠는 미적분을 발명했다'와 같은 구절에 대해서 그는 '라이프니츠가 (미적분의 발명자다)'라고 표현하는 것을 더 좋아했다. 사실 라이프니츠는 '… 이다'(is)를 제외한 모든 동사가 제거되어야 한다고 생각했다. (어쨌든 라이프니츠에게) 더 중요하게는 '모든 A는 B다' 또는 '모든 라이프니츠들은 위대한 발명가들이다'라는 표현은 '라이프니츠가 위대한 발명가가 아님은 가능하지 않다'($A \neq B$ 는 가능하지 않다)로 고쳐 써야 한다는 것이다.

이 모든 것은 오늘날 컴퓨터 과학에 중심이 되는 조지 불(1815~1864)에 의해 마침내 만들어진 체계의 선구로 여겨진다. 불은 '진리값'이 주어지는 진술들을 조작하지만, 라이프니츠는 문자 그대로 개념들을 수로 변환하여 기계적으로 더 잘 조작하기를 바랐다. 흥미롭게도 후대의 논리학자들처럼 그는 소수를 제외한 모든 수가 인수들로 이루어진 것과 유사하게 모든 개념은 더 이상 쪼갤 수 없는 더 단순한 것들로 이루어져 있다고 생각했다.

그의 바람은 모든 가장 단순한 개념들에 한 쌍의 양과 음의 소수들로 이루어진 '특징적인 수'를 부여하는 것이었다. 복합 개념의 특징적인 수는 그 구성요소들의 수의 합이 된다. 예를 들자면, 만약 '동물'이 양수 13과 음수 -5를 가지고, '이성적'이 양수 8과 음수 -7로 이루어진다면, '인간'에 대한 특징적인 수는 (13×8)과 (-5×7), 또는 104, -35가 될 것이다. 이 체계의 최대 강점은 이것을 그의 기계로 할 수 있다는 것이다(특히 이것이 다루기 힘든 나눗셈이나 제곱근과 관계가 없다는 점에서 그렇다). 물론 최대의 약점은 그것이 난센스라는 점이다.

만약 라이프니츠가 이진법을 계속 연구했다면 훨씬 더 성공적이었을 것이고, 실로 그것을 연구한 최초의 수학자 중의 하나가 되었을 것이다. 그는 산수 전체가 1과 0으로부터 도출되는 방식에 매료되었으며, 그것을 우주 전체가 순수한 존재와 무로부터 만들어져 나온 것과 유사한 것으로 생각했다. "신은 순수한 존재이며, 물질은 순수한 존재와 무의 복합물이다"(『라이프니츠의 독일 저작들』, 1838~1840, ii, 411)

그는 계속해서 말한다.

나는 여기서 이 체계의 대단한 유용성에 대해서 다루지 않을 것이다. 모든 수가 얼마나 놀랍게 통일과 무에 의해 표현되는지를 지적하는 것으로 충분하다. 그러나 비록 모든 것이 순수한 존재와 무로부터 어떻게 나오는지를 분명하게 하는 사물의 비밀스런 질서에 도달 가능한 사람들의 삶에 희망이 없다 할지라도, 진리의 증명이 필요한 만큼 아이디어를 분석하는 것으로 충분하다.

라이프니츠는 이 아이디어를 아주 자랑스럽게 생각하여 다음과 같은 문구를 지닌 메달로 기념하고자 계획했다. G. W. L.이 발견한 **창조의 모델, 그리고 무로부터 모든 것을 이끌어 내기에는 하나로 충분하다.** 그의 설계는 형태가 없는 대지 또는 0으로부터 빛을 뿜어내는 태양 또는 1을 묘사한다는 점에서 피타고라스와 플라톤에 빚지고 있음을 강조한다.

메달은 만들어지지 않았고, 그가 죽었을 때 하노버 궁정도, 런던의 왕립 학회도, 그리고 (라이프니츠가 설립하고 초대 회장을 맡았던)베를린 아카데미조차도 그와 그의 저작에 대한 어떠한 조의도 표하지 않았다.

그러나 오늘날 많은 가정에서 그에게 작은 경의를 표하고 있으니, 계단 아래 전기 미터기가 조용히 돌아가고 있는 것이다.

❖ 주 ❖

1) 그러나 그가 제안한 전술은 백오십 년 뒤 나폴레옹에 의해 실제로 수행된 것과 거의 동일한 것이었다.

2) 그의 모델 중 하나는 여전히 남아 있으며 하노버 도서관에서 볼 수 있다.

3) 좀 더 정확히 그것은 하나의 양에 대한 다른 하나의 양의 비율 또는 변화와 관련된다.

4) 라이프니츠의 접근법은 대수적인 것이었다. 미분, 적분, 좌표, 함수 등과 같은 용어를 제시한 그의 언어는 독창적이었던 반면 오늘날도 여전히 사용되고 있는 그의 표기법은 단순하고 우아했다. 그것은 (미분에 대한 기호로서) '차이' (difference)의 앞글자 'd', 그리고 '합' 또는 적분의 첫 자 'S'에 기초한 것이었다.

5) 신비롭든 아니든 단어 자체는 '단위'라는 의미의 그리스어 *monads*에서 왔으며, 피타고라스에 의해 쓰였다. 모나드에 관한 긴 인용은 『단자론』 #63과 64에 나오는 것이다.

제18장
버클리 주교의 버뮤다 대학
(1685년~1753년)

"버클리는 철학사에서 매우 놀랍고 특이한 현상이다"라고 옥스퍼드 대학의 부총장이었던 제프리 워녹은 단언했다. 그는 책상 앞에 견고하게 앉아서 버클리의 무엇이 놀랍고 "특이한"지에 대해 분명히 말하지 않은 채 『위대한 철학자들』이라는 책에 그렇게 썼다. 버클리가 거창한 형이상학 이론을 조숙한 나이에 출판해서였을까? 아니면 (그가 시를 쓰지 않을 때) 플라톤의 대화체로 그의 철학의 상당 부분을 명쾌하고 재치 있게 썼기 때문일까? 아니면 버클리 주교가 사회적 양심을 지녔고 그의 고향 아일랜드의 가난한 사람들을 위해 적극적으로 활동하면서 기근과 영국 정착민이라는 계속되는 두 요소로 고통 받았기 때문일까? 하지만 확실한 것은 버클리가 미국을 방문한 최초의 주요 유럽 철학자라는 것이다. 그곳에서 그는 노예와 인디언들을 기독교로 개종시키는 대학을 세우려는 시도를 했지만 실패했으며, 그 과정에서 소나무 수액으로 만든 기적의 치료약을 발견했다. 그러나 이제 다른 훨씬 더 흥미로운 이야기를 해 보자.

철학의 이야기

사람들, 의복, 가구, 나무 등 모든 것은 사람의 마음속 관념 이상의 존재가 아니라는 조지 버클리의 이상한 이론은 아직 그가 20대 초반일 때 그의 마음에 떠올랐다. 그로 인해 훗날 세계를 여행하며 기독교를 전파하고, '타르 액'의 이윤을 증대하는 데 많은 시간을 보낼 수 있었다.

그 자신의 아이디어는 철학자들이 '감각 지각'이라고 부르기 시작한 것은 런던의 존 로크와 아이작 뉴턴이나 프랑스의 폴 가상디와 피에르 보일과 같은 그 주변의 모든 사람이 추정한 것처럼 '물질'과의 어떤 이상한 상호작용으로 만들어지는 것이 아니라 신에 의해 우리의 마음에 직접 주어진다는 것이다. 따라서 말하자면 그는 '매개자'를 잘라내 버렸다.

그가 세계를 일종의 복잡한 기계로 환원하고 있던 '유물론'의 위협을 극복하기 위해 '새로운 원리'를 발표했던 '과학적 철학'을 논의하기 위한 학생모임을 조직한 것은 더블린의 트리니티 대학이었다. 새로운 원리는 『새로운 시각이론』에서 2년 후 처음 적용되었는데, 이는 후에 『인간 지식의 원리에 관하여』로 확대되었다. 뉴턴과 로크의 수학적으로 잘 정돈되고 예측 가능한 세계의 자리에 그는 일종의 '과격한 비물리주의'를 제시했다. 여기서 세계는 그 객관적 실재를 잃어버리고 대신 누구든지 그것을 보는 사람과 복잡하게 연결된다. *Esse est percipi*, 즉 '존재하는 것은 지각되는 것이다'.

그는 이를 뒷받침하기 위해 마음이 그저 대상들을 '지각하는' 것이 아니라 구성하는 방식에 관해서 스스로 믿을 만한 관찰을 했다. 만약 색채가 '외부에' 실제로 존재하지 않고, (그의 동료 철학자들 중에 가장 유물론적인 이들조차 동의하듯) 그저 우리의 마음 안에만 있다면, 촉감은 그렇지 않은가? 이 모두는 대단한 철학적 관심사이다.

그러나 버클리와 동시대인들은 '과학자들'의 자연에서의 새로운 발견과 현상을 예측하고 설명하는 데 있어서의 그들의 놀라운 성공에 더 흥분했다. 버클리의 '새로운 원리'는 다른 시대로의 후퇴와 같았다. 사실 그랬던 것이 그것이 본질적으로 플라톤의 오랜 노선을 약간 더 효과적으로 표현한 것이었다. 존슨 박사는 땅에 자신의 발을 구름으로써 "이로써 나는 그것을 반박했다"고 말했다. 아니면 그가 돌을 발로 차면서 그렇게 말했던가? 실제로 이 사건의 실재는 문제가 되지 않는다. 확실히 존슨 박사가 그렇게 했을지도 모른다는 생각이 중요한 것이다.[1] 그래서 비록 그 이론은 다소 즐거움을 주긴 했지만, 당시에는 그리 진지하게 여겨지지 않았다.

다행히도 버클리는 쉽게 포기하는 사람이 아니었다. 1713년 연구년을 얻은 그는 아일랜드해를 건너 영국으로 갔다. 런던에 도착하자 그는 "훌륭한 사람들과 알고 지내려"했을 뿐 아니라 그의 이론을『하일라스와 필로누스의 세 대화』라는 형태로 대중화하여 출판했다. "물질과 같은 것은 없다는 것을 믿는 것보다 더 공상적이고 상식에 모순되거나 회의주의를 나타내는 것이 있을 수 있을까?"라고 하일라스는 시작하면서 필로누스에 의해 공격당하게 된다. 런던의 지식인들은 이내 이에 반했고, 이 아일랜드인의 매력과 위트를 칭찬했다. 저명한 작가 딘 스위프트는 그의 일기에 다음과 같이 적었다. "버클리 씨는 매우 재치 있는 사람이며, 나는 모든 장관들에게 그에 대해 언급했고, 나는 내가 할 수 있는 만큼 그의 편을 들 것이다." 알렉산더 포프는 "매우 독창적인 시"에의 재능이 있다고 했으며, 새로운 신문『더 가디언』은 그에게 정기적으로 기고해 줄 것을 의뢰했다.

이 모든 교제활동은 이른 결실을 맺었다. 버클리는 이후 7년 동안 좋은 대우를 받으면서 (처음에는 피터보로 경의 사제로, 시실리 왕의 대관식의 특별사절로, 그리고 클로거 주교의 아들을 가르칠 가정교사로) 유럽을 돌아다녔다. 버클리는 이탈리아에서 발견한 방대한 고대 유물과 예술품들로 즐거워했으며 거기에서 자연현상의 관찰에 대한 유행에 빠져 들었다. 그는 분화하고 있던 베수비오 산을 올랐으며, 그의 발견들을『철학회보』에 쓰기도 했다.

애석한 것은, 버클리가 영국으로 돌아왔을 때, 과대평가된 주식 옵션이 새로운 증권거래소에서 폭락하면서 영국은 남해 회사 포말사건(South Sea Bubble)이 터진 결과, 위기 상황이었다. 사실 이 사건은 어떤 면에서 실재하는 것은 지각된 것이라는 그의 이론을 잘 반영하고 있다. 주식은 사람들이 가치 있다고 생각하는 동안만 가치 있는 것이며, 그러한 지각이 바뀌면 가치 없는 것이 된다. 그러나 『대영제국의 멸망방지론』에서 그는 새로운 법률과 예술의 장려, 그리고 단순한 생활양식으로의 복귀 등을 제안하는 정도로 자신의 생각을 제한했다. 그럼에도 불구하고 서머 아일랜드의 이방적 기후에서 새로운 접근법의 기초를 놓으려는 필요를 느끼게 한 것은 포말 위기였다.

신세계에서 '인디언을 위한 대학'을 세우려는 그의 계획은 그의 다른 아이디어들보다는 당시 더 많은 관심을 불러일으켰다. 그 계획은 영국 의회에서도 논의되었으며 왕실의 승인을 받았다. 그리고 나중에 미국의 남부 주에서 여전히 버뮤다 대학 프로젝트를 진행하는 동안 그는 타르 액의 신비로운 성질을 발견하게 된다.

그렇지만 왜 뛰어난 철학자가 미국에 가려고 했을까? 그곳은 끔찍한 곳이었다. 확실히 18세기의 신세계는 그곳에 대학을 세우기는커녕 발을 들여놓는 것을 생각하는 것조차 유럽의 신사에게는 매우 부적절한 야성의 위험한 황무지로 여겨졌다. 그러나 버클리 주교는 그곳이, 아니면 버뮤다에 매우 특별한 속성이 있는 것으로 생각했다. "기후는 가장 건강에 좋고 평온하며, 결과적으로 연구하기에 가장 적합하다"고 그는 그의 말을 들으려고 하는 누구에게든, 또는 좀 더 구체적으로 이 경우에는 그의 친구 퍼시벌 경에게 편지에서 썼다. "삶에 필요한 모든 양식이 풍부하며, 이는 교육을 위한 곳에 고려되어야 할 사항입니다. … 우주에서 가장 안전한 곳으로, 접근 불가능하게 하는 7개의 요새가 보호하는 좁은 입구를 제외하고는 주위가 바위로 둘러싸여 있습니다."

본토로부터 600km 떨어진 서머 아일랜드는 오늘날 미국으로부터 먼 교육적 부수지로 적합한 것으로 여겨지지만, 버클리 주교는 존재처럼 거리도 다른 방식이 아닌 지각에 의해 규정되어야 한다고 생각했다. 따라서 그에게 버뮤다는 대학에 이상적인 곳이었다. 스스로 "나의 마지막 날들을 버뮤다 섬에서 보낼" 준비가 되어 있다고 선언하면서, 그는 새로 수입된 아프리카 노예들과 아메리카 토착 야만인들의 영혼 모두를 구원하는 것이 그의 임무이자 의무라고 말했다.

『아메리칸 야만인을 기독교로 개종하기』에서 그의 열성을 열렬히 표현하면서 버클리는 「미국에서 예술과 과학의 이식 전망에 대한 시」 몇 편을 썼다.

> 뮤즈는 모든 영광적 테마의 불모지에서
> 그 시대와 기후를 싫어했기에,
> 명성을 받을 만한 주제를 만들며
> 먼 땅에서 더 나은 시간을 기다린다.
>
> 따뜻한 태양이 비치는 좋은 기후에서
> 처녀지에는 그런 광경이 계속 되네
> 자연스레 예술의 힘은 능가하고,
> 진리에 의해 아름다움을 꿈꾼다.
>
> 좋은 기후, 순수의 경치는
> 자연이 인도하고 덕이 지배하네,
> 사람이 진리와 감각을 부여해서는 안 될
> 궁정과 학교의 현학.
>
> 또 다른 황금시대를 노래하리라,

제국과 예술의 부흥
선과 위대한 영감의 영웅적 현자,
가장 현명한 머리와 가장 고상한 마음.

유럽이 쇠하며 낳은 것이 아닌
신선하고 젊었을 때 낳은 것처럼,
천상의 불꽃이 점토를 움직일 때,
미래의 시인들에 의해 노래하리라.

서쪽으로 제국은 길을 가야하리…

그리고 1723년에 그렇게 할 수단이 그에게 확보되었는데, 이는 버클리가 일부는 상속에 의해서, 그리고 일부는 번 돈을 쓰는 것 외에 다른 의무가 없었던 데리의 공관직에 임명된 후였다. 버클리의 방법은 그의 버뮤다 프로젝트를 더 정력적으로 추진하는 것이었다. 그는 런던으로 돌아가 의회로부터 2만 파운드를 지원받는다는 여러 사적 약속과 더불어 그의 대학에 대한 왕실의 인가를 받았다.

그리고는 아일랜드 대법원장의 딸과 결혼한 뒤 곧바로 세 명의 다른 복음파 동료들과 함께 미국으로 향했다. 일단 도착한 뒤 그들은 로드 아일랜드의 뉴포트에 일종의 '베이스 캠프'를 차리고 계획한 대학에 필요한 땅과 노예를 샀다. 실제로, 방법적으로 버클리는 흑인을 개종하는 데 노예제가 이미 훌륭한 방법이라고 생각했다. 그래서 새로운 대학은 거의 필요가 없는 셈이었다. 그러나 북아메리카의 원주민들은 문제가 달랐다. 이들은 그들 자신의 계획대로 선교사들에 의해 개종하는 것이 최상이었다. 그러나 아메리카 인디언들은 전형적으로 기독교도가 되려하지 않았기 때문에, 이는 아이들을 납치하는 것과 같은 상당한 추가적 노력이 필요했다. 버클리가 설명하듯 이는 "그런 야만인들은 악한 습관이 뿌리내리기 전인 10세 전이어야" 전도사로 만들 수 있기 때문이며, 그 시기에도 이교도의 영향으로부터 자유로운 먼 곳에서 개종이 이루어져야 한다. 이것이 멀리 떨어져 있는 버뮤다가 유익한 이유이다. "본토로부터 얼마간 떨어진 섬에서 교육받은 젊은 아메리카 인들은 완전히 교육될 때까지 규율을 더 쉽게 지켰다"고 그는 설명한다. 다른 곳에서 그들은 "그들의 주민들에게 도망갈 기회를 찾으려 했고, 좋은 원리와 습관이 완전히 스며들기 전에 그들의 야만적인 관습으로 돌아갈 기회를 찾았다."

의심의 여지없이 버클리 자신은 아일랜드에서 태어난 영국 정착민의 아들로서 원주민들이 그들의 "야만적 관습"으로 돌아가는 것을 막을 필요에 대해 잘 알고 있었다. 그는 아일랜드 사람들을 탐욕스럽고 천성적으로 나태한 반면, 영국인은 그저 탐욕스럽다고 보았다. 어쨌든 오늘날 버클리의 선교에의 노력은 예일 대학의 한 학부 마룻바닥에 새겨져 불멸화되었다. 거기에는 식민지에 대학을 세운 버클리의 재능에 감사함을 적고 있지만, 물론, 노예 노동의 착취로부터 얻은 선물의 가치에 대해서는 언급하지 않고 있다.

주교의 타르 약!?

자금을 기다리는 동안 버클리는 연구와 전도를 하면서 그의 시간을 유용하게 보냈다. 그는 종교적인 소책자 『알시프론, 또는 작은 철학자』를 완성했고, 원주민들에게 전도를 했다. 그러다가 그는 기적의 타르 액을 발견했다. 이것이 중요한 것은 그가 결국 아일랜드로 돌아갈 때, 그는 고국이 2년 동안의 기근과 역병의 와중에 있음을 알게 되었기 때문이다.

삽화 18 그는 즉시 환자들을 위해 타르 액을 준비했다…

버클리가 떠나 있는 동안 의회는 그 계획에 대해 달리 인식하고 있었고 돈을 제공하기를 꺼려했기 때문에 그의 고국 행은 그리 멀지 않았다. 1731년이 되자 대학을 짓지 못할 것임이 분명해졌고, 프로젝트는 무산되었다.

데리로 돌아가는 길에 버클리는 주민들이 새롭고도 끔찍한 전염병의 창궐로 고통 받고 있음을 알게 된다. 그는 즉시 그들을 위해 타르 액을 준비했다. 조심스럽게 소나무 타르를 물과 섞어서 액체를 걸러내고 병에 담았다.[2] 그는 또한 『타르 액의 덕과 서로 연결된 다양한 여러 주제들에 관한 철학적 반성과 탐구』라는 부제가 붙은 『사이리스』라는 철학적 안내서를 썼는데, 이 책은 대부분의 질병을 치료하는 타르 액의 덕목들을 자세히 다루고 있다. 비물리주의 이론이 여기 다시 등장하는데, 이제는 타르 액이 어떻게 작용하는가와 연결되며, 그래서 최소한 더 많은 독자를 확보했다. 사실 『사이리스』는 유럽과 미국에서 모두 빠르게 여러 판을 찍은

베스트셀러가 되었다.

버클리는 이로 인해 새로운 시 「타르에 대하여」를 지을 만큼 충분히 자신감을 얻었다. 이 시는 더 긴 작품의 중요부를 요약한 것을 담고 있는데, 여기서 길게 인용할 만큼 의학적이고 문학적인 기초를 모두 가지고 있다.

> 타르에 대해서
> 사라지지 않을 소나무 즙이여!
> 그 기술은 싸되 그 덕은 신성하다.
> 사람들에게 보이고 설명하려면
> 아주 근대적이고 아주 오래된 가르침이 필요하다.

그리 장황하지는 않을지 모르겠다. 하지만 우리는 버클리가 그의 지상의 치료제와 천상의 진리 사이를 연결하면서 끝맺게 해 주어야 한다.

> 숙련공이여 멍청한 눈으로 가서 보아라,
> 모든 모양과 무게 그리고 크기에 대해서
> 각각의 놀라운 형태에 그 에너지를 주는 것을
> 보기 위해 움직이는 광경 뒤를 보지 말라.
>
> 헛된 이미지는 감각적 마음을 갖고,
> 진정한 약과 진실은 눈을 멀게 한다.
> 그러나 곧 지성의 밝은 태양이 보일 것이니
> 날 저문 하늘 위로 그의 찬란한 빛,
> 빛 앞에 현혹하는 환영이 날아간다.

자연과 진리는 눈앞에 놓여 있다.

결과와 연결된 원인이 제공하는

황금 사슬, 그 빛은 높이 연결되어

그로부터 통치의 옥좌에 고정된 것에 의존하고

지옥의 끝에서 타르에 도달한다.

슬프게도 『사이리스』를 구매한 대부분은 그 책을 의학적 조언으로 읽었고 철학적이고 종교적 성찰의 중요성은 놓쳤다. 플라톤의 형상 이론은 물론 '삼위일체'와 다른 고대의 이론들을 참고한 타르 액의 보편적 치료 효과에 대한 버클리의 설명은 가난하고 아픈 사람들에게는 너무 무모한 제조법이다. 그럼에도 불구하고, 타르 액은 버클리 주교가 미국에서 1년 머무르는 동안 대학의 아이디어와 실재로서 또한 존재했던 아이디어 간의 차이를 어렵게 발견하게 된 실질적인 성과였다.

❖ 주 ❖

1) 흥미롭게도, 사무엘 존슨은 실제로 버클리의 생애에 있어서 비물리주의로 전환한 아주 소수의 사람 중의 하나였다. 그리고 존슨이 1752년 벤자민 프랭클린이 출판한 첫 번째 미국의 철학 교과서 『철학 원리』를 저술하기 시작했을 때, 그는 그 책을 버클리에게 헌정했다.
2) 좀 더 정확하게는 유럽 소나무로 알려진 것의 노란 송진을 테러빈 유와 섞어서 천연두, 궤양, 류머티즘 등 다양한 질병에 내복할 뿐 아니라 외용으로 썼다. 대부분의 약처럼 이것은 효과가 없었지만, 만일 그 효과 혹은 최소한 버클리의 이론을 믿는다면 도움은 될 것이다.

242

제19장
교장 선생님 헤겔의 위험한 역사 교습
(1770년 ~1831년)

논란 많은 검은 셔츠 차림의[1] '동물권' 철학자 피터 싱어는 헤겔에 대한 "신기한 점" 하나는 그의 걸작 『정신현상학』의 목적은 그 책을 이해했다는 사실로써 완료되는 과정을 이해하고 설명하는 것이라고 썼다. "전체 역사의 목적은 마음이 그 자신을 유일한 궁극적 실재로 이해하게 되어야 한다는 것이다. 그러한 이해는 언제 처음으로 성취되는가? 『정신현상학』에서 헤겔 자신에 의해서!"

전문가들은 헤겔의 사유가 독일의 19세기 철학적 관념론의 '정점'을 대표한다고 말한다. 그 뒤로 내리막길을 걷는다. 먼저 '청년 헤겔주의자' 칼 마르크스의 '사적 유물론'으로, 다음으로는 이탈리아의 음울한 파시즘의 세계로 말이다. '네오 헤겔주의' 철학 교수였던 지오바니 젠틸레는 스페인과 오스트리아 그리고 독일로 퍼진 파시스트 이데올로기를 만들어 냈지만, 젠틸레가 아니라 헤겔이 진정한 근대사의 인형술사(puppet master)다. 변증법적 유물론의 족적을 찾는 일로 마르크스를 매일같이 대영도서관에 보낸 것뿐 아니라 전쟁과 파괴로 안내된 새로운 시대에 대한 그의 말로 니체, 젠틸레, 그리고 다른 많은 이들에게 영감을 준 사람은 다름 아닌 헤겔이었다. 이것은 논란의 여지가 있다.

철학의 이야기

철학에서 또 다른 어둠의 왕자인 마키아벨리처럼, 헤겔은 "대중의 의견으

로부터 독립하는 것이 위대한 것을 이루기 위한 첫째 조건이다"라고 조언
했다.

헤겔은 시대정신을 해석하고 그에 따라 행동할 수 있는 세계사적 인물
로서 말했다. "대중적 의견에서는 모든 것이 거짓이고 참이다. 그러나 그
안에서 참된 것을 발견하는 것이 위대한 사람의 일이다. 이 시대의 위대
한 사람은 그의 시대의 의지를 표현하는 사람이며, 그것을 수행하는 사람
이다." 이와 같은 "위대한 사람"이 되는 것은 니체와 하이데거, 히틀러와
무솔리니, 그리고 물론 헤겔 자신의 꿈이었다.

그러나 세계사적 인물들은 겸손하게 시작했다. 게오르그 헤겔의 경우
그가 태어난 슈투트가르트에서였다. 그의 경우는 아버지가 하급 공무원
으로 약간 전통적이고 보수적인 집안이었다. 그의 가족은 개신교도였으
며 헤겔은 튀빙겐 신학교에 다녔는데, 그곳에서 후에 시인이 된 프리드리
히 횔덜린과 그보다 약간 어린 동료 철학자 프리드리히 셸링과 함께 공부
했다. 이들 셋은 함께 프랑스 혁명이 전개되는 것과 이어서 나폴레옹의
등극을 지켜보았다.

실로 헤겔은 나폴레옹에게서 역사를 실연하는 세계정신의 화신을 보
았다. 그의 책상 위에 놓여 있던 『정신현상학』의 완성된 원고에 이렇게
쓰여 있다.

1806년 10월 13일 밤 서재 밖에서 나폴레옹 주둔지의 캠프파이어를 보았
다. … 다음 날 나는 말을 타고 예나시를 행진하는 세계정신을 보았다.

그는 친구에게 그런 내용의 편지를 썼다. 『정신현상학』은 헤겔이 의식의
발달에 대한 자신의 '변증법적' 설명을 제시한 책이다. 마르크스주의자
들이 주목했듯이 의식은 개별적 감각으로부터 시작하여 윤리학과 정치학

에 나타나는 사회적 관심을 통해 진전한 뒤 언젠가는 '세계정신'의 순수 의식의 절정에 도달한다. 후에 마르크스주의자와 파시스트 모두에게 그랬듯이 헤겔에게 있어서 개인적인 '자유'는 그들의 본질이 국가에 봉사하는 데 있다는 것을 깨닫는 사람들에 의해 초월된다. 이것이 역사의 목적이다. 『법철학』에서 헤겔은 훌륭한 교장답게 개인들은 국가가 그들을 위해 존재하는 것이 아니라 개인이 국가를 위해 존재한다는 것을 이해해야 한다고 설명하고 있다.

어떤 면에서 헤겔의 새로운 사회는 부, 권력, 정의를 위하여 개인의 욕망을 공동체의 사회적 가치와 결합할 것을 목표로 하고 있는데, 이는 일종의 초기 '제3의 길' 정치학이다. 그러나 헤겔의 해법은 또한 사회 전체의 요구와 양립할 수 없는 모든 욕구를 '비합리적'인 것으로 재분류한다. 대신 집합적 의지인 정신에는 완전한 권력과 권위가 부여된다. 이것이 바로 헤겔을 파시즘과 공산주의라는 두 전체주의 이론의 창시자로 만든다.

그러나 새로운 시대로 가기 전에 신문 편집자로서의 짧은 시기를 제외하곤 헤겔은 그의 생애를 전적으로 가르치는 일에 바쳤다. 처음에는 예나에서였고, 후에는 뉘른베르크, 하이델베르크에서 잠깐, 그리고 마지막에는 베를린에서 가르쳤다. 비록 헤겔은 난해하고, 복잡하며, 고상한 '강단의' 철학을 구현했지만, 그의 첫 두 직책은 학교에서였다. 1816년 후에야 그는 대학의 철학자가 되었다. 그의 모든 주요 저작은 대학에 있을 때라기보다는 교사로 있을 시기로부터 비롯했다.

실제로 서양철학자로서는 드물게 헤겔은 그의 체계의 교육적 기초에 대해서 명확했다. 그러나 대부분의 해설자들이 대학에서 나온 사람이기에 그들이 이를 그냥 지나친다. 어쨌든, 헤겔은 뉘른베르크의 중등학교에서 학생들을 '가르치면서' 시작했다. 그는 또한 (원고와 편지 형태로) 가르침과 배움의 방법에 대해 많은 분량의 글을 썼고, 여러 '교수법적 문제

삽화 19 헤겔은 개인들은 국가가 그들을 위해 존재하지 않으며, 오히려 개인들이 국가를 위해 존재한다는 것을 이해해야 한다고 훌륭한 교장처럼 설명했다.

들'을 다루었다. 이에는 규율을 유지할 필요성과 '학생 중심' 학습의 이점 사이의 갈등도 포함되었는데, 이는 '숟가락으로 떠먹이는' 나쁜 습관과 고전의 심오한 우물을 아이들이 흡수하도록 강제하는 것의 바람직함 사이의 갈등이었다.

여기에 헤겔의 변증법적 사고과정의 초기 형태가 있다. 모든 것에는 두 측면이 있어서 해소되어야만 할 긴장을 만들어 낸다. 사실 헤겔은 일반적으로 교육에 대한 전통적 관념과 진보적 관념의 두 극단 사이의 갈등에 사로잡혔다. 그래서 교장 헤겔은 학교에 군사 훈련을 도입하는 반면 결투와 싸움은 금지했다. 그는 이에 대해 학생들이 "이전의 고민 없이 그 자리에서 명령을 수행하는 마음을 가지도록 하는 데" 도움이 된다고 설명했다.

1810년 학교에서의 연설이 보여 주듯 헤겔은 "조용한 행동, 지속적으로 주목하는 습관, 존경심, 그리고 교사에 대한 복종"을 좋아했다. 이는 자신의 학생들에게 공부를 시작한 첫 4년 동안은 완전히 입 다물고 있을 것을 요구한 피타고라스의 교실에 부과된 규율에 대한 존경심을 반영한 것이었다.

그러나 헤겔은 또한 교사들이 "학생들에게 — 중요하지 않은 문제에까지 다른 사람의 의지에 따르도록 하고, 복종을 위한 절대적 복종을 요구하고, 사랑과 존경심에만 속하는 것을 얻기 위해 엄하게 하는 등 — 복종과 속박감을 느끼도록 유도"해서는 안 된다고 썼다. 학생들을 "하인들의 집합"으로 여겨서는 안 되며, 그렇게 보이거나 행동해서도 안 된다. "독립을 위한 교육에는 젊은 사람들이 일찍 그들 자신의 소유감과 그들 자신의 이성에 의견을 구할 수 있는 습관을 들이는 것이 요구된다."

이러한 (적절하게 변증법적인) 양면성을 요약하면서 그는 "공부를 그저 수용하는 것과 암기하는 것으로 간주하는 것은 가르침의 의미에 대한 매우 불완전한 견해다. 반면에 학생들 자신의 독창적인 생각과 추론에 집중적으로 주목하는 것 역시 일방적이며 더 조심스럽게 경계해야 한다.

일부 철학자들은 그들이 쓰고 있을 때보다 말하고 있을 때 더 흥미롭고, 다른 철학자들은 진짜 삶에서보다 종이 위에서 더 흥미롭다. 헤겔은 두 범주에 다 맞지 않는다. 그는 둘 다에 무뎠다. 그의 학생 중 하나는 그의 강의를 다음과 같이 회고했다.

> 편안하게 앉은 그는 말하면서 자신의 긴 원고의 페이지들을 이리저리 넘겼다. 끊임없는 기침과 헛기침은 강연의 고른 흐름을 방해했다. 모든 명제가 독자적으로 고립되었고, 엉망으로 뒤틀린 것이 되었다. 모든 단어, 모든 음절은 마지못해 흘러나왔고, 슈바벤 사투리의 금속성 소리는 마치 그것이 가장 중요한 말인 것처럼 이상하게 강조되었다.

그의 말을 듣고 있기란 쉽지 않았을 것이다. 그런데 그의 글 역시 어렵기로 악명 높으며,[2] 그가 다루려고 한 주제의 범위도 확실히 애매하다. 쇼펜하우어는 헤겔이 "철학에만 몰두하지 않고 모든 형식의 독일 문학에 대해 그렇게 한 것은 끔찍하며, 좀 더 엄밀히 말해서 둔감하게 만들어 불건전한 영향을 준다"고 비난했다.

그의 첫 작품이자 가장 높이 평가받는 것은 이미 언급한 『정신현상학』이다. 그의 다른 저작에는 『철학 백과사전』, 『논리학』, 그리고 『법철학』이 있다. 이 모든 것 중에 가장 주목할 만한 특징은 '변증법'이라 불리는 고대의 기법을 사용한 것이다. 예를 들어, 플라톤은 서로 반대 입장을 지닌 두 사람 사이의 논증 형식으로 그것을 사용했는데, 여기서 후에 절충적 입장이 제안되고 이는 다시 도전받는다. 헤겔은 남성과 여성 사이의 모순이 아이를 낳음으로써 극복되는 가족 자체에 관한 문제 등 사회적 이슈의 영역에 대해 변증법을 휘둘렀다. 그러나 헤겔의 가장 유명한 사용은 철학사와 세계 자체를 이해하는 체계로서의 사용이다. 그의 주장에 따르면, 역사는 이전의 계기에 내재된 갈등으로부터 연속해서 진화하는 일련의 계기들이다.

헤겔에게 있어서 사회의 기원은 두 사람 간의 첫 다툼으로 각각은 상대방으로 하여금 자신을 주인으로 인식하고 노예의 역할을 받아들이도록 하는 "피투성이 싸움"이다. 인류의 일부를 다른 일부에 순종하도록 만드는 것은 죽음에 대한 두려움이며, 그로 인해 사회는 영원히 노예와 주인의 두 계급으로 나뉘게 되었다. 헤겔은 그의 이론에서 남성과 여성의 가능한 갈등은 고려하지 않는다. 그는 여성들은 피투성이 싸움의 일부가 아니며 "자연적으로" 남성들의 종으로 앞서 기술한 것처럼 모순이 해소된다. (헤겔 자신은 그의 집주인과 불륜 관계였으며 그녀와 아이를 낳았다. 그는 후에 그 아이를 법적으로 자신의 아이로 만들었지만, 그 아이의 엄마와 결혼하지는 않았다.)

헤겔에게 있어서 하나의 계급이 다른 계급을 억압하게 하는 것은 물리적 욕구가 아니다. 그것은 오직 서로에 대해 권력을 향한 인간의 특별한 욕망에서 나온 충돌인데, 이것이 바로 훗날 마르크스가 헤겔과 동의하지 않은 부분이다. 그러나 헤겔은 토마스 홉스와 달리 그 동기를 인정했고, 그것을 "인정받고자 하는 욕구"라고 불렀다. 이 다툼은 개인적 파괴의 위험을 안고 있지만, '자유'를 향한 진정한 길이다. 그래서 프랑스 혁명은 '자유'와 '평등'에 대한 영감에서 나온 것이지만, 잔혹한 테러를 동반한 (그리고 그에 열중한) 것이었다. 그러나 이러한 모순으로부터 새로운 종류의 국가가, 처음으로 등장한다고 헤겔은 주장한다. 이 국가에서 이성적 정부의 권력이 자유와 평등의 이상과 결합된다.

제2차 세계대전의 파괴의 여파로 스탈린과 히틀러, 또는 공산주의와 파시즘, 또는 실로 청년 헤겔주의자와 네오 헤겔주의자가 충돌하자 과학철학자 칼 포퍼는 그의 책 『열린 사회와 그 적들』에서 모든 개별적인 "전체주의자들"을 맹공하는 글을 썼다. 그러나 그중에서 가장 심한 질책은 헤겔에 대한 장이다. 포퍼는 화려하고 난해한 문체 뒤에 공허함을 숨긴 사기꾼이라고 헤겔을 공격했다. 그는 헤겔의 철학은 헤겔을 고용한 반동적 프러시아 군주들을 기쁘게 할 욕구에 의해 움직였으며, 이어서 그 자신의 지위와 명성 및 영향을 얻기 위한 것이었다고 말했다. 포퍼는 실로 미운 철학의 그림을 그리기 위해 헤겔로부터 발췌한 것들을 엮어 냈다.

포퍼는 헤겔이 국가, 역사, 그리고 민족을 숭배함으로써 플라톤과 근대적 형태의 전체주의 사이의 "잃어버린 고리"를 대표한다고 말한다. 그 이론에서는 국가가 모든 것이며 개인은 아무것도 아니다. "국가는 지구상에 존재하기에 신적인 관념이다. … 따라서 우리는 지구상에 구현된 신으로 숭배해야 하며, 자연을 이해하는 것이 어렵다면 국가의 본질을 파악하기는 무한히 힘들다고 생각해야 한다. … 국가는 세상을 통한 신의 행진이다."

너무 많은 철학자들이 쇼펜하우어의 끊임없이 반복된 경고를 무시했다고 포퍼는 말한다. "그들은 그들 자신의 위험이 아니라 그들을 가르친 사람들의 위험과 인류의 위험에 대한 경고를 무시했다." 하지만 포퍼는 헤겔의 교장 역할을 인정하지 않았다. 매일 아침 조회에서 일어나 활기찬 노래를 몇 곡 부르고, 모든 이들을 격려하는 것이다. "우리 학교가 모든 것이다! 우리는 우리 학교를 지구상에 구현된 신으로 숭배하고, 세상을 통한 신의 행진으로 이해해야 한다!"

대신 포퍼는 어떻게 헤겔 같은 하찮은 인물이 그렇게 영향을 미칠 수 있는지 이상히 여겼다. 포퍼는 그것이 신비뿐 아니라 마술적인 분위기를 유지하려는 철학자들의 욕구와 어떤 관련이 있을 것이라고 생각한다. 그는 "철학은 종교가 논하는 신비를 다루는 이상하고 난해한 종류의 것"이지만, 초보자인 "보통 사람들"에게 드러날 수 없는 것이어서 "그렇게 하기에는 너무 심오하게" 여겨지고, 대신 "지식인과 식자 및 현인들의 재산인 종교와 신학으로 여겨진다."

그래서 헤겔의 이야기는 얼마나 쉽게 "광대가 역사를 만드는 사람이 될 수 있는가"를 보여 준다고 포퍼는 말한다. 마르크스주의자들은 헤겔의 영광스런 "민족들의 전쟁"을 계급투쟁으로 재해석했고, 파시스트들은 인종들의 전쟁을 찾아냈다. 헤겔이 필요로 했던 모든 것은 그에게 공적인 지위, 즉 대학에 자리를 제공할 권력의 후원이었다.

이러한 종류의 순종적인 국가가 보증하는 철학의 예로 포퍼는 헤겔의 "법 앞의 불평등" 논증을 제시하고 있다. 헤겔은 시민들은 법 앞에 평등하지만, 이 평등은 "그들이 법 밖에서도 동등한" 그런 문제들에만 적용된다고 말한다. "재산, 나이 등등에서 그들이 가지는 평등만이 법 앞에서 동등하게 취급될 자격이 있다." 실로, 성숙한 국가는 다양한 계급의 불평등을 만들어 내고 강요한다. 이 모든 것은 좋은 학교를 운영하는 방식과도 같다. 반장은 다른 아이들과 동일한 규칙을 따르지 않는다. 우등반은 열등반과 따로 저녁식사를 먹는다 …

실제로 헤겔은 근본적으로 모든 관계를 주인과 노예에 의해 표현할 수 있다고 설명했다. 마찬가지로 민족은 스스로 세계의 무대에 나서거나, 그렇지 않으면 노예가 되는 선택을 할 수 있다.

마찬가지로 헤겔은 개인적 자유는 그것을 행사하는 것이 다른 사람들에게 불리한 영향을 미치는 곳에서만 제한되어야 한다는 민주주의적 개념을 거부하고, 진정한 자유는 "국가 정신"에 완전한 자유를 허용함으로써 얻을 수 있다고 덧붙였다. 그리고 국가 정신은 "유기적 전체, 주권"의 형식으로, "모든 것을 지탱하고, 모든 것을 판결하는 통일성," 즉 군주제로 요약된다. 따라서 군주제의 구성은 "발전한 이성의 구성이며, 다른 모든 구성은 이성의 발전과 자기실현의 낮은 단계에 속한다고 그는 주장한다. 그리고는 예를 제시한다.

"우리가 관찰하고 파악할 수 있는 보편 역사의 무대에서 정신은 스스로를 가장 구체적인 실재로 드러낸다." 그리고 이 구체적 실재는 프러시아 군주제다. "독일 정신은 새로운 세계 정신이다. 그 목적은 무제한적인 자유의 자기규제로서의 절대적 진리의 실현이다." 그에 덧붙여, 이 자유, 이 독일 정신은 "그 목적으로 그 자체의 절대적 형식을 지닌다."

헤겔은 『법철학』에서 전쟁은 매우 중요한 것이라고 설명하면서 분쟁 방지 임무를 지닌 국제기구와 같이 이러한 독일 정신의 부상을 제한하는 어떠한 것에도 반대했다. "바람이 부는 것이 오랜 잔잔함의 산물인 악취로부터 바다를 보존시켜 주듯이, 민족의 타락은 '영원한' 평화는 말할 것도 없고 오랜 평화의 산물이다.

1831년 콜레라가 베를린에서 유행했고 헤겔의 동료이자 지적인 경쟁자였던 쇼펜하우어는, 유명한 염세주의자였음에도 불구하고 (아니면 염세주의자여서 그랬는지) 재빨리 그곳을 떠나 더 건강한 기후의 이탈리아로 갔다. 헤겔은, 어쩌면 자신의 민족을 좋아했기에 그곳에 남았고 콜레라에 걸렸다. 그리고 죽었다.

❖ 주 ❖

1) 장애아에 대한 안락사를 옹호한 설명으로 독일에서 예견된 논란을 일으켰던 『실천윤리학 입문』의 표지에서 싱어 박사는 검은 셔츠를 입고 있다.
2) 『전체주의의 기원』에서 한나 아렌트는 헤겔의 마지막 순간에 대한 일화를 (공감하면서) 상기하고 있다. 임종 시 그의 신비스런 마지막 말은 이런 것이었다: "한 사람을 빼고는 아무도 나를 이해하지 못했다. 그런데 그 역시 잘못 이해했다."

제20장
아르투르 쇼펜하우어와 작은 노파
(1788년~1860년)

"쇼펜하우어의 체념의 복음은 그리 일관적이지 않으며 그리 진정성이 있지도 않다. … 그는 보통 지식에 대해서 받아들여지는 것은 환영의 영역에 속한다고 했지만, 베일을 꿰뚫으면 우리가 보는 것은 신이 아니라, 그 피조물에 대한 고문으로 고통의 망을 짜느라 영원히 바쁜 사악한 전능의 의지인 사탄이다. 악마적 비전에 놀란 현자는 '물러가라!'고 답하고 비존재로 도피했다. 신비주의자들이 이런 신화를 믿는 사람들이라고 주장하는 것은 그들에 대한 모욕이다. …"

버트런드 러셀은 『서양철학사』에서 그렇게 말했다. 그러나 그것이 러셀 교수가 쇼펜하우어에 반대한 유일한 이유는 아니다.

우리가 쇼펜하우어의 삶에 의해 판단한다면 그의 이론은 진정성이 없는 것이다. 그는 습관적으로 좋은 음식점에서 잘 먹었다. 그는 사소한 연애 관계를 자주 가졌는데, 정열적이지 않고 육체적인 관계였다. 그는 화를 매우 잘 냈고 대체로 탐욕스러웠다. 한 번은 그의 아파트 문밖에서 친구와 이야기를 하던 초로의 재봉사로 인해 짜증을 냈다. 그는 그녀를 계단 아래로 밀쳐서 영구적인 부상을 입혔다. 그녀는 살아 있는 동안 매분기 일정액을 지불받을 수 있도록 법원의 명령을 얻어 냈다. 20년 뒤 마침내 그녀가 죽자 쇼펜하우어는 회계장부에 *Obit anus, abit onus*("노파가 죽고, 짐은 떠난다.")라고 적었다.

철학의 이야기

아르투르 쇼펜하우어는 일반적으로 진정 위대한 철학자로 — 때로는 위대한 독일 철학자 중의 하나로도 — 여겨지지는 않는다. 지그문트 프로이트, 프리드리히 니체, 그리고 루트비히 비트겐슈타인에 대한 그의 의심할 바 없는 영향에도 불구하고, 그의 모든 이론보다는 왜 그가 노파를 계단 아래로 밀쳤는지를 묻는 것이 더 흥미롭다. 그는 저명한 당대 인물인 헤겔과 칸트 교수뿐 아니라 마르크스와 니체의 그림자에 가려졌다.[1] 사실 그는 그가 싫어했던 헤겔로 대변되는 강단 철학에 대한 장황하고 신랄한 공격으로만 기억되곤 한다. "위로부터 권력에 의해 검증된 위대한 철학자로 임명된" 그 사람은 실재에서는:

> 얼간이에다 지루하고 구역질나며 교양 없는 사기꾼으로, 아무렇게나 쓰고 기이한 신비로운 난센스를 아무렇게나 섞어 놓는 뻔뻔함의 정상에 도달했다.

여기에 쇼펜하우어는 "정부가 철학을 그들의 국가의 이익에 봉사하는 수단으로 만들었고, 학자들은 철학을 거래로 만들었기에" 헤겔은 "바보 청중들" 앞에서 "속임수" 놀음을 하도록 프러시아 군주에 의해 고용되었다고 덧붙였다. 이런 식으로 쇼펜하우어는 다른 철학자들을 타겟으로 하여 일반 대중과 "권력이 된" 사람들을 한데 비판하면서 왜 매우 독창적인 사상가들이 철학이라는 연극 연기에서 대개 작은 배역에 국한되어 왔는지를 설명하는 모욕에 대한 대단한 재능을 보여 주었다.

아르투르 쇼펜하우어는 오늘날 폴란드라고 불리는 항구 마을에서 부유한 상인 하인리히 플로리스 쇼펜하우어의 아들로 태어났다. 하인리히는 친영파 인물이어서 쇼펜하우어를(비즈니스에서 경력을 쉽게 쌓기를 희망하여) 런던에서 낳으려고 했지만, 그의 아내 요한나 트로이스너가 병이 나서 집으로 돌아가야 했다. 그래서 쇼펜하우어는 그단스크에서 태어났다. 그에 대한 보상으로 하인리히는 쇼펜하우어를 몇 달 동안 윔블던에 있는 기숙 학교에 보냈고(그는 이를 싫어했다), 런던『타임스』를 구독했다. 17세였을 때, 쇼펜하우어는 함부르크의 상업학교로 가게 되었다.

얼마 지나지 않아 그의 아버지는 강에 투신했는데, 사업이 잘 안 되었기 때문인 듯하다. 쇼펜하우어는 곤혹스러웠고 아버지보다 스무 살가량 젊고 사교계에서 매력적인 인물이었던 어머니를 탓했다. 하지만 어두운 생각이 무엇이었든 어머니는 계속해서 대중적인 낭만 소설가로서 주목할 만한 명성을 얻었다. 쇼펜하우어가 괴테, 슐레겔, 그림 형제 등 당대 독일의 많은 위대한 작가들은 물론 작문 기술 자체에 입문한 것은 바로 그의 어머니를 통해서였다.

그러나 쇼펜하우어가 선택한 주제는 몇 년 뒤 베를린 대학에 다닐 때 그에게 떠올랐다. 철학에서 말해진 대부분의 것들이 전부 '허튼 소리'라는 결론에 그가 처음 도달하게 된 것은 바로 그곳에서였다. 2년 동안 유명한 요한 피히테(1762~1814)의 강의를 들은 뒤 그는 피히테가 사기꾼이라는 것을 바로 알게 되었다. 그의 마지막 책인『에세이와 아포리즘』 (*Parerga and Paralipomena*, 1851)에서 그는 자신의 발견에 대해서 쓰고 있다. "피히테, 셸링, 그리고 헤겔은 내 생각에는 철학자가 아니다. 왜냐하면 그들은 철학자의 첫 번째 요구조건인 탐구에 대한 진지함과 정직함을 결여하고 있기 때문이다. 그들은 무엇으로 존재하기보다는 무엇처럼 보이기를 원하는 소피스트에 지나지 않는다. 그들은 진리가 아니라 그들 자신의 이익과 발전을 추구한다."

비교해 볼 때, 그는 동시대 사람들보다 훨씬 더 중요한 메시지를 지녔던 것처럼 보인다. 그는 자신을 일종의 형이상학적 암호표기자로 여기기 시작했고, 우주를 이해하는 열쇠를 놓고 더듬거렸다. 그 열쇠란 철학적 엘리트들이 아닌 각각의 개인이 궁극적 실재와 이미 접촉하고 있는 것이다. 잠정적으로, 관조적으로 접촉하는 것이 아니라 직접적이고, 적극적으로 그렇다. 우리 모두는 변덕스럽게 움직이고 춤추는 꼭두각시들이다.

그러한 깨달음의 최종 결과가 『의지와 표상으로서의 세계』인데, 이 책은 아이러니하고 귀족적인 어조를 띤 비학문적 스타일로 썼였다. 실로 말년에 쇼펜하우어는 '위대한 사상가'로서 자기의식적으로 유유한 존재가 되어 귀족처럼 살려고 했다. 그가 존경했던 칸트처럼 그는 옷을 구식으로 입었고, 엄격하게 규칙적인 시간에 식사했으며, 매일 산보했는데, 그의 경우 애견 아트마와 함께 했다. 가끔 극장에 가고 도서관에서 신문을 읽는 것을 빼고 그는 학자적인 은둔자의 표본이었다. 부모님이 그를 위해 계획했던 사업을 왜 포기했는지에 대해 물었을 때, 그는 "인생은 어려운 문제다. 나는 그 문제에 대해 생각하면서 내 인생을 보내기로 결정했다"고 말했다.

그리고 그가 발견한 것은 이것이다. '의지', 본능, '욕망'이 기본적인 힘이다. 삶은 무의미하다. 왜냐하면 탄생은 죽음에 이르며 이 둘 사이의 활동의 목적은 동일한 사이클을 반복할 자손을 낳는 것이기 때문이다. 그 뒤에는 아무것도 없다. 전술도, 이유도, 목적도. 그것은 시간과 공간 밖일 뿐 아니라 이러한 규칙성, 이러한 '현상들'을 만들어 낸다. 그것은 일차적이며, 그 앞의 지각을 쓸어버린다. 그것은 우리의 개념을 규정하고, 모든 행동을 지배한다. 다윈이 생각한 것과 반대로 그것은 진화까지도 몰아낸다. 동물들은 그들의 형태를 통해 그들의 의지를 반영한다. 겁 많은 토끼는 큰 귀로 언제나 아주 희미한 위험의 조짐도 감지한다. 매의 끔찍한 부리와 발톱은 다른 피조물을 찢을 영원한 욕망을 나타낸다. 우리들은 수

많은 하루살이와 같다. 어느 날 만들어지고, 오로지 알들을 남긴 채 다음 날 죽는다. 자연은 개인들보다는 종들을 더 필요로 한다. 하지만 종들도 더 큰 사이클의 일부로 왔다가 간다.

의지는 또한 비이성적이다. 의지는 이성을 만들어 내지만 결코 이성에 얽매이지 않는다. 살려는 의지와 자손을 낳으려는 의지는 비이성적이며, 어떤 규칙을 따르지도 않고 어떤 논리를 받아들이지도 않는다. 이를 입증하기 위해 쇼펜하우어는 호주 개미의 소름끼치는 이야기를 예로 들고 있다. 그 개미는 목이 절단되면 두 기이한 싸움 기계로 변한다. 머리는 몸통을 물려고 의지하며, 몸통은 머리를 찔러 죽이려고 의지한다.

러셀이 말하듯이 쇼펜하우어는 '의지'의 공통 실재를 알기 위해 "마야의 베일"을 파악할 필요에 대해 썼다. 이는 힌두의 지혜인 마하라크야, 즉 '위대한 세계'의 일부다. 그는 자신의 저작을 서양과 동양 모두에 대해 동등하게 관련시키려 한 소수의 유럽 철학자 중의 하나였다. 그래서 그의 강아지를 힌두의 생명력 또는 영혼을 따라 아트마라고 이름 붙였고, 그의 연구는 칸트의 모습과 더불어 대리석 위 강아지 친구들과 금불상의 모습도 담고 있다. 그의 장서에는 130종이 넘는 동양철학 서적이 있었으며, 그에는 그가 "내 삶의 위안"이라고 불렀던 성스러운 힌두 텍스트들도 포함되어 있었다. 쇼펜하우어는 고통이 정상이고 행복은 예외라는 불교의 관점을 공유했다. 그리고 무(nothingness)라는 그의 해결책 또한 불교로부터 왔다. 무는 우리가 얻을 수 있는 최상의 것이다. 그것은 '열반'의 문자적 의미다.

『존재의 무상함에 관하여』에서 그는 다음과 같이 설명한다.

존재의 무상함은 존재가 추정하는 전체 형태에서 드러난다: 시간과 공간의 무한함에서 개별자들의 유한함이. 덧없는 현재에서 실제성이 존재하

는 유일한 형태로. 존재 없이 계속되는 생성에서 모든 것의 우연성과 상
대성이. 만족 없는 계속되는 욕망으로. 삶이 구성하는 계속적인 분투의
좌절로. 시간 그리고 시간 그 자체가 만들어 내는 시간 속에 존재하는 모
든 것의 확률은 단지 살고자하는 의지의 형태로, 물자체가 불멸의 것이
듯이 그 자신에 대해서 그 분투의 무상함을 드러낸다. 시간은 그에 의해
우리 손에서 모든 것이 무가 되고 진정한 모든 가치를 잃게 되는 그런 것이다.

『의지와 표상으로서의 세계』가 어떤 평가를 받게 된 것은 제2판(1844
년)이 나왔을 때였다. 그때까지 쇼펜하우어는 프랑크푸르트에서 주로 저
명한 요한나의 아들로 알려졌었다. 이제 그는 처음에는 작은 규모였지만
충분히 열광적인 지지자를 갖게 되었다. 예술가들은 그의 초상화를 그렸
고, 엘리자베스 네이는 그의 흉상을 만들었다. 1853년『웨스트민스터 리
뷰』4월호에서 존 옥센포드는 "독일 철학의 우상파괴"라는 제목의 기사
로 쇼펜하우어의 등장을 알렸다. 그를 가장 열광적으로 칭송한 독일인 중
의 하나가 리하르트 바그너였다. 그는 1854년 "존경하고 감사하며"라는
글을 적은『니벨룽겐의 반지』한 권을 쇼펜하우어에게 보냈다.

세월이 흐른 뒤 프리드리히 니체는『의지와 표상으로서의 세계』를 중
고책방에서 발견하고서는 다 읽을 때까지 손에서 놓지 못했다. 런던에서
지그문트 프로이트는 근본적인 "삶에의 의지"와 "성적 충동"에 대한 쇼펜
하우어의 기술을 열성적으로 연구한 후 인간의 삶에서 "삶의 본능"과 "리
비도"의 중심적 역할에 대한 그 자신의 설명을 만들어 냈다.

그러나 처음에는 그의 존재의 철학은커녕 아무도 쇼펜하우어에는 관
심이 없었다. 그의 어머니가 유명했음에도 불구하고 그는 책 몇 백 부를
찍는데도 어려움을 겪었다. 첫 출판이 계속 지연된 끝에 쇼펜하우어는 출
판사에 독설적인 편지를 보냈고, "철학자라기보다는 마부의 분위기가 느

껴지는, 매우 거칠고 예의 없는 편지를 쓰는 사람과는 더 이상의 연락을 거부해야겠습니다"라는 말과 더불어 "이 책이 휴지 조각이 될 뿐이라는 나의 두려움이 현실이 되지 않기를" 바라면서 출판하기로 했다는 말로 끝나는 냉정한 답장을 받았다.

사실 그 책은 주목받지 못했으며 아주 적은 부수가 인쇄되었음에도 16년 후 그중 대부분은 휴지가 되고 말았다. 그러나 인정을 받게 되자 쇼펜하우어는 조금의 위안을 받았다. 그의 여동생은 편지에서 괴테가 "그 책을 기쁘게 받았고, 곧장 읽기 시작했어요. 한 시간 뒤 그는 오빠에게 매우 감사하며 책 전체가 훌륭하다고 생각했어요. 그는 가장 중요한 문단을 지적하고, 우리에게 읽어 주면서 아주 즐거워했죠 … 내가 보기에 오빠는 괴테가 진지하게 읽은 유일한 저자에요. 나도 기뻐요"라고 썼다.

그럼에도, 제2판의 과장된 서문에서 쇼펜하우어는 "나는 이제 완성된 책을, 그것이 많은 좋은 책들이 보통 그렇듯이 설사 늦게 인정된다 할지라도, 가치 없는 것이 아니라는 확신을 가지고 나의 동시대인이나 동료들이 아닌 인류에게" 바친다고 쓰고 있다.

그래, 그렇긴 하지만 쇼펜하우어가 진짜 노파를 계단 아래로 밀었을까?

우리는 법조계에서 마르케 사건이라고 알려진 것을 말하고 있다.

어느 날 집으로 돌아오면서 쇼펜하우어는 추잡한 열등종, 즉 여자 세 명이 그의 문 밖에서 잡담하고 있는 것을 발견했다. 이 중 하나는 카롤리네 루이제 마르케라는 재봉사로 그 건물의 방 하나에서 살고 있었다. '소음'에 주목하고 있던 쇼펜하우어는(『소음에 관하여』라는 그리 대단하지 않은 책을 준비했었다) 그들이 가 버리기를 '의지했고', 실제로 그렇게 하라고 지시했으나 그들은 거절했다. 그러자 쇼펜하우어는 그의 방으로

삽화 20 한 손에 지팡이를 잡고 여자 재봉사를 그의 방에서 밀어내려고 했다.

들어가 지팡이를 들고 나왔다. 그는 재봉사의 허리춤을 붙들고 그녀를 그의 방으로부터 멀리 밀어내려 했다. 그녀는 소리쳤고, 쇼펜하우어는 그녀를 밀쳤다. 여자는 나가떨어졌다.

쇼펜하우어에게는 매우 나쁜 이야기다. 그러나 흥미롭게도 마르케 부인이 피해에 대한 법적 행동을 취하면서 그가 자신을 발로 차고 때렸다고 주장하자, 쇼펜하우어는 일어난 일 모두를 법정에 납득시켰고(그는 힘을 사용했다고 인정했다), 정당함을 입증했다. 법원은 사건을 기각했다. 그녀가 항소했을 때에야 쇼펜하우어는 자신의 변호를 위한 증언을 포기했고, 벌금이 부과되었다. 1825년 5월 마르케 노파가 세 번째로 법정에 섰을 때, 그녀는 사건이 그녀에게 열병을 일으켰고 한쪽 팔을 못 쓰게 만들었다고 진술했다. 그녀는 매달 보상금 지급을 요구했다.

이 위대한 철학자는 인간적으로 어떤 사람이었을까? 쇼펜하우어는 여러 연애관계를 가졌고, 돌보지 않아 일찍 죽은 사생아를 낳았다. 대학에서 바이마르 공작의 정부 카롤리네 야거만과 사랑에 빠졌지만, 그녀는 그를 좋아하지 않았다. 그가 가졌던 가장 진지한 관계는 젊은 여배우 카롤리네 리히터와의 관계로 그녀는 이미 아들이 하나 있었다. 그러나 쇼펜하우어에게 어떻게서든 그녀와 결혼하겠다는 의도는 없었다. 그의 저작들에서 그는 결혼은 젊어서 계약한 뒤 늙어서 청산해야 하는 빚이라고 냉소했다. 모든 진정한 철학자들은 독신이 아니었던가 — 데카르트, 라이프니츠, 말브랑슈, 스피노자, 그리고 칸트 — 하고 그는 말한다.

러셀이 말하듯이 그는 못된 성질을 가졌고 그의 생애의 많은 부분을, 특히 가업을 망친 후에는 어머니, 여동생과 차가운 침묵 속에 살았던 듯하다. 그러나 자제력을 잃는 것은 불행히도 그의 철학의 핵심적 진리인 우리를 움직이는 비이성적인 '의지'를 반영하는 듯하다.

오늘날 '이기적 유전자'가 리처드 도킨스 같은 전문가와 과학자들에 의해 주기적으로 돌아다니는 것은 적잖은 그의 영향이다. '힘에의 의지'는 니체의 우상파괴적 고함에서 현저하게 드러나며, (쇼펜하우어의 책 제목에 요약된) '의지'가 창조하는 세계의 개념은 실존주의의 장식용 정원에 다시 심고 이식한 것이다.

그러나 이는 그의 공헌이 잘 인식되었다고 말하는 것은 아니다. 결코 그렇지 않다. 오히려 그의 독창성은 잊혀졌다. 사실 그럴만하다. 왜냐하면 그가 『의지와 표상으로서의 세계』에서 다음과 같이 말하고 있기 때문이다.

대지는 낮에서 밤으로 굴러간다. 사람들은 죽는다. 하지만 태양 자체는 쉬지 않고 타오르는 영원한 정오다. 삶은 살려는 의지에는 확실하다. 삶의 형식은 끝없는 현재다. 어떻게 관념의 현상인 사람들이 흘러가는 꿈처럼 시간 속에 나타났다 사라지는지는 중요하지 않다.

❖ 주 ❖

1) 1788년에 태어난 쇼펜하우어는 독일 철학의 유별나게 풍요로운 시대의 한복
판에 던져졌다. 쇼펜하우어의 적들은 그보다 나이가 많았고 더 나았다. 임마
누엘 칸트(1724~1804), 게오르그 헤겔(1770~1831), 그리고 요한 피히테(1762
~1814)가 그렇다. 덴마크의 쇠렌 키르케고르(1813~1855), 프리드리히 니체
(1844~1900), 그리고 칼 마르크스(1818~1883)는 그보다 연배가 아래였다.

VII :

낭만주의자들
THE ROMANTICS

제21장
쇠렌 키르케고르의 유혹
(1813년~1855년)

쇠렌 아비에 키르케고르는 1813년 5월 5일 덴마크의 코펜하겐에서 태어났다. 특이하고 다층적인 저작 『공포와 전율』의 "젊은 탐미주의자로부터의 편지"에서 그는 다음과 같이 쓰고 있다.

> 나는 내 손가락을 존재로 찔러 넣었다. 그것은 아무 냄새도 나지 않았다. 나는 어디에 있는가? 세상이라고 부르는 이것은 무엇인가? 나를 여기로 유인하여 여기에 남겨 둔 사람은 누구인가? 나는 누구인가? 내가 어떻게 해서 세상에 오게 된 것인가? 왜 나한테 묻지 않았을까?

철학의 이야기

그것은 좋은 질문이며, 그에게 '실존주의의 아버지'라는 명성을 가져다준 질문이다. 그러나 물었든 묻지 않았든 키르케고르는 부유하지만 엄한 개신교 집안에서 태어나고 자랐다. 그의 아버지 미카엘 키르케고르는 저녁 식탁에서 예수와 순교자들의 고통에 대해 침울하게 숙고하는 것을 좋아했고, 가족생활은 아브라함의 이야기에 나와 있는 것처럼 성서로부터 '복종'의 교훈이 강조되었다. 기독교도들은 아브라함이 단지 몇몇 말 못하는 짐승뿐 아니라 그의 외아들까지 제물로 바치도록 신의 명령을 받고 그렇게 하려는 순간 그러지 않아도 된다는 신의 결정을 듣게 된 독실한 아버지임을 알 것이다. 그것이 어떻게 키르케고르 집안의 일상에 들어맞

265

는지는 분명하지 않다. 하지만 그리 기분 좋은 이야기 같지는 않다 …

그리고 키르케고르 집안은 모라비아교도였다. 모라비아교단은 독일에 본부가 있었고, 성행위를 즐기는 것은 죄이며 남자들은 결혼 상대를 추첨에 의해 배정받아야 한다는 것을 믿었다.

그렇게 독실했지만, 키르케고르의 아버지는 유틀란드의 비에 젖는 언덕에서 어린 양치기였을 때 신을 저주한 후 죄책감에 힘들어 했다고 한다. 그가 신앙에 대한 "저주"라고 여긴 것과 싸우려고 하면서 종교적 독실함은 매년 더해 갔다. 그는 이러한 죄 때문에 신이 그를 벌준다고 믿었다. 특히 그는 자신의 아이들 모두가 그보다 먼저 죽을 것이고, 아무도 예수가 죽은 것으로 추정되는 나이인 34세까지 살지 못할 것이라고 생각했다. 키르케고르는 죽음에 대해 기분 나쁜 강박을 가진 아버지를 존경하면서 두려워했지만, 또한 때로는 아버지의 "광기"가 가족에게 영향을 준다고 느꼈다. 플라톤에 의하면, 철학자들이 최상의 아이디어를 만들기 시작하는 것은 35세가 되어서기 때문에, 자연스럽게 일찍 죽을 것이라는 예측은 어린 키르케고르에게 무척 어두운 그림자를 던졌다.

이 무서운 예측은 오랜 세월 동안 실현되어 가는 듯했다. 그중 첫 사례로 12세였던 쇠렌이라는 이름의 남동생이 놀이터 사고로 죽었고, 여동생 마렌이 알 수 없는 병으로 25세에 죽었다. 이어서 니콜라인과 페트레아 자매는 33세에 둘 다 아이를 낳다가 죽었고, 미국으로 도망간 닐스는 그곳에서 24세에 죽었다. 그의 형이었던 페터는 살아남았지만 아내 엘리제를 잃었다. 페터를 제외하고 둘째였던 키르케고르만이 35번째 생일까지 살아서 예언을 물리칠 수 있었다.

일부 연구자들은 왜 미카엘 키르케고르가 신을 모독한 것이 그렇게 극단적인 벌을 내리게 한다고 확신했는지에 대해 의아해했다. "어렸을 때의 저주"보다 그렇게 많은 어린 생명의 대가를 요구하는 것이 확실히 더 나쁜 죄가 아닌가? 저주 말고 다른 무엇보다 돈을 보고 한 여자와 결혼하고, 2년 뒤 그녀의 죽음을 재촉하곤 하녀와 아이를 가진 것은 어떤가? 그런 추측은 질서와 자기규율을 다른 무엇보다도 중요시했던 독실한 루터 파였던 키르케고르의 아버지에게는 어울리지 않는다. 아니 이들 학자들은 그렇게 말한다.

그럼에도 불구하고, 미카엘 키르케고르의 첫째 부인 크리스틴은 결혼했을 당시 부유하고 이미 36세였으며 아이를 낳지 못했다. 결혼한 지 2년 뒤 그녀는 폐렴으로 죽었다. 그녀의 묘비명에는 그녀가 "그녀의 남편이 그녀의 기억을 위해 바친 이 비석 아래" 묻혔다고 간결하게 적혀 있다. 미카엘의 두 번째 부인 안느는 임신했을 때 하녀였는데, 그녀의 묘비명은 더 과장되어 있다. 거기에는 그녀는 "주님의 집으로 갔지만, 그녀의 아이들과 친구들, 그리고 특히 그녀의 나이 든 남편은 그녀를 사랑하고 그리워 할 것이다"고 쓰여 있다. 미카엘 키르케고르가 그의 젊은 두 번째 부인을 더 좋아했거나, 아니면 세월이 흐르면서 약간 원숙해졌던 것 같다.

그러나 안느가 미카엘에 더 잘 어울렸다. 미카엘과 그의 아들들은 여성들을 본질적으로 아이를 낳는 특별 임무를 지닌 집안의 하인으로 여겼고, 실로 키르케고르의 여동생들의 의무는 오빠들을 시중드는 것이었다. 여동생들의 대접은 당시의 기준에서도 지나친 것이었고, 가족의 친구였던 보에손 의원의 항의를 받기도 했다.

그러나 그런 평범한 집안일에 키르케고르가 마음을 둔 것 같지는 않다. 그의 책에서 키르케고르는 그의 아버지에 대해 길게 쓰고 있지만, 그의 어머니나 여동생들에 대해서는 전혀 언급하지 않는다. 그렇지 않다면, 그의 아버지처럼 그는 신에 몰두하고 있었나보다.

이때는 오늘날 덴마크의 "황금시대"라고 기억되는 시기였다. 코펜하겐은 1790년대와 1801년 두 번의 화재로 황폐했고, 나라는 1807년 영국의 바다에서의 포격으로 전 함대를 잃었으며, 1813년에는 국가 조폐청이 파산했다.

그러나 적어도 예술은 "만개"하여 의심의 여지없이 덴마크로서는 과학, 예술, 문학의 풍요기였다. 이는 아마도 덴마크가 사회적 분쟁기를 통과하고 있었기 때문일 것이다. 영지를 소유한 영주와 땅에서 일하는 농노에 기초한 봉건사회의 확실성은 부유한 무역상과 숙련된 장인이 사회 계급에 도전하는 더 복잡한 사회로 길을 내주고 있었다. 미카엘 키르케고르는 바로 그런 사례였다. 집안에서 가장 나이가 어려서 상속의 전망이 없었던 그는 가난한 시골 유틀란드를 떠나 코펜하겐에 있는 그의 삼촌의 도제가 되어야 했다. 하지만 일단 그곳에 가자 그는 상당한 부를 축적했고, 더불어 새로운 사회적 지위를 얻게 되었다.

그럼에도 미카엘과 그의 아들은 사회의 변화에 비판적이었고, 진지한 가치, 진지한 책임이 진부해지거나 상실되었다고 생각했다. 키르케고르는 '새로운 덴마크'의 천박함을 코펜하겐에 만들어진 놀이공원으로 요약했다. 여기서 요지경이나 밀랍인형관, 디오라마와 같은 시각적 트릭, 불꽃놀이, 그리고 잘 꾸민 정원마저도 그에게는 경박하고, 천박하고, 비종교적인 삶의 방식으로 여겨졌다.

어린 소년이었을 때조차도 키르케고르는 매우 진지했다. 코펜하겐의 엘리트 학교인 시민 덕 학교에서 그는 동급생과의 논쟁에서 상대방의 논의의 비일관성을 드러내고 꼼짝 못하게 만들면서 "민중"이라는 별명을 얻었다.

후에 그의 관심은 논쟁에서 이기는 것을 넘어서 문학계에서 활동하는 것, 특히 J. L. 헤이베르그 같은 코펜하겐에서 가장 유명한 인물들의 문학계에 속하는 것이었다. 헤이베르그는 철학자이기도 했으며, 헤겔 철학을 덴마크에 소개한 인물이다. 마치 그것으로 모자란 듯 헤이베르그는 당대 가장 유명한 덴마크의 희곡작가로서 왕립극장의 감독직을 맡으면서 이름난 아름다운 여배우와 결혼했으며 코펜하겐에서 가장 세련된 문학 살롱의 주인이었다. 키르케고르가 얼마나 그를 부러워했을까! 그는 이 매력적인 사회에 초청받기 위해 모든 노력을 기울였다.

키르케고르가 레지네 올센과 약혼한 것은 그 무렵이었다. 그는 그녀가 겨우 14세일 때 처음 만났다. 그는 『인생행로의 여러 단계』에서 "결혼은 인간이 해낸 가장 중요한 발견의 여정이다"라고 설명하고 있다. 레지네는 그의 이후 저작의 핵심적인 주제가 되었지만, 그리 긍정적인 방식에서 그런 것은 아니었다. 키르케고르가 그의 많은 가명들 중에서 유혹자 요하네스로 말하고 있듯이, "어린 소녀가 되어 시를 쓰는 것은 예술이고, 그녀로부터 벗어나 시를 쓰는 것은 걸작이다." 『이것이냐 저것이냐』의 "유혹자의 일기"에서 그는 다음과 같이 썼다.

사춘기에 성적 욕망의 깨어남은 행복을 우리 밖에 있게 하며, 그 기쁨을 다른 사람에 의한 자유의 실행에 의존하게 한다. 성적 끌림은 우리를 흥분된 기쁨으로 가득 채우지만, 책임에 대한 두려움 또한 갖게 한다. 불안은 이러한 매혹과 두려움 사이의 상반된 진동이다.

그래서 약혼을 파기하는 대신 레지네는 물러나야 했다. 키르케고르는 그녀가 관계를 끝낼 것이라는 희망으로 사람들 앞에서 망신을 주려고 했다. (레지네는 결국 키르케고르의 경쟁자였던 교사와 결혼했는데, 그는 외교관으로 성공했다.) 『이것이냐 저것이냐』는 생기 있는 문체 덕에 대성공이었다. 레지네와의 경험은 8년에 걸친 기간 동안 20권의 책을 창조적으로 쏟아 내게 했다.

그러나 키르케고르는 그것을 문학 세트로 만들지는 않았다. 당시 J. L.

헤이베르그의 동료로 받아들여지지 않은 실망은 대신 그를 덜 세련된 모임으로 이끌었다. 사창가를 드나들고, 첫 동화로 유명 작가가 된 한스 크리스티안 안데르센과 같은 일군의 술꾼들과 어울렸다. 키르케고르는 모임에서 그를 조롱하기를 즐겼지만, 이 두 사람은 특이한 편지교환을 하기도 했다. 또 빚이 많아져서 계속 그의 아버지가 갚아주어야 했다.

풍자 잡지 『해적선』이 그를 아주 교묘하게 패러디하면서 그가 아랫단이 짧은 바지를 입고 코펜하겐을 방황하면서 사람들에게 말을 거는 기이한 인물로 묘사한 것에 대해 이의를 제기했을 때, 그는 절망 상태에 이르렀다. 조롱에 충격과 상처를 받은 키르케고르는 그의 일기에 이렇게 썼다. "천재들은 천둥과 같다 — 그들은 바람에 역행하며 사람들을 놀라게 하며 공기를 정화시킨다."

그러나 25세 때 그는 그가 갑작스런 "설명할 수 없는 기쁨"이라고 묘

삽화 21 "천재들은 천둥과 같다 — 그들은 바람을 거스르며, 사람들을 놀라게 하고, 공기를 깨끗하게 한다."

사한 것을 경험했고 자신을 교정하기로 결심한다. 그는 폭음을 그만두었고, 아버지와 화해했으며, 안데르센의 소설에 대한 비판적 고찰인 "아직 살아 있는 사람의 저작으로부터"라는 그의 첫 논문을 출판했다.

그러나 키르케고르가 그의 새로운 통찰력을 설명한 것은 『이것이냐 저것이냐』이었다. 우리가 취하는 본질적 선택은 순결과 덕의 요구에서 감각적인 자기만족 또는 이타적인 몰입인데, 그는 그중 후자를 본질적으로 기독교의 책무로 보았다. 그리고 이 선택은 이성적인 것이 될 수 없으며, 그 본성상 '실존적'인 것이다. 이것은 무슨 뜻일까? 실존주의자들은 그러한 결정이 개인을 규정하고 창조하는 것이라고 말한다. 그런 결정을 내리는 사람은 그가 선택을 할 때까지는 존재하지 않는다. 따라서 그들은 다른 사람의 이성적 판단을 넘어선다. 키르케고르는 이것을 레지네에게 적용했고, 그녀로 하여금 그들의 약혼을 끝내도록 '자극'하기 위해 다른 모든 사람들이 젊은 여성에게 망신이라고 여기는 일을 했다. 그렇지만 키르케고르에게 있어서 그것은 다음의 키르케고르를 창조하는 것이었다.

우리가 윤리적인 것을 중단하려고 결심할 때마다 그는 자만심 강하게 그런 행동은 사회적 정당성을 필연적으로 넘어서며 엄격히 "말로 표현할 수 없는 것"이라고 썼다. 그런 것들은 시민의 덕에 거스르고 광기의 언저리에서 배회하는 것이기 때문에 (그의 책 제목인) "공포와 전율" 속에서 행해질 것이다.

간접적 의사소통

키르케고르 저작의 뚜렷한 특징 중의 하나는 그의 유머다. 『철학적 단편에 비과학적인 해설을 덧붙여 끝내기』는 50쪽도 안 되는 『철학적 단편들』이라는 작은 책의 600쪽이 넘는 부록이다. 둘 다 요한네스 클리마쿠스라는 가명으로 쓰였는데, 이는 키르케고르가 "간접적 의사소통"의 방법이라고 부른 것의 전형이다.

키르케고르에 따르면, 직접적 의사소통은 신과 저자, 그리고 독자들에 대한 "사기"인데, 왜냐하면 그것은 그저 객관적 사고에만 관련되어 주관성의 중요성을 적절하게 표현하지 못하기 때문이다. 간접적 의사소통은 독자들로 하여금 그들 자신의 생각을 불러올 수 있으며 아이디어들과의 개인적 관계를 형성할 수 있다. 반대로, 객관적이 되는 것은 사람들에게서 관심 영역에서의 정열의 사용을 앗아간다. 특히 기독교는 본질적으로 주관성인 정열과 내적인 것으로 접근할 때만 이해될 수 있다. 그에 비해 자신의 "계속적인 세계사적 과정"인 헤겔의 진리는 냉정하고 무정한 것이다.

그래서 자신의 텍스트를 서문, 서두, 예비적 탐구, 삽입부, 후기, 독자에게 보내는 편지, 가명을 쓴 절, 분절, 세분절에 대한 가명의 편집인들의 대조 등으로 나누었는데, 이는 명백한 '권위 있는' 견해는 없으며 독자가 의미에 대한 자신의 개인적 판단을 내리도록 하기 위한 것이다. (주의 깊은 독자는 이 장이 키르케고르에 대한 승인으로 파편적이고 불완전하다는 것을 알 것이다. 서투른 스타일을 조장하고 연관성을 밝혀야 하는 독자들을 지치게 한다. 하지만 그렇게 하는 것이 저자에게는 대단히 손쉬운 방법이다.)

그리고 키르케고르의 책들은 그의 유산으로 스스로 출판한 것이라서 그가 원하는 방식대로 어떻게든 쓸 수 있었고, 안락하고 널찍한 방 여섯 개짜리 도심의 집에서 하인 안더스와 함께 살 수 있는 돈도 충분했다.

『철학적 단편에 비과학적인 해설을 덧붙여 끝내기』에서 키르케고르는 진정한 존재를 "야생마를 타는 것"과 같다고 한 반면, "흔히 일컫는 존재"는 건초 수레에서 잠드는 것과 같다고 했다. 이에 자극받아 키르케고르의

272

전형적인 일과는 아침 '명상' 시간과 이어서 정오까지 글을 쓰는 것으로 이루어졌다. 오후에 그는 오래 산보하기를 좋아했고, 도중에 흥미로울 거라고 생각한 누구와도 멈춰서 이야기를 한 뒤 늦은 저녁 무렵 집으로 돌아갔다. 그리고는 늦은 밤까지 깨어서 글을 썼다. (아마도, 이것이 약간은 '종마' 인…)

그의 계속되는 책의 흐름과 함께 코펜하겐을 산책하는 것은, 그를 당시 유행했던 헤겔 철학과 국가 교회에 대한 비평가로 인정받은 대중적 인물로 만들었다.

그러나 이들 두 적은 키르케고르가 대학 시절부터 경쟁자였고 헤겔 철학의 주요 지지자였던 한스 마르텐센이 덴마크 교회의 지도자가 되면서 하나의 적이 되었다. 키르케고르는 격노했다. 그는 즉시 새로운 주교의 기독교에 전면적인 공격을 시작했고 대신 자신의 비전을 제시했는데, 이번에는 의미론적 편의에 관한 그의 이론에도 불구하고 가명 뒤에 숨지 않았다. 『순간』이라 불린 일련의 풍자적 소책자들과 같은 저작들은 대중적이었으며 잘 팔렸다. 하지만 이는 인쇄비용이 어떤 영수증보다 더 많은 비용이 들었음을 뜻했다. 사실 키르케고르가 그의 마지막 질병으로 거리에서 쓰러진 날 그는 그의 마지막 유산을 인출하러 은행에 갔다 집으로 가는 길이었다.

교권 개입에 반대하는 그의 원칙에 걸맞게 그는 임종 시 최후의 의식을 거부했으며, 그의 장례식은 사제의 출석에 반대한 시위 군중에 의해 중단되었다. 사제가 그의 형이었는데도 말이다. 코펜하겐 시는 그의 죽음을 열심히 무시했고, 그가 죽은 지 여러 해 동안 코펜하겐의 어린이들은 쇠렌이라는 이름으로 세례 받는 것이 허용되지 않았다. 그 이름에 부여된 끔찍한 평판 때문이었다.

키르케고르의 저작은 무시되거나 잊혀졌다. 그의 사상이 프랑스 실존주의자들에게 영향을 주기 시작한 것은 20세기가 되어서였다. 그들은 그의 개인주의와 반이성주의를 환영했고 칭송했다. 그리고 그의 종교적 우선순위는 완전히 무시했다. 쇠렌 키르케고르는 이 아이러니를 이해할 것이다.

제22장
밀의 시적 전환
(1806년~1873년)

J. S. 밀은 보통 19세기 영국 철학자들 중에서 공리주의 이론을 제시하고 발전시킨 "가장 뛰어난 인물"로 여겨지며, 그의 가장 중요한 저작들로 『논리학의 체계』(전 2권, 1843년), 『정치 경제의 원리』(1848), 『자유론』(1859), 『공리주의』(1861) 등을 꼽는데 사람들의 의견이 대개 일치한다. 그러나 어린 시절 아주 끔찍한 일이 생길 뻔했다. 『옥스퍼드 철학백과사전』에서 칼 브리튼은 사려 깊게 설명하고 있다.

[점잖게 기침]: 스무 살에 밀은 "정신적 위기"에 오랜 기간의 우울증으로 고통 받았는데, 그 기간 중 그는 워즈워스의 시에서 위안을 찾았다. 회복되자 그는 한동안 아버지와 동료들의 지적이고 도덕적 의견에 반대했고 콜리지, 칼라일, 그리고 존 스털링의 영향 아래에 있었다. 1831년 그는 헤리엇 테일러를 만났고 둘은 다른 친구들은 몰라도 차츰 그녀의 남편이 묵인하게 된 정열적인 애정으로 발전했다. 대체로 테일러 부인의 영향은 밀을 콜리지적 경향으로부터 자유롭게 하는 데 일조한 듯하다.

그것은 괜찮다. 하지만 애초에 밀이 어떻게 그런 곤경에 빠지게 된 것일까? 그 길은 짧았던 것 같다.

철학의 이야기

존 스튜어트 밀은 런던에서 태어났으며 철학자였던 아버지 제임스에 의해 집에서 교육받았다. 제임스는 공리주의 이론을 발전시키는 데 적극적이었던 철학자였다. (아마도 약간 공리주의적 전도사라고 말할 수 있을 것⋯) 그는 3세 때 희랍어, 8세 때 라틴어, 12세 때 논리학으로 약한 인간의 마음에서 강력한 "추론 기계"를 만드는 데 나무랄 데 없이 아주 좋은 철학 훈련이 이루어졌다.

계획은 그의 아버지와 그의 비종교적 대부였던 위대한 과학적 이성주의자이자 공리주의자 벤담에 의해 준비되었다. 벤담은 모든 사람을 항상 지켜볼 수 있는 파놉티콘이라는 감옥을 설계해서 유명했는데, 그것은 불확실성, 흐릿함, 불명료성을 제거하기 위해 설계되었다.

18세에 밀은 아버지와 동인도회사에서 일을 시작할 준비가 되어 있었고, 승진을 거듭해 궁극적으로는 검사관이 되었다. "정신적 위기"는 4년 뒤에 닥쳤다. 불행히도 22세던 밀은 워즈워스의 시집을 보게 되었고 완전히 다른 종류의 사상가가 되기로 결심했다. 논리적 기계보다는 철학적 정신으로 말이다.[1]

시의 대상은 의심할 여지없이 정서에 작용하며, 거기에서 시는 워즈워스가 그 논리적 반대, 즉 ⋯ 사실 문제나 과학이라고 인정한 것과 충분히 구별된다. 과학은 믿음에 초점을 맞추고, 시는 감정에 초점을 맞춘다. 과학은 납득이나 설득을 통해서 작업하지만, 시는 감동에 의해서 그렇게 한다. 과학은 지성에 명제를 제시하지만, 시는 감성에 숙고할 흥미로운 대상들을 제시한다. (『시와 그 다양성에 대한 생각들』(1833)에서 "시란 무엇인가?")

밀은 영국에서 가장 멋진 산들이 보이는 호수 지역에 있는 여동생의 아름다운 집에서 시인들을 만나기도 했다. 워즈워스는 그곳의 평온한 정원에서 차를 마시며 설명했다.

> 시는 모든 저술 중에서 가장 철학적이다 … 그 대상은 진리이며, 개별적이고 국지적이지 않고 일반적이며 적절하다. 외적인 증거에 의지하지 않고 정념에 의해 마음을 감동시킨다. 진리가 그 자신의 증거로 그것이 호소하는 법정에 자격과 확신을 준다.

밀은 후에 그렇게 썼다. 밀은 워즈워스의 휴머니즘은 그의 영혼에 "기계"처럼 다가온 반면, 콜리지의 시는 그를 원자론적 철학으로부터 사회의 유기적 본성을 인식하는 방향으로 이끌었다고 말했다.

그의 스승인 위대한 공리주의자 벤담에 대해서는 다음과 같이 썼다. "그는 단어들이 정확한 논리적 진리가 아닌 것을 말하는 데 사용될 때 그들의 적절한 직책으로부터 벗어난다고 생각했다." 밀은 "쾌락의 양이 같다면, 푸시핀(push-pin) 놀이는 시만큼 좋은 것이다"라는 벤담의 말에 전율했다고 회상했다. 그리고 밀은 벤담의 다른 아포리즘에 대해서도 말했는데, "모든 시는 거짓된 이야기"라는 더 전형적인 것이라고 생각했다. 밀은 종종 간과되는 시에 대한 그의 논문에서 이렇게 말하는 것은 "칼라일 씨가 충격적이게 '한계 있는 사람들의 완전성'이라고 부른 것의 예인 듯하다고 썼다.

> 무한한 범위의 그 누구도 그렇지 못했듯이 좁은 범위 내에서 행복한 철학자가 있다. 그는 불쌍한 인간의 지성의 본질적 법칙으로부터 완전히 해방되었다고 우쭐해한다. 그 본질적 법칙으로 한 번에 하나씩만 잘 볼

삽화 22 워즈워스의 휴머니즘은 그의 영혼에 약처럼 다가왔다.

수 있는데, 그는 불완전한 것에 대해 돌아볼 수 있고 그것을 엄숙하게 금지한다. 벤담이 진짜 명제가 정확하게 참일 수 없는 것은 시에서 뿐이고, 시는 그것이 실천적으로 적용될 때 요구되는 모든 제약과 자격을 갖추지 못한다고 진정으로 생각했을까? 우리는 그 자신의 산문체의 명제들이 이 유토피아를 실현하는 것으로부터 얼마나 동떨어져 있는지를 보았다. 그리고 그에 접근하려는 시도조차 그저 시와 양립불가능한 것이 아니라 웅변 그리고 모든 종류의 대중적 저술과도 그러하다는 것을 보았다.

공정하게 하자면 비록 벤담의 초기 저작들은 가볍고 종종 우스꽝스럽기까지 하다(아니라면, 대수만을 사용하고 언어를 거부한 점에서 적어도 밀 한테는 그래 보였다). 그러나 불행하게도,

말년에는 좀 더 진전된 연구로 영어의 천재에게는 이방적인 라틴어나 독

278

일어 문장 구조에 빠졌다. 그는 명료함과 독자의 이해를 위해 보통 사람들이 만족해하듯이 한 문장에 진리 이상의 것을 말하는 것을 견딜 수 없었고, 그 다음 문장에서 수정했다. 그가 의도했던 자격 있는 언급의 전부를 그는 문장의 중간에 괄호 속에 넣기로 고집했다.

밀은 고전에 대한 훈련으로 어렵게 습득한 것의 일부를 이용하여 그의 스승이 귀류법으로 시에 반대한 것을 비난하고 있다.

그에 대해 동일한 반대를 할 수 없는 그런 방식으로 쓰려고 하면서 그는 독해 불가한 것을 쓰고 말았으며, 결국 정확하다기보다는 어느 시 또는 감정적인 호흡처럼 불완전하고 일방적인 의견과 어울리는 그런 것에 도달했다. 만약 그의 반론이 허용되고 그의 테스트를 통과하지 못하는 모든 양식의 저술이 사라진다면, 문학과 철학은 어느 상태에 있으며, 많은 사람들에게 얼마나 영향을 줄 수 있는지에 대해 판단해 보자.

벤담의 친구들은 당연히 걱정을 했다. "워즈워스를 읽은 것이 젊은 밀을 망쳐 놨으며, 밀은 그 뒤로 이상한 종류의 혼동에 빠졌다"고 존 보우링이 썼다.

치료

시에 대한 논쟁은 그저 난해한 이슈가 아니다. 그것은 서양철학의 핵심을 찌르는 것이다. 그 '선형적, 남성적' 사유 방식, 그 차갑고 냉정한 논리, 그 좁고, 배타적인 집착 등으로 말이다. 밀은 유클리드 방식의 가짜 확실성을 지닌 철학적 연역의 권리를 포기했다. 대신 그는 그들 중 일부는 본

래적으로 예측 불가능한 다양한 요인과 인과의 복잡한 패턴을 지닌 진짜 세계의 복잡성을 선택했다. 밀은 자신을 철학자로 묘사하는 것을 거부하고, "사회과학자"가 되기를 선호했다. 그는 가장 중요한 과제는 인간 마음의 심리적 특징, 또는 그가 『논리학의 체계』(제4권, "도덕 과학의 논리에 관하여")에서 쓰고 있듯이 "사람들 또는 시대에 속하는 성격 유형을 규정하는 원인들에 대한 이론"을 탐구하는 것이라고 생각했다. 『논리학의 체계』는 선천적 지식과 후천적 지식, 그리고 분석 명제와 종합 명제에 대한 칸트의 작업을 다루면서 훨씬 더 미묘하고 (유용한) '말의' 명제와 '실재의' 명제 간의 구분, 그리고 그저 참인 것으로 보이는 결론(추론)과 실제로 참이어야 하는 결론(추론) 간의 구분을 이끌어 냈다. 그가 설명하고 있듯이 만약 논리학이 어떠한 '실재의' 추론도 포함하지 않는다면, 그것은 아무것도 말하지 않는 것이 된다. 그러나 (밀이 주장하기를) 수학처럼 논리학은 새로운 지식을 만들어 내며, 이는 같은 이유에서 그렇다. 그것은 실로 그와 다르게 될 수 있다는 근거에 기초한다. 수학과 논리적 진리를 그렇게 확실하고 도전할 수 없는 것처럼 만드는 것은 우리 안의 심리적 성향이다.

그러나 종종 밀의 접근법과 벤담의 접근법은, 밀의 공리주의는 근본적으로 다름에도 불구하고 밀이 벤담의 자연스런 후계자로 여겨짐과 더불어 같이 끼워 넣어진다. 이론에 대한 또 다른 전도사가 되는 것과는 동떨어져서, 그의 아버지처럼 그는 1838년 특별한 논문에서 벤담을 이단으로 비난했다. 그는 명료함에 대한 벤담의 집착이 그를 명료하지 않은 것은 존재하지 않는다고 잘못 결론 내리게 만들었으며, "인류의 분석 불가능한 경험 전체"를 모호한 일반화라고 거부하게 했다고 말했다. 밀이 진짜로 낭만주의 시인들의 새로운 운동의 분파인 코울리지학파의 영향 아래에 완전히 빠졌다는 벤담주의자들의 말도 옳지 않다. 그들은 어쨌거나 전부

정치적으로 보수적이었으며 새로운 경제 이론들에 함축된 비인간성 만큼이나 밀의 과격한 사회주의에 반대했다.

철학적으로 밀은 또한 그가 가짜인 선천적 추론에 대해서 그랬듯이, 증거보다 '직관' 에 대한 그들의 선호에도 반대했다. 그는 증거를 검사하는 것에 열려 있지 않는 것은 '기성 사회' 와 그 '잘못된 이론과 나쁜 제도' 를 지지하는 것이라고 썼다. 여기서 그는 벤담의 접근법의 일부를 받아들였다. 그것은 복잡성을 떼어 내 부분들을 분석하는 것이다. 그리하여 사회는 실로 개인들의 집합으로 이해될 수 있지만, 개인들 또한 각각을 감정의 집합으로 이루어지는 것으로 여김으로써 이해될 필요가 있다.

그의 '시적 전환' 의 결과, 밀은 인간의 본성과 사회과학에 대한 그의 견해를 바꾸었다. 그것은 그의 삶에서 다행히도 빠르게 잊은 예외적인 시기가 아니었다. 그것은 발달하는 시기였다.

❖ 주 ❖

1) 하이데거 역시 시로 전환했지만, 그것이 모순된 것은 아니라고 생각했다. 횔덜린에 대한 글에서 이는 "세계에 의해 존재를 확립하는 것"이라고 썼다. 시인은 철학자와 동일한 역할을 하며, 동일한 권위를 가진다.

제23장
헨리 소로와 헛간에서의 삶
(1817년~1862년)

우리가 무질서한 세상에서 센스와 합리성에 대한 위안을 주는 것으로 의지하는 많은 철학자들이 자세히 검토해 보면 실망스럽게도 기이할 뿐 아니라 완전히 불합리한 사람으로 판명된다. 반면에 연못가 오두막에서 살면서 연필을 만들어 생계를 이어나간 무정부주의자 데이비드 헨리 소로는 첫눈에 보기에도 약간 기이하다. 그가 철학자가 된 것은 여전히 토론할 문제다.

그의 1857년 1월 7일 『일기』에서 소로는 말하고 있다.

거리에서 그리고 사회에서 나는 거의 가치 없는 존재로 나의 삶은 말할 수 없이 초라하다. 주지사나 주의원과 식사하는 것처럼 어떤 양의 금이나 고결한 인품도 나를 구해 낼 수 없다! 하지만 먼 숲 속이나 들판에서 뽐내지 않고 싹을 틔우는 대지나 토끼가 지나다니는 목초지에서 홀로 있을 때, 마을 사람이 술집을 생각하게 되는 오늘 같이 쓸쓸하고 음산한 날조차도 나는 나 자신으로 돌아와 다시 한 번 나 자신이 거대한 관계를 맺고 있으며, 추위와 고독은 나의 친구라고 느낀다.

나는 내 경우 이러한 가치가 다른 사람들이 교회에 가서 기도하면서 얻는 것과 동등하다고 생각한다. 나는 고향을 그리워하는 사람이 집에 가듯 나의 고독한 숲 속을 산책하며 집에 온다. 그리하여 나는 불필요한 것들을 처분하고 사물들을 원래 있는 대로, 장대하고 아름다운 것으로 본다. … 나는 매일매일이 … 분별 있는 부분이길 바란다.

철학의 이야기

이 설명은 흥미로운 이야기인 『보물섬』과 『납치』의 작가 로버트 루이스 스티븐슨에게 인상적이지 않았다. 그 역시 작가가 되기 위해 전통적인 직업을 포기했다. 스티븐슨은 어렸을 때 좋지 않은 건강을 극복하고 멀리 떨어진 은 광산에서 아름다운 원주민과 결혼한 뒤 이국적인 사모아 산속에서 살았다. 그곳에서 그는 오두막에 숨어 "제멋대로의" 삶을 사는 소로에 대해 썼다.

> 활기와 자유와 더불어 움직이지 않는 삶, 그리고 세상과의 접촉을 두려워하는 삶에는 뭔가 약간 비겁한, 뭔가 거의 소심한 경향이 있다. 한 마디로, 소로는 몰래 숨는 사람이다. 그는 동료들 사이에서 덕을 발휘하기를 바라지 않으며, 그 자신을 위해 덕을 쌓아 두려고 구석으로 도망친다.

실로 소로의 대안적 삶의 양식이 다른 많은 사람들에게 인상적이지도 않았다. 그래서 그의 생애를 통해, 그리고 사후에도 한동안 소로는 사회와 진보에 적대적인 괴팍한 시골뜨기 정도로 여겨졌다. 노예제 폐지, 아메리카 원주민의 복지, 그리고 미국의 야생을 보존하는 것 등을 위한 그의 다양한 활동은 그를 더 받아들이기 어려운 인물로 만들었다. 그렇지만 철학자들은 그들의 동시대인의 관점에 의해서 평가되어서는 안 된다. 시간과 역사가 그들의 심판관이어야 한다. 그래서 여기 역사가 "헨리 소로"라는 제목 아래 기록하고 있다.

그는 매사추세츠주의 콩코드에서 태어났는데, 그곳은 생태학적 용도로는 북미 동해안의 온화한 삼림 지대이다. 그 당시 콩코드는 작가들과 문학의 중심지로 여겨졌다. 그는 실제로는 데이비드 헨리 소로라고 불렸지만, 언제나 헨리라고 알려졌다. 그의 생가는 원래의 집터로부터 몇 백 미터 떨어진 곳에 일종의 박물관으로 다시 세워짐으로써 (테세우스의 배처럼) 그 자체로 작은 철학적 문제를 제기했다. 이곳은 진짜로 소로가 태어난 곳일까? 아니라면, 그의 생가가 두 개나 있을 수 있단 말인가?

어떤 사람들은 그를 "자연에 대한 글의 계관시인"이라고 부르고, 또 어떤 사람들은 그를 "우리의 생태학적 양심의 예언자"라고 환호한다. 그의 동료 중의 하나인 너데니엘 호손은 그를 "지독하게 못생긴 사람"이라고 불렀는데, "예의바르긴 했지만, 긴 코와 입은 이상한 외모에 어울리게 투박하고 거칠다. 그러나 그는 솔직하고 기분 좋게 볼품없었으며, 그게 아름다운 것보다 훨씬 낫다"고 말했다.

베스트셀러 『일곱 박공의 집』(*The House of Seven Gables*)[『빨강머리 앤』(*Anne of Green Gables*)과 혼동하지 말 것]을 쓴 호손은 "세상은 모든 진보의 추진력을 마음이 편치 않은 사람에게 빚지고 있다. 행복한 사람은 불가피하게 자신을 오래된 한계에 가둔다"고 덧붙였다. 사실 호손은 소로를 무척 존경했고, 그런 나머지 다락방에서 몇 달 동안 은둔하며 지내기도 했다.

정치적으로 급진적이었던 소로는 하버드에서 공부했고, (수사학, 고전학, 수학 등) 매우 전통적인 철학의 기초를 습득한 후에 고향으로 돌아가 뉴잉글랜드 초월주의라 불린 운동의 지도자였던 랠프 월도 에머슨 등과 같은 작가 그룹의 일원이 되었다. 이 이교도 같은 운동은 우리가 본질적 영혼과 교감하는 것은 자연을 통해서라고 주장했다. 소로는 또한 콩코드 대학에서 가르치게 되었지만, 막대기로 아이들을 때리기, 혹은 당시의 완곡한 표현인 "체벌"을 거부한 대가로 해고되었다. 그러자 형 존과 같이 대안 학교를 잠시 운영하기도 했는데, 그곳에서 '자연 산책'과 같은 과목을 개설했다. 하지만 존이 파상풍에 감염되어 죽자 학교 문을 닫았다. 이

어려운 시점에 소로는 에머슨의 편집 보조이자 아이들의 가정교사로, 그리고 정원사 역할은 물론 일반 잡일을 해달라는 제안을 받아들였다. 그러나 그의 주된 일은 부모님의 연필 공장이었다. 그곳은 그의 관심 두 개를 잘 결합한 것이었는데, 그 지방 고유의 나무와 그곳 고유의(아니면 적어도 뉴햄프셔주의)광물인 흑연이 바로 그것이었다.

1845년 그는 집에서 걸어서 반시간 정도의 작은 나무창고로 이사했다. 그는 그곳을 월든 연못가의 "통나무 오두막"이라는 부정확한 애칭으로 불렀다. 사실 월든은 연못이 아니라 숲 속의 호수였다. 작은 것을 연못이라고 규정하는 반면, 그곳 사람들은 월든을 바닥을 헤아릴 수 없다고 했다. 소로는 적어도 인간 지식에 이만큼의 기여를 했다, 즉 그는 호수는 가장 깊은 곳의 수심이 100피트는 된다고 보았다. 어쨌든 그 땅은 에머슨 소유였다. 그가 그곳으로 이사한 동기가 무엇이었든 그곳이 특별히 격리된 곳은 아니었으며 마을과도 무척 가까웠다. 소로는 순수한 상태의 황무지뿐 아니라 "부분적으로 개간된 시골"에 대해 찬사를 보냈다.

지름길로 가서 집에서 머물렀다. 컵 안의 도토리처럼 꽃받침 속의 꽃봉우리 같은 그의 골짜기에 한 사람이 살고 있다. 물론 이곳은 당신이 사랑하고 당신이 기대하는 당신의 모든 것이다. 이곳은 당신의 신부가 당신에게 최대한 가까이 올 수 있는 곳이다. 이곳은 당신이 상상할 수 있는 가장 최선이고 가장 최악이다. 그 이상 무엇을 원하는가? 그렇다면 그녀를 가져 가! 어리석은 사람들은 그들이 상상하는 것이 다른 곳에 있다고 상상한다. (『일기』 1858년 11월 11일)

마을 가까이었기 때문에 그는 그에게 세금을 내지 않았다고 말하는 세무 공무원을 만날 때 집에 편안하게 있을 수 없었다. 소로는 그의 양심이 그러지 못하게 했다고 말했다. 마찬가지로 그는 멕시코-미국 전쟁이나 노예제에 돈을 댈 수 없었다고 설명함으로써 체포되어 감옥에 갔다. 이 사례는 다른 세금 포탈자들, 특히 간디(인도에서 영국에 반대하여)와 마틴 루터 킹(미국에서 분리주의와 인종차별에 반대하여)을 고무시킨 것으로 알려진다. 저항운동에는 안 됐지만, 감옥에서 하룻밤을 지낸 뒤 남의 일에 나서기를 좋아하는 숙모가 그의 밀린 세금을 전부 내주는 바람에 석방되었다.[1] 만약 간디에게 그런 숙모가 있었다면 인도는 어떻게 되었을까! 그래서 소로는 대신 시민 불복종의 의무에 대한 에세이 『시민 정부에의 저항』을 쓰는 것으로 만족했다.

이는 감옥에 있던 날 밤 그에게 떠오른 생각 — 그의 마음과 정신이 자유로울 때 그의 신체가 구속된 불합리성에 대한 생각 — 을 확장시켰다. 그는 국가가 그를 손아귀에 넣을 수 없기 때문에 처벌하려고 한 것에 대해 유감스러워 했다. 그들은 그의 신체를 구속할 만큼 우월한 물리적 힘을 지녔지만, 도덕적 힘은 더 상위의 법에서 오는 것이기에 그의 신념에는 거의 도전하지 못했다. 정부가 "당신의 돈이거나 당신의 삶"이라고 말할 때, 그것은 노상강도나 다름없다고 말했다.

돈 조각뿐 아니라 당신의 영향력 전부를 투표에 던져라. 소수자는 다수에 따르는 동안 힘이 없다. 그럴 때는 소수자조차 아니다. 하지만 전력을 다해 막아설 때는 억제할 수 없다. 만약 모든 정의로운 사람을 감옥에 가두거나 전쟁과 노예제를 포기하는 것 중에 선택해야 한다면, 국가는 무엇을 선택할지 망설이지 않을 것이다.

그는 작은 오두막에 돌아가서 첫 번째 책을 썼다. 『콩코드와 메리맥 강에서의 일주일』은 형 존에게 바친 책이다. 예상했던 대로 출판사는 별 관심이 없었지만, 에머슨의 격려로 그는 자비 출판을 했다. 그로부터 몇 년 간 그는 빚 속에 살았고, 자신을 격려한 에머슨을 탓했다.

그의 거처에서 2년 동안 계절의 변화를 지켜본 뒤 그는 연필 공장에서 빚을 청산하기 위해 연못을 떠났다. 그러나 그러한 경험은 그의 다음 책 『월든』 또는 『숲 속에서의 삶』을 낳았다. 그 책은 숲에 대한 묘사와 "인간 집단은 조용한 절망의 삶을 이어간다는 인간 본성과 사회에 대한 관찰의 결합이다." 『숲 속에서의 삶』은 앞부분에서 대부분의 사람들은 (고대에 플라톤이 한탄했듯이) 소박한 삶 대신 물질적인 것을 얻으려고 노력하면 서 시간을 허비하며, 그것을 초월한 사람들도 호메로스나 아이스킬로스 대신 근대의 픽션을 읽으면서 시간을 낭비한다고 말한다. 이것은 하버드 의 영향이었다. 다행히 소로는 자연의 모든 신비와 장대함을 그리스 고전 보다 훨씬 더 흥미로워 하기 시작했다. 그리하여 그의 책보다 더 중요한 것이 그의 『일기』의 내용이다. 오랜 기간 숲과 호수에 대해서 그리고 자 연이 어떻게 변화하고, 적응하고, 재생하는지에 대해서 그 일기에 상세히 기록했다. 어떤 사람들은 그가 종과 지대, 그리고 기후가 어떻게 상호작 용하는지에 대해 기술함으로써 생태학의 기초를 다졌다고 생각하는데, 확실히 소로는 다윈의 추종자였다. 그는 『비글호』 항해에 대한 다윈의 설 명에 고무되었으며, '창조론자' 가 주도했던 미국에서 진화론을 옹호한 최초의 인물 중의 하나가 되었다. 그러나 그의 일기는 그 이상이었다.

각각에는 두 단계의 과정이 있었다. 먼저, 소로는 날씨가 어떤지, 어떤 꽃이 피었는지, 월든 연못의 수심이 얼마나 깊은지, 그가 본 동물들의 행 동 등과 같은 자신의 관찰을 주의 깊게 기록했다. 그리고는 그가 보아 온 것들의 정신적이고 미적 중요성을 확인하고 기술하려 했다. 소로는 워즈 워스의 이야기를 상기했다. 그 이야기에서 한 여행자가 워즈워스의 하인 에게 워즈워스의 서재를 보여 달라고 요청하고, 하인은 그에게 서재를 보

삽화 23 소로는 하루의 날씨를 조심스럽게 기록했다. 어떤 꽃이 피고, 월든 연못의 물은 얼마나 깊은지를.

여 주면서 다음과 같이 말한다. "이곳이 그의 공부방입니다. 하지만 그의 서재는 야외에 있습니다." 이는 소로와 일치하는 것이다.

　어떤 이는 후에 소로의 일기를 다 읽고 2백만 단어에 달한다고 말했다. 이는 엄청난 관찰의 기록이다. 또한 흑연은 둘째 치고 생태주의자라면 막 쓰는 것을 진짜로 망설여야 할 정도로 종이의 양도 엄청났지만, 철학적 통찰력이 두루 돋보이는 것이었다. 『일기』는 그의 철학의 기초다. 소로는 『연못에서의 삶』의 결론에서 말하고 있다.

　만약 당신이 허공에 성을 지었다면,
　당신의 작업은 헛되지 않습니다; 그곳이 바로 성이 있어야 할 곳입니다.
　이제 기초를 그 아래에 세우세요.

　그렇다면 소로는 자기 멋대로의 은둔자였나, 아니면 철학적 선구자였

288

나? 스티븐슨은 건강이 나빠 젊은 시절의 상당 부분을 침대에서 보냈고, 거기서 벗어나려고 애썼다. 그의 해결책은 정상적인 일을 포기하고 낯선 곳들을 여행하면서 엉뚱한 소설을 쓰는 것이었다. 그와 대조적으로 소로는 비록 헐떡거리는 가슴을 지녔고 연필 공장에서 일했지만 활기찼다. 그는 여행을 많이 하지는 않았지만, 그의 뒷마당에서 세상을 보는 것을 더 좋아했다.

그러나 스티븐슨과 소로에게는 공통점 또한 많다. 소로도 일상적 산책을 위해 그의 오두막을 떠났기 때문이다. 아이러니하게도 나이테를 세기 위해 늦은 밤 숲 속으로 갔으나 폭우 때문에 포기하고 말았을 때, 그는 감기에 걸린 뒤 죽음에 이르렀다. 그의 나이는 겨우 44세였다. 하지만 그에게 매번의 산책은 일종의 십자군 원정이었다. "우리가 무기력한 십자군"일지라도.

우리의 원정은 여행이며, 저녁에 우리가 시작한 오래된 화롯가로 돌아오는 것이었다. 산책의 반은 우리의 발자국을 다시 찾아가는 것이었다. 우리는 영원한 모험 정신으로 결코 돌아오지 않을 지름길을 가야 했고, 오래 기억될 마음을 잔재로서 우리의 쓸쓸한 왕국으로 돌려보낼 준비가 되어 있었다. 만약 당신이 부모와 형제를 떠나 그들을 다시는 보지 않을 준비가 되어 있다면, 만약 당신이 당신의 빚을 갚고, 유언을 하고, 당신의 모든 일들을 정리하고 자유로운 사람이라면, 당신은 산책할 준비가 된 것이다.

❖ 주 ❖

1) 소로는 그의 『일기』에 쓰고 있다: "나의 숙모 마리아는 차머스 박사의 생애에 대해 읽어 보라고 하셨다. 그런데 나는 읽겠다고 약속하지 않았다. 일요일인 어제 숙모는 귀머거리인 제인 숙모에게 분리대 너머로 다음과 같이 소리쳤다. '생각해 봐! 그는 오늘 반시간 동안 서서 잔소리를 들었는데, 결국 차머스의 삶에 대해 읽지 않았다구.'"

제24장
마르크스의 혁명적 유물론
(1818년 ~1883년)

마르크스는 『철학의 빈곤』에서 사람들은 각자 자신의 연극에서 작가이자 배우라고 썼다. 마찬가지로 철학자들은 "버섯처럼 땅에서 솟아나지 않으며, 시대와 국가의 산물로서 그 미묘하고, 소중하며, 보이지 않는 정수는 철학의 관념으로 흘러들어간다"고 『쾰른 신문』의 사설에 썼다.

그래서 마르크스(와 그의 사회 이론)를 이해하기 위해서는 유사 경험론적 역사 연구서들을 힘들여 읽는 것보다 마르크스의 개인적 삶과 그의 사회적 '존재'에 대한 일련의 정보를 훑는 것도 가능하다. 어떻든 마르크스와 엥겔스가 썼듯이 "관념, 개념, 의식을 만드는 것은 처음에는 물리적 활동, 물리적 교류, 실제 삶의 언어와 직접적으로 얽힌다." '순수 철학'은 일종의 '자위' 행위 — 지적 자위 — 에 지나지 않는다고 그들은 말한다 — 자신들마저 그러한 죄를 지으면서 말이다. 그리고 마르크스는 자신을 역사의 모든 기존 경향의 결정체의 일종인 '세계사적' 인물로 묘사한다.

그리고 이는, 설사 무시된다 해도 훨씬 더 흥미로운 연구다.

철학의 이야기

마르크스는 트리어에서 태어났다. 그곳은 독일의 무척 부르주아적인 시장 마을이었다. 그의 부모는 완벽한 부르주아였다. 그의 아버지는 변호사였는데, 유태인이라 박해받는 소수에 속할 수도 있었지만 개종을 통해 더 나은 사회적 지위를 택했다. 그의 집은 라신, 단테, 셰익스피어와 루소,

볼테르 같은 철학자들에 관한 서적 등 온갖 지적이고 문화적인 것들로 가득 찬 부르주아였다. 마르크스의 이웃이었던 저명한 사회주의 사상가 베스트팔렌 남작 역시 마르크스에게 책은 물론, 머지않아 "트리어에서 가장 아름다운 소녀"를 빌려 주었다. 이는 남작의 딸 예니로 그녀는 작은 키에 거무잡잡하고 당당한, 항상 찌푸린 얼굴의 마르크스와 사랑에 빠졌다. 그의 화려한 스타일 때문인지 그의 과도한 음주 기호 때문인지 결투 때문인지, 아니면 그의 낭만적인 연애시 때문인지 역사는 말해 주지 않는다. 그 후 40년 동안 그녀는 마르크스에 충실한 아내이자 비서로서 마르크스의 노트들을 해독 가능하고 일관적인 형태로 써 주었다. 이는 '헌신'이라는 여성의 가장 중요한 성질에 대한 그녀의 관점을 잘 기록해 준다는 점에서 그녀에게 적합한 것이었다. 그녀는 남성에게 가장 중요한 것은 "도덕적 용기"라고 말했다. 그와 반대로, 마르크스에게 있어서 남성에게 가장 중요한 것은 그저 "강한 것"이었고, 여성에게는 "약한 것"이었다. 그리고 행복에 대한 그의 생각은 "싸우는 것"이라고 말했다. 첨언하자면, 엥겔스는 부적절하게도, 이상적인 남성은 "그 자신의 일에 신경 쓰는" 사람이며, 완벽한 여성은 "물건을 잘못 두지 않는" 사람이며, 행복은 혁명적인 (1848) 빈티지 와인병에서 찾을 수 있다고 생각했다.

그러나 이 혁명 이야기는 앞서 나가는 것이다. 먼저 마르크스는 지루한 독일 마을을 떠나 매혹적인 파리로 갔다. 여기서 그는 헤르베르와 하이네 같은 시인, 그리고 바쿠닌 같은 정치철학자들과 어울렸다. 마르크스가 이미 만난 적 있는 엥겔스도 그곳에 있었는데, 둘은 견고한 유대관계를 맺는다. 마르크스와 달리 엥겔스는 마르고 창백했으며, 푸른 눈에 근시였지만, 글을 잘 썼다. 그들의 관계는 지속적이었다. 하지만 마르크스는 공산주의 전위대가 무계급 사회를 선도할지 아니면 단지 부패하고 잔인하며 무능한 관료주의로 타락할지를 놓고 러시아 무정부주의자들과 틀어졌다.

그러나 바쿠닌과의 불화는 그 차례를 기다려야 했다. 먼저 마르크스는 프랑스 당국과 불화를 겪었고, 파리에서 추방당하면서 스스로 "세계 시민"임을 선언했다. 그리고는 브뤼셀에 잠시 정착하고 적잖은 재산을 상속받은 뒤(행복한 재정적 사건들 중의 첫 번째) 벨기에 당국과 틀어졌다. 벨기에 당국은 그가 브뤼셀의 노동자들을 위해 총을 사는 데 그 돈의 일부를 쓰려고 했다고 불만을 제기했다.

고국 독일로 돌아간 마르크스와 엥겔스는 1848년 유럽을 휩쓴 혁명의 물결을 잡기 위해 『공산당 선언』을 서둘렀다. (그가 공적으로 단언했음에도 불구하고) 기본적으로 엥겔스가 쓴 『공산당 선언』은 다음의 유명한 주장으로 시작한다. "지금까지 존재해 온 사회의 모든 역사는 계급투쟁의 역사다." 만약 『공산당 선언』이 혁명에 도움이 되지 않았다 해도, 마르크스가 독일에서 환영받지 않도록 하는 데에는 일조했다. 그래서 1849년 마르크스와 예니(그리고 그들의 아이들과 "충실한 가정부")는 대신 런던에 집을 얻었다. 그것은 찰스 디킨스 소설이 그린 런던으로 작은 성냥팔이 소녀가 애써 일한 어둡고 사탄적인 공장의 세계이자, 올리버 트위스트가 수감되기를 거부한 소년원의 세계였다. 마르크스는 그의 나머지 생을 그곳에서 지내려고 했다. 당시 마르크스가의 상황은 '궁핍했고', 완곡하게 말하자면 '빚에 시달렸지만', 그들의 삶의 양식은 여전히 부정할 수 없이 부르주아적이었다. 도착하던 날 그들은 새로운 환경에 잘 적응하기 위해 아그릴 공작의 문장이 새겨진 은식기를 받기도 했다.

이때 마르크스는 『뉴욕 데일리 트리뷴』에 기고하고(비록 대부분은 엥겔스가 쓴 유령 칼럼이었다) 엥겔스가 보내 준 1파운드의 어음으로 적당한 수입을 보충했다. 매번 반액만큼의 어음이 도착했는데, 그것은 엥겔스가 심술궂었기 때문이 아니라 누군가가 그들의 편지를 가로챘기 때문이라고, 두 사람은 아마도 옳게 믿었다.

비록 이 돈은 맨체스터에 있는 엥겔스의 공장에서 노동자들을 착취한 결과였지만, — 아니면 마르크스가 나중에 썼듯이, —

> 자본은 … 직접 생산자 또는 노동자로부터 특정 양의 잉여노동을 산출한다. 잉여노동은 그에 동등한 것을 받지 못하며, 그것이 어떤 자유로운 계약상의 동의의 결과이든 그 본성상 언제나 강요된 노동이다 … (『자본론』 제3권)

적어도 그것은 마르크스로 하여금 대영 도서관의 열람실에서는 물론 런던의 여러 선술집에서, 그리고 그의 사생아를 낳은 헬레네 데무스의 침실에서 그의 '연구'를 계속할 수 있게 해 주었다. 그 아이 프레디는 나중에 입양되었고, 역사에 전혀 등장하지 않는다. 그러나 칼과 예니의 일곱 아이들의 운명이 부러움을 산 것도 아니었다. 그들 중 네 명은 유아일 때 영양실조로 세상을 떠났다.

1856년 마르크스가는 또 다른 상속을 통해 더 많은 돈을 받게 된다. 이 돈의 일부로 그들은 햄스테드 헤스 부근에 안락한 집을 샀으며, 세 명의 아이들을 사우스 햄스테드 여대에 보냈다. 그러나 유산은 금세 바닥났고, 마르크스는 "나는 부르주아 사회가 나를 돈 버는 기계로 만들게 하지는 않을 것이다"라고 분노의 글을 썼지만, 그는 돈을 벌기 위한 노력을 배가해야 했으며, 이는 엥겔스에게 보낸 편지에 다음과 같이 표현되어 있다.

친애하는 엥겔스,

오늘 자네의 편지는 우리를 무척 흥분시켰네. 나의 아내는 아프네. 나의 예니가 아프다네. 렌첸(가정부)은 신경 열 같은 것을 앓고 있네. 나는 의

사를 부를 수 없었는데, 약을 살 돈이 없었기 때문이네. 지난 8~10일 동안 나는 가족들에게 빵과 감자만을 먹였는데, 오늘은 무엇을 줄 수 있을지 모르겠네…

일어날 수 있는 가장 바람직한 일은 집주인이 나를 내쫓는 걸세. 그러면 나는 최소한 22파운드는 내지 않아도 되네. 그러나 그녀한테서 그러한 친절은 거의 기대할 수 없네. [사악한 집주인 계급 …] 거기에다가 여전히 빵가게, 우유배달부, 차 상인, 야채상, 정육점에 빚이 있네. 어떻게 하면 이 지독한 혼란으로부터 벗어날 수 있을까…?

삽화 24 마르크스는 노하여 코웃음을 쳤다. "『자본론』은 내가 글을 쓰면서 피운 시가 값도 대지 못할 거야."

다음 날 마르크스는 엥겔스로부터 4파운드를 받았다. 네 개의 불충분한 파운드화! 섬유공장 사업은 확실히 어려운 시기였다. 작가로서, 혁명 작가로서도, 안락한 환경은 아니었다. 마르크스는 화를 주체하지 못하고, "『자본론』은 내가 글을 쓰는 동안 시가 값조차 내지 못한다"고 썼다!

실제로 담배는 그의 건강에 타격을 주었고, 한때 활발했던 마르크스는 종기와 부스럼으로 뒤덮인 사회의 추방자가 되었다. 한때 아름다웠던 예니는 1860년 천연두에 걸렸고, 회복되긴 했으나 마르크스의 표현으로는 "코뿔소, 하마"처럼 보이게 되었다.

1860년 마르크스는 『뉴욕 데일리 트리뷴』의 '유럽 통신원'으로서의 수입이 끊겼으나 다른 두 유산으로 생계를 유지했다. 그들은 그 돈으로 … 더 큰 집으로 이사해 성대한 파티를 열었다.

1870년 엥겔스는 공장주에서 물러나면서 그의 공장 사무실에 (특이하게) 잠을 자는 데 썼던 그물 침대를 내려놓았다. 그리고는 런던으로 이사했다. 그래서 그의 친구 마르크스도 '은퇴'할 수 있었다. 그는 마르크스에게 일종의 연금을 주었는데, 그것은 연간 350파운드의 미미하지 않은 액수였다. 그리고 마르크스의 정치 운동가로서의 긴 경력은 이 무렵 대중적 인정을 받기 시작한다. 평등주의, 민주주의, 파리 코뮌의 단순성을 칭찬하는 놀랍도록 그럴듯한 글들은 그에게 "괴짜 박사"라는 별명 대신 "붉은 테러 박사"라는 탁월한 별명을 붙여 주었다. 코뮌에 대해서 그는 다음과 같이 썼다.

그 진짜 비밀은 이렇다. 그것은 본질적으로 노동자 계급의 정부로 착취하는 계급에 반대하는 생산자의 투쟁의 산물로 그 아래서 노동의 경제적 해방을 실천하는 정치 형태다. … 그렇다 신사들이여, 코뮌은 많은 사람들의 노동을 소수의 부로 만드는 계급 소유를 포기하고자 한다.

그러나 뒤에 마르크스는 그가 코뮌에 호의적이었다는 인상을 수정하고는 그것이 "현명한 사회주의자가 아니었다"고 말했다.

역사라는 장부의 기재사항

만약 마르크스의 개인적 삶이 방종적이고 위선적인 것이었다 해도, 그것은 마르크스주의가 구제될 수 없을 정도로 결함이 있다는 것을 의미하지는 않는다. 결국 그것은 대부분이 사실은 '엥겔리즘'이다. 『공산당 선언』과 『독일 이데올로기』의 대부분은 물론 신문 기사의 다수를 쓴 것은 마르크스의 집에서 별명이 "장군"이었던 엥겔스였다. '마르크스의' 아이디어에 대해 치켜세우고 리뷰를 쓴 것도 엥겔스였는데, 많은 사람들은 그가 『유토피아적이고 과학적인 사회주의』라는 책에서 '마르크스주의'라는 개념을 만들어 낸 것으로 여긴다. 그리고 마지막으로, 마르크스의 노트에서 여러 권의 『자본론』을 '정리한' 사람도 엥겔스였다.

그러나 마르크스 자신의 업적은 무엇인가? 바이데마이어에게 보낸 편지에서 마르크스는 자신의 업적에 대해서 썼다.

이제 근대 사회에서 계급의 존재나 그들 사이의 투쟁을 내가 발견했다고 주장하지 않는다. 나보다 오래전에 부르주아 경제학자들이 그들의 경제를 해부했듯이, 부르주아 역사학자들은 계급 간의 이러한 투쟁의 역사적 발전을 기술했다. 나 자신의 공헌은:

1. 계급의 존재가 생산의 발전에서 특정 역사적 단계와 밀접한 관계가 있다는 것.
2. 계급투쟁은 필연적으로 프롤레타리아의 독재로 이끈다는 것.

3. 이 독재 자체는 모든 계급의 폐지와 무계급 사회로의 전환기라는 것
   이다.

그러나 그의 유산의 이러한 요소들 중에 첫 번째 것은 자명한 이치이며,
두 번째와 세 번째는 그저 수사적으로만 '입증되었을' 뿐이다.

1863년, 엥겔스의 '내연의 처' 메리 번스가 갑자기 죽고 마르크스가
엥겔스에게 "메리 대신 나의 어머니가 돌아가셨어야 했던 것 아닐까?"라
고 빈정거린 뒤 솔직하게 써내려 간 편지를 보내자 둘은 싸웠다. 편지의
나머지는 마르크스의 재정적 요구에 관한 것이었다.

VIII :

현대철학
RECENT PHILOSOPHY

제25장
러셀, 어떤 것을 지칭하다
(1872년~1970년)

버트런드 아서 윌리엄 러셀은 3대째 백작이었고 빅토리아 시대 영국 총리의 아들이었으며 케임브리지 대학 트리니티 칼리지의 철학 교수였는데, 그는 아직도 케임브리지에서 "20세기 철학의 발전에서 심오한 영향을 준 인물"로 여겨지고 있다.[1] 그는 철학적 논리학 분야에서 특별한 전문성을 지녔다. 비록 그 분야는 그보다 2천 년 전에 있었고 그 단어 역시 오랫동안 사용되어 왔지만, 실로 그는 철학적 논리학이라는 용어를 만들어 냈다고 인정받고 있다. 그가 한 것이 어떻게 새로운 것으로 여겨질 수 있는지 알 수 없다. 그럼에도 불구하고, 니콜라스 그리핀은 『루틀리지 철학백과사전』에서 그가 많은 "중요한 논리적 혁신"을 이룬 것은 의심의 여지가 없으며, 그중 가장 중요한 것은 '이러저러한'에 이어지는 문장들을 그러한 표현이 등장하지 않는 형태로 재분석한 것이라고 썼다. 그러한 업적에 대해 좀 더 살펴보자.

철학의 이야기

러셀이 저명한 논리학자 페아노를 파리의 철학 학술대회에서 만난 1890년에 모든 것이 시작되었다. 주세페 페아노는 젊은 러셀이 수학에 논리적 기초를 놓는 작업에 나서도록 자극했다. 처음에는 일이 매우 잘 풀렸다. 1907년부터 1910년까지 러셀은 케임브리지에 있는 자신의 서재에서 하루에 10~12시간씩 연구하면서, 역사가 기록하길 "전설적인 오후의 차"를 대접한 알프레드 노스 화이트헤드의 친절한 감독하에 논리적 정리들을 저술했다. 이 정리들은 궁극적으로 당당히 『수학 원리』가 되었다.

그러나 '위대한 20세기의 영국 철학자' A. J. 에어가 말하듯이, 이 위대한 저작이 완성되었을 때, 케임브리지 대학 출판부의 관리들은 이 증명들의 중요성을 인식하지 못하고, 그저 이것이 얼마나 길고 얼마나 소수의 사람들이 읽으려고 할 것인지만을 보았다. 수학을 논리적 기초 위에 세우는 것의 이득을 보는 대신 그들은 지불하고자 했던 비용의 두 배인 600파운드의 인쇄비용이 든다는 것만을 보았다. 기쁘게도 러셀과 화이트헤드 모두가 회원이었던 왕립 학회에서 200파운드를 기부하기로 했지만, 저자들은 여전히 나머지 100파운드를 모아야 했다. 따라서 프레디 경은 "그들이 10년 걸려 완성한 이 걸작에 대한 그들의 재정적 보상은 각각 마이너스 50파운드 씩이다"라고 슬픈 결론을 내렸다.

『수학 원리』는 무척 길고 오늘날 널리 읽히지 않는다. 그러나 이 책의 요점은 단 한 문장으로 요약할 수 있다. 논리학은 수학보다 더 중요해서 그저 몇몇 논리학의 원리들로 환원될 수 있다는 것이다.

가령 러셀은, 수학자들에게는 대담하게도 수를 단지 형용사로 보았다. 예를 들어 두 마리의 강아지는 일부 개들이 '둘'(twoness)이라는 속성을 지녔다는 것에 대해 말하는 하나의 방법일 뿐이라는 것이다. 저기에 있는 일군의 개들을 보라. 그것은 나의 귀, 당신의 손, 러셀의 첫 번째 두 아내들, 그리고 실로 이러한 속성을 지닌 다른 모든 사물들의 집합과 함께 '둘'이라는 집합에 속한다. 그러나 네 마리의 강아지에 대해서는 어떤가? 그것은 두 개의 그룹에 속하는가? 두 마리 강아지의 집합 두 개가 아닌가?

그러나 이는 이미 문제를 복잡하게 만드는 것이다. 이것을 쉽게 이해하기 위해 런던 대학의 마크 세인즈베리 교수 같은 전문가가 필요하다.

예를 들어 1+2를 보자. (2+2는 고급반 학생들을 위해 남겨 두자.) 그는 이를 "각각이 하나의 구성원과 둘의 구성원의 결합인 집합들의 집합"으로 더 잘 나타낼 수 있다고 설명한다. 다시 말해, 세인즈베리 교수는 "구성원이 셋인 집합들의 집합"으로 끝냈다.

이것이 어떻게 더 나은 것일 수 있는가? 많은 근대 철학자들에게는 그렇다. 그들은 일상 언어가 논리학을 이용하여 '형식적으로' 표현되는 것이 더 낫다고 생각한다. 러셀은 세계에 관한 문장들은 그 논리적 본질을 드러내기 위해 그 '식인적 미신'을 벗겨내야 한다고 『마음과 물질』에서 자문화중심적으로 썼다. '눈은 얼은 물이다' 와 같은 단순한 문장조차도 명료화되어야 하는데, 이때 '이다' (is)는 어떤 종류의 동사인가? 이 '이다' 는 무엇이 있다(is)의 '이다' 인가, 아니면 '같다' 의 '이다' 인가? 아니면 그것은 눈의 속성을 기술하는 '이다' 인가? 어떤 '이다' 인가?

어쨌든 이것이 바로 러셀이 제기한 문제들이다. 그러나 러셀의 위대한 논리학자로서의 명성이 의심스럽다 해도, 『철학의 문제들』(1911)과 『서양철학사』(1946)와 같은 저작을 통해서 철학의 대중화 그리고 그 명료화에 대한 그의 공헌은 시간의 검증을 견뎌 냈다.

그러나 1905년에 러셀의 첫 번째 중요 저작은 "지시에 관하여"였다. 여기서 러셀은 '약간' (some), '어느' (no), '하나' (a), 그리고 '모든' (every) — 그는 이들을 '양화사' 라고 불렀다 — 과 같은 명사 뒤에 나오는 단어들은 없앨 수 있다는 이론을 개괄했다. 이는 일각수와 프랑스 왕과 같은 표현들은 무엇을 나타내지 않기 때문이다. 소크라테스는 소크라테스를 나타내고, '철학자' 라는 단어는 사람에 있어서 특정 학술적 성질을 나타낸다. 그러나 '소크라테스는 하나의 철학자다' 라는 구절에서 '하나' 는 무엇을 나타내는가? 양을 뜻한다. 물론 그렇지만 좀 복잡한 문제다. 왜냐하면 하나의 일각수가 뿔 하나를 지닌다고 말하는 것은 일각수

하나가 진짜 있고, 그것은 단 하나의 뿔을 지닌다는 것을 의미하지는 않기 때문이다.

러셀은 우리가 말하는 모든 것은 — 본질적으로 감각 지각에 의해 — 우리가 직접적인 지식을 가지는 것들에 관한 진술들로만 구성되어야 한다고 생각했다.

그래서 우리는 '지난번에 파리에서 나는 그가 프랑스 왕이라고 말한 사람을 만났는데, 그가 대머리임을 알 수 있었다'고 말할 수는 있어도 '현재 프랑스 왕이 대머리다'라고는 말할 수 없다는 것이다. 이는 우리가 어떻게 '외부' 세계에 대해 알 수 있는가에 관련된 철학적 문제는 '감각 가능한 것'에 주목함으로써 해결될 수 있다고 한 1914년의 그의 생각에 잘 들어맞는 것이다. 결과적으로 우리의 머릿속 아이디어에 주목함으로써 알 수 있다는 것이다. 후에 그는 모든 '감각 가능한 것'은 단순 감각 지각의 다발로 이해되어야 한다고 말함으로써 그의 접근법을 세련되게 만들었다.

러셀은 이를 색채, 냄새, 견고성, 거칢 등과 같은 것들로 제한시켰는데, 이러한 전략은 이전에 다른 사람들도 별 효과 없이 썼던 것이다. 그는 '감각소여'는 우리에게 '직접지'를 제공하는 반면 우리는 '기술지'를 불만스러워도 받아들여야 한다고 말한다. 우리가 직접적으로 알 수 있는 것은 매우 제한되어 있어서 우리의 존재조차도 '의지하기', '믿기', '바라기' 등을 의식하는 것 정도로 제한된다. 흥미로운 예로 러셀은 산은 스스로 알려질 수 없다고 주장한다. 그래서 우리는 산의 '가설'을 만들어 내도록 하는 감각 지각에 대한 이야기들로 우리를 국한시켜야 한다(러셀의 집은 눈으로 덮인 높고 딱딱한 대상들에 의해 둘러 싸여 있었다). (그가 허용한 유일한 양보는 과학의 성과에 따라 우리는 사물들이 누군가가 보지 않을 때에도 계속해서 존재하고, 오늘 참인 것은 적어도 '대체로'는 내일

삽화 25 하지만 그의 머리는 어떤가? 만약 그가 정상적으로 머리를 자르지 않는다면, 그는 확실히 이번엔 자신의 머리를 자를 수 있을 것이다.

도 계속 참이라는 특정 가정들을 계속해야 한다는 것이다.)

그러나 과학은 부정확하고 되는대로 맡겨 두는 분야다. 수학은 그렇지 않다. 러셀이 문제에 부닥친 것은 바로 그 점이며, 매우 지독한 문제였다. 그것은 사실 머지않아 그의 철학적 기념비가 된 것으로, 이후에 철학에서 '러셀의 패러독스'라고 알려지게 되었다. 그것은 '그 자신의 구성원이 아닌 모든 집합들의 집합의 문제'라고 수학의 전문용어로 표현되는데, 이 문제는 단순히 그것이 그 자신의 구성원인지 아닌지의 문제다. 그러나 이 문제는 보통 스스로 머리를 자르지 않는 마을의 모든 사람들의 머리를 잘 랐던 힌두 쿠쉬 산맥의 이발사의 사례를 기억한다면 좀 더 쉬워진다. 이 이발사에게 머리를 자르러 오는 가능한 손님의 범위는 간단하다. 보통 스스로 머리를 자르거나 자르지 않는 사람들이다. 하지만 이발사 자신의 경우는 어떤가(이 이발사가 남자라고 가정하자)? 만약 그가 정상적으로 자른다면, 확실히 그는 자신의 머리를 자를 수 있다. 하지만 만약 그렇다면, 그는 보통 머리를 자르는 사람의 머리를 자르는 것이 된다. 그는 그렇게

305

하지 말아야 한다. 따라서 이 이발사는 자신의 머리를 자르면 안 된다. 그가 자신의 머리를 자르지 않는다면, 확실히 그는 그가 머리를 자를 수 있는 사람들의 범주에 속하게 된다.

이렇게 궁극적으로는 헛된 자기지시적 실패를 거듭하게 된다. 그래서 러셀은 (이발사에 관한 것뿐 아니라 스스로의 구성원이 아닌 집합들의 집합까지) '자기지시적'인 모든 진술을 금지함으로써 자신의 탁월한 이론을 구해 내려고 했다. 이것이 그의 '유형 이론'이다.

그 다음은 부정에 관한 문제다. '소크라테스는 남자다'라고 말하는 것은 복잡하지만, '소크라테스는 여자가 아니다'라고 말하는 것은 훨씬 더 복잡하다. 러셀은 그러한 부정적 주장도 금지하기를 원했다. 왜냐하면 그는 우리의 모든 진술을 논리적이거나 경험적 진리와 직접적으로 관련된 단순한 것으로 만들고자 했기 때문이다. 그러면 우리는 어떻게 존재하지 않는 것을 직접 지칭할 수 있는가? 부정문으로는 확실히 그렇게 할 수 없다. 아마도 나는 확실히 오직 긍정문만 그렇게 할 것이라고 말해야 한다.

이제부터 부정적이거나 모호해지는 대신 우리는 긍정적이고 정확해야 한다. '개 한 마리가 나의 서재로 들어왔으며 지금 나는 나의 원고 노트를 찾을 수 없다'라고 말하는 대신 우리는 '어떤 x가 있는데, x는 개이고 y가 있는데 y는 글을 쓰는 곳이며 z가 있는데 그것은 나의 원고들의 모음이며 x가 y로 들어가서 z를 먹었다'라고 말해야 한다!

이렇게 하는 것의 장점은 비철학자들에게는 그리 분명하지 않다. 그러나 이렇게 함으로써 논리적 철학자들은 그들의 관찰에서 의도하지 않은 불필요하게 존재에 연루되는 것을 피할 수 있게 된다. 예를 들어,

프랑스 왕은 대머리다

소크라테스는 사람이다

눈은 하얗다

일각수는 뿔이 하나다

개밥바라기는 샛별이다

기타 등등

위 첫 문장 '프랑스 왕은 대머리다'를 보자.[2] 그것은 참인가 거짓인가? 좀 약한 조크이기는 하지만 러셀과 이후의 철학자들에게는 프랑스 왕이 없기에 충분한 것이었다. 그는 수 세기 전에 머리를 잘라 버렸다. 그렇다 해도, 그 주장이 참인지 거짓인지, 아니면 둘 다 아닌지는 분명하지 않다. 하지만 이제 해답이 앞에 있다. 그 문장은 그것을 구성하는 세 부분으로 나뉠 수 있다고 러셀은 말한다. 그것은 프랑스 왕이 있다는 것과 그런 것이 단 하나 있다는 것, 그리고 그 유일하게 존재하는 것이 사실은 대머리라는 것이다. 이제 우리는 첫 부분이 사실이 아니라는 것을 알 수 있다. 그러므로 '프랑스 왕은 대머리다'라는 문장은 거짓이다. '일각수는 뿔이 하나다'라는 진술도 그렇다. 하지만 '눈은 하얗다'는 아니다.

이 위대한 업적에 대해 러셀은 노벨상을 기대했다. 그러나 그는 실망해야 했다. 그러나 적어도 그는 감옥에 가지는 않았다. 나중에 두 번이나 갔던 것처럼 말이다. 그러나 '러셀 백작'은 사회적인 부적응자였으며 정치적으로 급진적이었다. 아마도 이는 논리학을 일상생활에 적용한 데서 온 불가피한 결과인 듯하다.

그의 쇠락은 제1차 세계대전 중에 시작되었고, 그것은 그가 징병제에 반대하여(2년 뒤 죽은 시인 시그프리드 서순과 함께 "이 악하고 부정의한 전쟁"에 반대하는 항의문서에 서명함으로써) 트리니티 칼리지에서 면직된 1916년으로 거슬러 올라간다. 이어서 곧 그는 미국 군대에 대한 명예 훼손, 혹은 기소장이 언급하듯이 "폐하의 미합중국과의 관계를 손상시킬 법한" 진술을 함으로써 6개월간 브릭스톤 교도소에 수감되었다.

감옥에 있는 동안 러셀은 『정치적 이상: 자유에의 길』을 썼다. 이 책에서 그는 왜 그가 자신의 정치적 신념 때문에 기꺼이 고통 받으려 하는지를 설명하고 있다. "사회주의, 무정부주의, 그리고 노동조합주의의 개척자들은 대부분 투옥, 망명, 그리고 가난을 경험했다. 이는 그들이 자신들의 선전을 포기하지 않음으로써 의도적으로 자초한 것이다. 그리고 이러한 행위로 그들은 그들을 자극한 희망은 자신들을 위한 것이 아니라 인류를 위한 것임을 보여 주었다."

전쟁이 끝난 뒤 그는 (나중에 그의 첫 번째 부인이 된) 도라 블랙과 함께 '혁명'을 보기 위해 러시아로 여행했으며, 레닌과 트로츠키를 만났지만, 그들에 대해서나 그들의 체제에 대해서 별로 좋아하지 않았다. 대신 그 후로 15년간 러셀 백작은 급진적인 대안적 코뮌과 학교, 시위와 국제적 회의 사이에서 부랑아처럼 되었는데, 네 차례 결혼을 하고, 아리스토텔레스 이후로 목격된 바 없는 인간사의 전 영역에 걸친 방대한 철학적 저작을 쏟아냈다. 권력, 포르노그래피, 성 등 모든 것이 그의 관심 영역이었다. 종합하면 그는 대중적 도덕에 대해 저술하기 위해 논리학을 포기했다. 후에 그는 오직 "돈 때문에" 그렇게 했다고 동료들에게 말했다.

1940년 신(이 존재하지 않는다는[3])에 대한 그의 견해에 반대하는 항의자들은 그가 뉴욕의 철학교수직을 얻는 것을 막았다. 그는 영국으로 돌아갔으며, 저명 학자들, 특히 과학자들을 위한 일련의 학술대회를 조직하고 핵무기에 반대하는 운동을 했는데, 그는 전 세계로부터 학자들을 초청하여 전쟁에 반대하는데 동참하도록 했다. 이로 인해 그는 다시 감옥에 가야했다. 당연하게도 그는 복역 기간 동안 또 다른 책을 썼다.

철학자로서 러셀은 완전한 난센스를 말하곤 했다. 러셀은 이를 잘 알고 있었던 것 같다. 그래서 아주 익살스런 예를 제시하는 동안 "장난스럽게 웃었다." 그를 계승한 사람들은 그렇지 않았다. 그들은 자기 인식을 결여한 채 진지함을 유지했다. 다행히 논리학과는 별개로 러셀은 다른 것들도 했지만, 그의 추종자들은 그렇지 않았다.

❖ 주 ❖

1) 어쩌면 웨일스에도 그렇게 여겨진다. 웨일스 남부 그웬트에서 태어난 버트런드 러셀은 1955년부터 북웨일스에 살았고, 논란의 여지가 있지만 웨일스의 가장 위대한 철학자가 되었다.

2) 세인즈베리 교수는 프랑스 왕이 대머리가 아닌 함축에 대해 다음과 같이 논의하고 있다.

(a) '프랑스 왕은 대머리다' 나 (b) '프랑스 왕은 대머리가 아니다' 둘 다 참이 아닌 듯하다. 러셀은 (b)는 (a)의 부정으로 정확히 한 명의 프랑스 왕이 있지 않다는 것을 함축하는 것과 (a)의 부정이 아니라 (a)처럼 거짓이 되는 '정확히 한 명의 프랑스 왕이 있고 그것이 누구든 프랑스 왕은 대머리가 아니다' 둘 다를 뜻할 수 있다는 점에서 애매하다고 주장했다.

실로 러셀은 그러한 진리를 표현하기 위해서 특수한 수학-철학적 용어를 만들어 냈다. 그것은 오로지 전문적인 철학자들만 이해할 수 있는 것이다. 결국 이는 '필요한' 것은 아닐지라도, 전문적 철학자들의 존재 이유를 부여하는 것이다.

3) 라디오 토론에서 신이 존재하지 않는지에 대해서 질문을 받았을 때, 러셀은 우주의 존재에 대해 설명할 수 있었다. 그의 답변은 "우주는 그저 존재하며, 그게 전부다"였다. ((우주는) 필연적으로 존재한다 …)

제26장
비트겐슈타인의 장광설
(1889년~1951년)

도대체 비트겐슈타인은 누구였는가? 1889년에 태어나 1951년에 죽은 루트비히 요셉 요한 비트겐슈타인은 많은 철학의 권위자들에게 그저 "20세기의 주도적 분석철학자"이다. 옥스퍼드 대학 세인트 존스 칼리지의 피터 해커 박사는 그의 "두 주요 저작"은 주제의 방향을 바꾸었다고 말한다. 그의 "철학에 대한 혁명적 개념"은 더 이상 구체적인 철학적 명제들 혹은 구체적인 철학적 지식은 없다는 것을 의미했다. 철학의 임무는 그저 "개념적 명료화와 철학적 문제들의 해소"에 있다. 철학의 목적은 더 이상 지식이 아니라 이해에 있다. 그러나 무엇보다도 철학자들이 비트겐슈타인을 이해할 필요가 있다.

철학의 이야기

비트겐슈타인의 '삶'은 철학의 이야기라기보다는 하나의 장광설이다. 그 단조롭고 따분한 철학자들 중에서도 그는 반짝반짝 빛난다. 그는 무디고 평범한 자갈밭에 던져진 다듬어지지 않은 다이아몬드였다. 이력서만으로 그는 눈에 띈다. 그는 자신의 모든 부를 나누어 준 오스트리아의 억만장자, 히틀러의 동문, 전쟁 영웅, 모더니즘 건축가, 시골마을의 교사, 최초의 제트엔진 설계자였으며[1], (마지막으로 중요한 것 하나는) 버트런드 러셀의 뛰어난 제자로 2년간의 공부 뒤 (그가 나중에 겸손하게 썼듯이) 철학의 주요 문제들을 해결했다.

여기 제시한 생각들의 진리는 나로서는 공격 불가능한 것이고 최종적이다. 따라서 나는 나 자신이 모든 본질적인 부분에 있어서 문제들의 최종적인 답을 찾았다고 믿는다. (『논리-철학 논고』, 서문)

철학적 영웅의 전형적인 사례로 그의 첫 번째이자 살아 있는 동안 펴낸 유일한 책인 『논리-철학 논고』가 인쇄되는 동안,[2] 비트겐슈타인은 먼지 쌓인 유럽의 대학의 안락의자에서 목적 없이 빈둥거리지 않고 오스트리아의 시골에서 닭들과 마을 사람들과 어울리고 있었다는 것이다. 철학으로서는 다행인 것이, 그는 중앙난방과 라디에이터의 흥미로운 새로운 설계를 포함하여 그의 누이의 멋진 집을 설계하려고 빈에 잠시 머문 후 케임브리지로 돌아간다.

케임브리지에 있는 동안 비트겐슈타인은 비정통적인 스타일과 가르침에 대한 혁명적인 접근법으로 학교 속의 학교가 된다. 강의를 거부하고 세미나만을 개설했고, 그의 금욕적인 연구실에는 책이 거의 없었고 대신 유명한 접의자가 있었다. 세미나에 참석하는 학생들은 그의 '제자들'이 되었고, 그를 따라 넥타이를 매지 않고 트위드 자켓과 플란넬 바지를 입음으로써 그에의 헌신을 보여 주었다. (철학처럼 그의 복장도 여학생들에게 맞지는 않았다 …) 매 세미나 뒤 그는 믿을 만한 친구들에게 '영화관'에 같이 갈 것을 청했는데, 그곳에서 그는 (스크린에서 가장 가까운) 맨 앞줄 중앙에 앉아서 돼지고기 파이를 먹었다. 케임브리지의 공식적인 사교 모임에 대해서 비트겐슈타인은 대학의 '정찬'에 참석하기를 거부했다. 그러나 종종 '도덕과학클럽'에는 참석했는데, 한 번은 그렇게 하라는 제자들의 속삭임에 대응하여 칼 포퍼에게 부지깽이를 흔들어 대며 '도덕 규칙'의 예를 제시해 달라고 요구했다. 포퍼는 "방문 연사를 부지깽이로 위협하지 않는 것"이라고 말했다고 하며, 비트겐슈타인은 부지깽이를 던져 버리고 자리를 떴다(이어서 제자들이 따라 나갔다).

또 한 번은 지식에 대한 과학적 접근법의 장점에 대해 비엔나 서클에게 강연해 달라는 요청에 그는 그렇게 하기로 했지만 그들을 등진 채 서사적인 동양의 시를 소리 내 읽었다. 마지막에 가서야 그는 뒤로 돌아 (어쩌면 밀처럼) 철학은 시를 통해서 가장 잘 접근할 수 있다고 말했다.

이것이 전부가 아니지만, 확실히 이것만으로도 충분하다. 결국 이러한 이야기는 사실에 기초하기는 했지만 오해의 소지가 있다. 신화는 아니지만 전설인 것도 분명하다.

우뚝 솟은 천재인가, 아니면 과도한 자만심인가?

실제로 열정적이고 약간 미쳤다고 할 수도 있는 비트겐슈타인은 주변 사람들을 위협하여 침묵하게 했다. 비트겐슈타인에게 소크라테스적 대화는 맞지 않았다. 그가 단호하게 말하면 다른 사람들은 받아 적었다. 마찬가지로 오늘날 미화된 전기는 일부 사실을 등한시하고 있다. 비트겐슈타인은 상속받은 수억의 재산의 권리를 그의 누이들에게만 주었고, 제2차 세계대전 동안에는 나치의 계획이 분명해지고 끔찍한 것이 되자 비트겐슈타인가 재산의 상당 부분을 — (우리 모두가 보냈을지 모르는) 이를테면 금괴 3개가 아니라 금 3톤을 — 나치의 전쟁 비용에 쓰도록 여전히 조정할 수 있었다. 그 대가로 가족들은 공식적인 '비유태인' 지위를 얻었다. 너그러운 사람들은 비트겐슈타인이 '그의 누이들'을 살리기 위해 그렇게 했다고 말하겠지만, 진실은 비트겐슈타인가는 살아갈 온 세상을 가졌던 것이고, 대신 스스로 이웃의 학대자와 제휴한 것이다.

그러나 왜 비트겐슈타인이 그렇게 했을까? 이 역시 공식적으로는 잘 거론되지 않는데, 어떤 철학적 출처나 영향도 잘 인정하지 않는 혁신자인 비트겐슈타인은 한 명의 철학적 스승을 공개했는데, 그것은 그와 같은 오스트리아인 오토 바이닝거였다. 20세기 초 대중적이었던 바이닝거의 철학은 인간의 최상의 형태는 점잖고 논리적인 남성 슈퍼 영웅이라는 것이며, 동성애적이거나 정서적인 것 또는 유태인(그런 특징은 어떤 면에서 '여성적'이다)인 것은 전부 결함이다. 각각의 인간은 남성과 여성이라는 두 부분을 지닌다고 바이닝거는 인정했지만, 가능하면 남성인 것이 더 낫다. 온전하게 여성적인 것은 그 사람을 동물의 레벨로 끌어내리는 것이다. "남자는 그가 전적으로 논리적일 때 완전히 그 자신이 되는 것이다. 실로 그는 철저하게 모든 면에서 논리적일 때에 그 자신이 된다"라고 바이닝거는 간결하게 설명한다. 그 책은 실제로 아주 대중적이어서 몇 년 만에 29쇄를 찍었고 영역본을 포함해서 여러 언어로 번역되었다. 그 책은 또한 아돌프 히틀러와 같은 유명인의 인정을 받았는데, 히틀러는 바이닝거를 그가 듣던 중 "유일하게 좋은 유태인"이라고 언급했다. 비트겐슈타인은 그 책을 나누어 주면서 케임브리지의 동료들을 어리둥절하게 했다.

늘 하는 이야기 중에서 감추어진 또 다른 요소는 비록 기술적으로 비트겐슈타인이 시골 마을 학교의 교사직을 "물러났다"고 하지만, 실제로는 불명예스럽게 그만두었다. 그의 폭력 사건 혐의에 대한 조사는 그가 한 어린이를 아주 심하게 때려서 아이가 의식을 잃은 사건에 관한 것이었다. 가족들은 이어진 조사에서 부당하게 다루어졌다고 느꼈을지 모르지만, 지역 관리들은 그 나라에서 가장 힘있는 가문의 사람을 거슬리게 하는 것의 위험성에 대해서 잘 알고 있었을 것이다.

비트겐슈타인의 케임브리지에서의 경력은 잠시 빛났다가 사라지는 것이었지만, 공적보다는 영향이 더 컸다. 그의 박사학위 논문은 러셀과 러셀의 친구이자 동료였던 G. E. 무어가 전통적인 논문 '대신에'『논리-철학 논고』를 받아들인 뒤 통과되었다.

그러나 이러한 학문적 고리에도 불구하고, 사실 러셀과 비트겐슈타인은 잘 어울리지 못했다. 개인적이고 지적인 레벨 모두에서 그들은 대립했다. 우리가 막 본 이유들로 비트겐슈타인은 여성들의 참정권을 거부했는데, 이는 여성 참정권론자들이 그 권리를 위해 싸우고 죽을 때였다. 반대로 러셀은 여성 참정권 운동가였다. 또한 비트겐슈타인은 엄격한 체벌에 대한 확신이 있었던 반면(그래서 그는 오스트리아의 시골 아이들을 때렸던 것이다), 러셀은 대안적 원리에 의거한 급진적인 학교를 운영했다. 비트겐슈타인은 제1차 세계대전의 추축국을 위해 싸우기를 자원했고 열의의 대가로 훈장을 받은 반면, 러셀은 양심적 반대자 또는 "양심적 병역 기피자"였고 그 대가로 감옥에 갔다. 훗날 러셀은 핵비무장운동을 벌였는데, 비트겐슈타인은 이를 "지식인들의 쓰레기"라고 불렀다. 마지막으로 러셀은 동성애 운동을 한 이성애자였던 반면, 비트겐슈타인은 죄책감에 시달린 동성애자였다. 그는 자신의 행위를 "약함"의 일종으로 여겼고 평생을 자신의 성적 본성을 억누르거나 그로부터 벗어나려고 했다. 그의 전기 작가들은 그를 위해 이 사실을 숨기려고 대단히 노력했으나 헛된 일이었다.

이제 우리는 핵심적인 철학의 이야기와 비트겐슈타인 전설의 지위로 돌아가자. 그는 정말로 분석철학을 '만들어 내고' 비엔나 서클을 자극하여 그 주제의 접근법을 완전히 재평가하게 만들었을까?

그에 대한 답은 오랜 세월 종이와 글자 속에 저장된 것과 (그의 '제자들' 중 하나인 G. E. M. 앤스컴 같은) 그의 문헌 관리자들에 있는 것이 아니라 그가 출판한 유일한 책 『논리-철학 논고』 속에 있다. 더구나 이 책은 매우 짧다. 그래서 그저 훑어보기만 해도 몇 가지 답은 파악할 수 있다.

비트겐슈타인은 세계는 "사실들"의 집합이라는 놀라운 주장으로 시작한다. 일련의 "단순자" 또는 "대상"이 실재의 궁극적 구성단위이다.

대상들은 세계의 실체를 이룬다. 그래서 그들은 복합적일 수 없다. 세계의 실체는 형식만을 규정할 수 있으며, 어떤 물리적 속성도 규정하지 않는다 … 말하자면, 대상들은 색채가 없다 … 대상들은 변화할 수 없으며 존립하는 것이다. 그들의 배열은 변화하고 불안정한 것이다.

후에 박사학위 논문의 역할까지 했지만, 『논리-철학 논고』에는 참고 문헌이나 출전이 제시되어 있지 않다. 그러나 『논리-철학 논고』가 숫자 매겨진 주장들로 놀랍게 꾸며지지 않았다 해도 우리는 그와 아주 다른 견해를 알기 위해 더 많은 것을 볼 필요가 없다. 그의 논문 지도교수인 버트런드 러셀의 1911년 저작이 한 예다. 러셀 자신은 그중 라이프니츠가 하나의 뛰어난 인물인 오랜 전통을 따르고 있다. 그들 모두에게 세계는 (러셀의 용어로) 논리적 원자들 혹은 (라이프니츠가 묘사하듯) "단순 사실들"로 이루어지며, 할 수 있다면 둘 다 논리학이 실재의 궁극적인 구성단위(라이프니츠의 모나드)를 찾을 것이라고 생각했다. 러셀과 라이프니츠 모두는 지식이 본질적으로 실재의 "구성단위"를 분석하는 문제이며 그로 인해 언어에서 "의미의 결정적인 것"을 보장하는 것이라고 주장한다. 이것은 『논리-철학 논고』의 기획이기도 하다.

이제 러셀과 라이프니츠는 또한 논증의 논리적 형식을 더 잘 보여 주는 인공 언어를 구성하는 것이 가능하며 바람직하다고 생각했다. 그의 유명한 모나드에 대해 기술하면서 라이프니츠는 모나드는 나타나는 것이 아니며, 실재를 설명하고 언어의 유의미성을 이해하기 위해 논리학에서 모나드를 가정해야 한다고 설명했다.

러셀은 화학의 메타포를 사용했고, "논리적 원자들"로부터 "분자 명제들"을 만들어 내는 일에 대해 이야기한 반면, 라이프니츠는 논리적 모나드의 가능한 복합적 배열을 고상하게 기술했다. 비트겐슈타인의 『논리-

삽화 26 "… 고독한 사람은 웃지 않고, 춤추지 않으며, 기뻐하지도 않는다."

『철학 논고』는 언어는 사실에 대한 그림을 그리며, "명제들은 실재의 논리적 형식을 보여 준다"고 설명한다. 러셀 자신은 라이프니츠적 스타일의 거대한 "체계를 만드는 것"에 대해 경고하면서, 대신 언어의 "논리적 구조"와 그것이 "문법적" 구조와 다를지도 모르는 혼란스런 방식을 확인할 필요성을 강조했다. 이는 본질적으로 '후기 비트겐슈타인'의 기획이다. 그러나 '젊고 성급한 비트겐슈타인'은 『논리-철학 논고』에서 적어도 원리적으로는 새롭고 논리적으로 엄밀한 언어를 구성할 수 있다고 주장했다. 물론 이 새로운 언어는 많은 주제들을 다루지 않는데, 그것은 (『논리-철학 논고』의 가장 인용할 만한 문구에 있듯이) "말할 수 없는 것에 대해서는 침묵해야 하기" 때문이다. 아니라면 바이닝거가 시적으로 표현했듯이, "칸트의 고독한 사람은 웃지 않으며, 춤추지 않으며, 소리치지 않으며, 기뻐하지 않는다. 그에게는 시끄럽게 할 필요가 없으며, 세계는 계속 그 침묵을 깊게 한다."

그러나 비록 비트겐슈타인이 케임브리지에서 바이닝거의 작은 책자를 높이 평가하고 돌려보았다 해도 그것이 그리 진지하게 여겨지지는 않았는데, 그것은 아마도 그 책이 기저에 극단적인 여성혐오증과 인종주의를 옹호하고 있어서일 것이다. 아마도 … 대신 더 널리 받아들여진 것은 비트겐슈타인의 버전이다.

> 철학적 문제에 대해 쓰인 대부분의 명제와 물음들은 거짓이 아니라 무의미하다. 따라서 우리는 이런 종류의 물음에 대해 결코 답할 수 없으며, 그 무의미성만을 언급할 수 있다. 철학자들의 물음과 명제 대부분은 우리가 언어의 논리를 이해하지 못했다는 사실의 결과다. (『논리-철학 논고』)

만약 이것이 본질적으로 러셀의 기획이었다면 학자들로 하여금 비트겐슈타인을, 철학적 추론을 가능한 한 논리적이고 과학적인 것으로 만드는 데 열중한 양차대전 사이의 철학자들의 비공식적 모임이었던, 비엔나 서클의 "영감"이자 "주도적 선구자의 하나"로 해석하게 만든 것은 바로 이런 종류의 언어다.

그러나 (바이닝거처럼, 하지만 러셀과는 달리) 또한 비트겐슈타인은 중요한 진리는 논리를 통해 접근할 수 없다고 주장했다. 따라서 그는 논리실증주의자들과 완전히 반대되는 것이었으며, 따라서 그가 그들에게 등을 돌린 채 신비적 텍스트를 읽어 주었던 것이다. 비엔나 서클은 이로부터 자극되기는커녕, 사전들이 우리에게 확신시켜 주듯이, 그리 인상적이지 않았다. 훗날 비엔나 서클의 멤버였던 논리학자 루돌프 카르납은 다음과 같이 썼다.

> 그가 우리에게 준 인상은 마치 신적인 영감을 통해 그에게 통찰이 주어져서 우리는 그에 대한 어떠한 올바른 이성적 코멘트나 분석도 신성모독이라는 느낌을 떨칠 수 없었다. … [그는] 일단 그의 통찰이 영감을 통해

얻어지면, 다른 사람의 어떠한 비판적 고찰도 참을 수 없어 했다.

물론『논리-철학 논고』의 대부분은 논리실증주의자의 눈에는 형이상학적 난센스이다. 일례로 "언어는 사실을 그림 그린다"는 문장을 보라. 그러나 비트겐슈타인은 그의 말들은 밟고 올라간 뒤에 버릴 사다리라고 설명한다. 그리고 그의 말만이 아니다. 그는 철학 연구 전체는 우리로 하여금 새로운 명료함으로 사물들을 보게 하고 나서는 버려져야 할 제한된 목적을 지닐 뿐이라고 암시하고 있다.

비트겐슈타인 자신은 적어도 자신이 한 말을 실제 행동으로 보여 주려 했으며, 그의 이론을 출판한 뒤 철학을 떠났다. 그러나 몇 년 뒤 그는 돌아왔으며, 케임브리지의 연구원 그리고 나중에는 교수가 되었다. 비록 그는 다시 책을 내려고 하지 않았지만, 그의 노트와 코멘트, 강의의 다수가 나중에 수집되어『철학적 탐구』로 출판되었다. 여기서 비트겐슈타인은 언어를 일련의 상호 연결된 "언어놀이들"로 묘사한다. 언어놀이에서 낱말과 문장들은 "행동", "기호", "명령"처럼 아주 많은 상이하고 미묘한 방식으로 기능한다. 그는 (언제나처럼, 이번에는 스위스 언어학자 페르디낭드 소쉬르[1857~1913]로부터 빌려 와) 낱말들은 체스 게임의 말과 같아서 놀이의 맥락에서만 그 의미를 지닌다고 말한다. 한편으로 그는 유감스럽게 다음과 같이 인정하고 있다.

언어에서 도구의 다양성과 그것들이 사용되는 방식의 다양성, 단어와 문장의 종류와 논리학자들이 언어의 구조에 대해 말한 것의 다양성을 비교하는 것은 흥미롭다. (『논리-철학 논고』의 저자를 포함하여)

❖ 주 ❖

1) 비트겐슈타인이 형이상학을 공부하기 위해 공학을 포기하면서 그 '설계'는 그냥 설계로 남았다. 그러나 실제로 만들기 위해 프랭크 휘틀에게 넘겨졌다.

2) 영역본은 1922년에 나왔지만 책 자체는 한 해 전 난해한 독일 저널에 출판되었다. 지식계는 러셀이 그의 명성을 이용하여 그 책의 서문을 쓰겠다고 출판업자를 설득할 때까지, 비트겐슈타인이 분노할 정도로 『논리-철학 논고』에 냉담했다. 그러나 비트겐슈타인은 고마워하기는커녕 러셀이 자신의 책을 완전히 오해하고 서문에서 잘못 대변하고 있다고 비난했다.

제27장
하이데거의 이야기(와 나치)
(1889년~1976년)

마르틴 하이데거에게는 비판자와 지지자가 둘 다 있다. 다양한 출판물 중에 그에게는 약 세 명의 비판자와 천여 명의 지지자가 있다. 후자 중의 하나인 데이비드 크렐은 그를 최소한 "대륙적 전통에서 의심의 여지없이 20세기의 가장 독창적이고 영향력 있는 철학자"라고 주장했다. "대륙적 전통"이 무엇이든(긴 점심식사, 화려한 산문체) 간에 말이다. 지금까지 영어로 출판된 것만 해도 하이데거에 대한 천 권이 넘는 주석서가 나왔다. 이는 과거 몇 세기 동안 어느 누구보다도 더 많은 관심을 받은 것이다.

그렇다면 조용히 하고 옥스퍼드 대학 트리니티 칼리지의 M. J. 인우드가 "아마도" 20세기 최고의 철학자의 저작을 소개하는 것을 보도록 하자.

> 1916년부터 1927년까지 그는 아무것도 출판하지 않고 광범위하고 집중적으로 연구만 했는데, 특히 후설의 현상학, 셸러의 철학적 인간학, 딜타이의 해석학, 그리고 성 바오로, 아우구스티누스와 루터의 저작들을 공부했다. 기독교 텍스트는 그에게 중대하고 역사적 결정의 사례들뿐 아니라 우리 자신의 그리스에서 유래한 존재론과 구분되는 존재론의 사례들을 제공해 주었다. 그와 동시에 그는 그와 다른 많은 주제들에 대해 매혹적으로 강의했다.

그렇다면 왜 전부 강의에 기초한 그의 저작이 지루하고 따분한지에 대한 약간의 미스터리가 있다. 그러나 이 미스터리는 하이데거의 다른 요소들에 대한 미스터리에 비하면 아무것도 아니다. 그 미스터리는 다음과 같이 쉽게 요약할 수 있다. 12년간, 그리고 제2차 세계대전 기간 동안 그는 나치당원이었는가?

그러나 이것은 좀 앞서 가는 것이다. 마르틴 하이데거의 이야기는 1889년 독일의 바덴에서 시작한다.

철학의 이야기

하이데거는 전원 지역에서 극단적 민족주의의 자랑스러운 전통 속에서 자라났다. 그의 가족은 독실한 가톨릭이었고 하이데거 자신은 원래 사제가 되려고 했다. 그는 프라이부르크의 대주교 관할구에서 신학을 공부하고 가르쳤다. 이 흔적은 (에덴동산 이야기에서처럼) '타락' 후 진짜가 아닌 것(죄)과 고뇌의 생성(죄의식)으로 이어지는 그의 저작에서 찾을 수 있다. 이 고뇌는 구원을 찾도록 하며, 하이데거는 이를 '존재란 무엇인가?'라고 물음으로써 해결하려 한다.

이것이 그의 해결책이었으므로 그의 관심은 종교에서 철학으로 전환되고, 1923년 마르부르크로 옮겨 과거에 만난 적이 있었던 현상학의 창시자 에드문트 후설 밑에서 공부했다. 그 결과는 5년 후 그의 스승에게 바친 『존재와 시간』이었다. 후설은 혈통은 유태인이었지만, 세례와 신앙에 의한 기독교도였다. 그렇지 않았다면 그는 당시 독일에서 교수직을 얻지 못했을 것이다. 그렇다 해도 1920년대와 1930년대 '유태계' 학자들에게는 독일의 공직에서 떠나라는 압력이 증대되고 있었다. 후설이 결국 프라이부르크 대학의 교수직을 사임했을 때, 하이데거는 그의 후임자로서의 준비가 되어 있었다.

특히 훗날 하이데거는 그의 이론이 후설의 "신칸트주의적" 저작의 "파괴"가 남긴 폐허에서, 매일의 세속적인 부정확성보다 고대인들이 좋아했고 고상하게 여겼던 추상적 실재들로 만들어졌다고 즐겨 말했다. 대신 하이데거는 인간의 의식, 그 존재에 대한 인간 의식의 자각, 그 덧없음, 그리고 그 무기력함에 초점을 맞추었다. 하이데거는 인간성(혹은 그가 현존재라고 부른 것)의 문제는 "언제나 그것의 있음"에 있다고 신비롭게 말했다.

하이데거는 1933년 초까지 프라이부르크에서 존재의 다양한 문제들에 대해 기꺼이 강의를 계속했는데, 그때는 히틀러의 의기양양한 출현의 결과로 (거리낌 없이 나치를 비판한) 그 대학의 총장이 사임했을 때였다. 그리고 이제 사건은 흥미롭게 얽혀 갔다. 그 자리에 하이데거가 임명되었고, 그는 1933년 5월 1일 국가사회당에 입당했던 것이다. 그는 『존재와 시간』을 다시 찍었는데, 이번에는 후설에 대한 헌사를 제외했다. 각주에만 그와의 개인적 관계가 언급되고 있는데, 후에 그의 지지자들은 이것을 "독일에서 일어난 대단한 타협"의 증거로 제시했다.

그러나 하이데거는 타협을 꾀한 것 같지는 않다. 대학 총장이 되자 그는 그 자신의 철학에 고무되어 국가사회당의 미래 비전을 열성적으로 제시했다. 하이데거가 총장으로 재임하는 동안 모든 수업의 시작과 끝에 나치 경례는 의무였고, 유태인 학생회 건물은 성난 폭도들이 장악했으며, 전부는 아니지만 일부 유태인 교수들과 학생들은 쫓겨났다. 1933년 6월 하이델베르크에서 하이데거는 독일 대학이 따라야 할 길은 "국가사회주의의 정신에서의 목적을 위한 불굴의 투쟁으로, 그것은 기독교와 인도주의의 신념에 의해 좌초되지 않을 것"이라고 선언했다. 하이데거는 동료였던 (훗날 노벨 화학상 수상자) 헤르만 슈타우딩거를 비난하는 편지를 나치 관리들에게 보냈다. 그는 유태인 학생들을 더 이상 지도하려 하지 않았으며 갈고리십자형 나치 문양 배지를 달고 다녔다.

그러나 한 걸음 뒤로 물러나 지난 세기의 최고라는 이 복잡한 사상가를 이해하려고 해 보자.

프라이부르크 대학의 총장이 된 것은 국가사회주의 비전을 대학에 끌어 오려한 하이데거의 노력의 첫 단계였다. 그의 총장 취임사는 "독일 민족의 역사적 정신적 임무"를 주장하면서, 봉사 활동과 병역 의무에 대한 나치의 이상을 강조했고, "사람들의 정신적 세계는 지상에서의 권력과 혈통을 보존하는 힘"이라고 단언했다. 학생들과 직원들은 "히틀러 자신, 그리고 오직 그 혼자만이 현재와 미래 독일의 실재이며 독일의 법이다"라는 단호한 가르침을 받았다. 그는 플라톤의 『국가』에 나오는 "위대한 모든 것은 폭풍우를 견뎌 낸다"라는 말로 취임사를 맺고 있다.

하이데거는 독일이 언어와 사상에서 그리스적 전통의 계승자라고 믿었다. 그리스어와 독일어는 독창적이며 지적인 언어다. 유럽의 다른 모든 언어는 라틴화되었으며, 하이데거에게 그것은 타락을 뜻했다. 그리스인들은 '존재'의 의미에 도달하려고 했으며, 이제 독일인들은 그 전통을 부활시키기 위해 서양 문명의 파편으로부터 솟아오를 수 있는 유일한 민족이라는 것이다. 히틀러는 이와 유사한 견해를 가졌다고 한다.

하이데거는 독일이 볼셰비즘의 허무주의와 자본주의의 물질주의 사이에서 존재의 투쟁의 중심에 있다고 경고했다. 그는 다음과 같이 진지하게 썼다. "우리는 집게에 집혀 있다. 중간에 위치하여 우리 민족은 가혹한 압박을 경험하고 있다. 그것은 민족으로, 대다수의 이웃, 가장 위험에 빠진 사람들, 그리고 형이상학적 민족이다. 우리는 확실히 이러한 임무를 지닌다. 그러나 민족은 그 자신 안에서 울림이 있고 … 그 유산에 대한 창조적 관점을 취해야만 그 숙명을 실현할 수 있다. 이 모든 것은 역사적 민족인 이 민족이 스스로 움직여 서양의 역사를 그들의 미래의 '사건'의 중심을 넘어서 존재의 힘의 근본적인 영역으로 나아가야 한다."는 것을 뜻한다.

하이데거는 이제 확실히 자신이 기술에 의해 타락한 논리학과 과학의

삽화 27 오직 독일인만이 서양문명의 파편에서 떠오를 수 있다.

기술적 합리성이 유인하여 추락한 곳으로부터 문명을 구하고 있다고 보았다. 나치즘은 이 목적 — 건전한 "황금시대"로 돌아가 진정한 독일 의식을 되찾는 것 — 을 공유했다. "아돌프 히틀러와 국가사회 국가에 대한 충성 선언"이라는 1933년 그의 연설에도 타협은 명백하지 않다. (즉, 당신이 1988년 당시 프랑스에서 "하이데거 사건"을 쓴 프랑수아 페디에가 아니라면 말이다. 이 글에서 그는 위 연설을 국가 중요사를 결정하는 국민투표를 뜻하는 "국민투표를 요청하며"라고 번역했다.)

독일의 극우, 특히 나치가 좋아하는 주제 중의 하나는 국가의 운명과 민족 공동체(*Volksgemeinschaft*)에 대한 확고한 믿음이다. 이는 다른 국가들이 독일 민족에게 부과한 의회주의와 모더니즘의 족쇄를 내팽개치는 것이다. 그렇게 할 때만 인종과 혈연으로 묶인 이상적 공동체가 만들어진다. 이러한 임무에는 다른 모든 사람에게는 끝났던 제1차 세계대전 후 무작위 폭력을 행사한 독일군 병사 알베르트 레오 슈라게터 같은 진정한 영웅들이 요청된다. 베를린에서의 시위에도 불구하고 프랑스 당국은 1923년 라인란트에서의 파괴 행위를 한 죄목으로 그의 사형을 집행했다. 『나의 투쟁』의 첫 페이지에서 그는 칭찬의 대상이며, 나치가 집권한 뒤 그를 기리는 국경일이 제정되었다. 하이데거로서는 슐라게터가 진정한 현존재의 모델이었다. 총장 취임 후의 또 다른 연설에서 하이데거는 슐라게터에게 경의를 표하면서 그가 "어둠과 치욕, 그리고 반역"의 시대에 죽었다고 확언했고, 그의 희생은 필연적으로 "명예와 위대함에 대한 미래의 자각"에 이르게 될 것임을 단언했다. 그는 대학의 청중들에게 슐라게터는 "학생으로서 이 운동장을 걸었습니다. 그러나 프라이부르크는 그를 오래 붙잡지 못했습니다. 그는 발트 해로 가야했습니다. 그는 북실레지아로 가야했습니다. 그는 루르로 가야했습니다. … 그는 자신의 운명을 벗어나지 못해서 강건한 의지와 명료한 가슴으로 가장 힘들고 위대한 죽음을 맞았습니다"라고 말했다.

이는 또한 하이데거가 "진정한" 삶에 대해 자세히 설명하고 있는 『존재와 시간』의 언어이기도 한다.

> 일단 우리가 존재의 유한성을 파악하면, 끝없는 다양한 가능성들로부터 우리를 잡아채고는 우리에게 가장 가까운 것을 주는데 그것은 바로 편안함, 회피, 일을 가볍게 보는 것 등과 같은 것으로 현존재(여기서 대략 "인간"을 뜻한다)를 그 운명의 단순성으로 몰고 간다. 이것이 우리가 현존재의 시원의 역사화라고 지칭하는 것으로, 그것은 진정한 단호함에 있으며 거기에서 현존재는 자신을 죽음에 대해 자유롭게 그 자신이 되도록 하며, 그것은 그가 물려받고 선택할 가능성이다.

전후 실존주의자들이 자신들의 것으로 만든 요소인 무에 대해서 하이데거는 『형이상학이란 무엇인가?』에서 "우리는 무를 알며," 불안을 통해서 안다고 말한다. "불안은 무를 드러낸다."

불길하게 들리는 소리

그러나 프라이부르크에서 하이데거의 총장 재임 기간은 짧았다. 1934년 여름 유태인 또는 자본가들의 사상에 물든 사람들에 반대하는 나치 돌격대(SA)와 나치 기관의 숙청의 와중에서 그는 사임했다. 그럼에도 하이데거는 1945년까지 당비를 내는 국가사회당원으로 남아 있었다.

1966년 (『슈피겔』과의) 한 인터뷰에서 그의 연설(그의 사후까지 그의 가르침에서 금지되었다)에 대해 반성하면서 그는 자신이 나치즘에서 "여기 뭔가 새로운 것이 있고, 여기 새로운 여명이 있음"을 보았다고 설명했다. 하지만 그는 1933년 "히틀러 자신과 오직 히틀러만이 너의 존재의 규칙"이 되도록 하라고 학생들에게 훈계한 것을 유감으로 생각한다고 말했다.

하이데거 스토리에 대해 일반적으로 받아들여지는 버전은 1930년대에 그가 나치즘에 시간을 낭비한 것은 젊은 시절의 실수로 정치와 세상물정에 대해 순진한 학자의 일시적 관심이라는 것이다. 그가 자신의 실수를 깨달았을 때, 그는 총장직에서 물러났고 그 이후로는 나치 활동에 참여를 거부했다. 게다가 이 기간 동안에 그는 최악의 과도한 나치즘으로부터 대학의 고결함을 지키려 했으며 유태인 학생들과 동료들을 위해서 나치 당국에 개인적으로 개입했다. 그리고 하이데거의 젊은 시절의 경솔한 행동이라는 이야기는 한나 아렌트(그녀는 자신이 유태인이라는 가치를 덧붙였다)와 리처드 로티 등 많은 지식인들에 의해 지지를 받았다.

그들의 판단은 훌륭한 출처로부터 나온 것이다. 그것은 하이데거가 1945년 탈나치화 위원회에 제출한 에세이다. 보통 적어도 열 두 개의 불명료한 점 없이는 두 문장을 하나로 잇지 못하는 하이데거는 이번만은 매우 간결하고 명료했다. 그는 다음과 같이 썼다. "1933년 4월 대학의 총회에서 나는 (두 명의 기권을 빼곤) 만장일치로 총장에 선출되었으며, 소문과 달리 국가사회당 총재에 의해 임명된 것이 아니었다." 사실 너무 명료해서 명예롭게 총재에 의해 부여된 대학의 "지도자"라는 그의 부가적 직함을 언급하지 않았다 … 계속해서 그는 "이전에 나는 대학의 보직에 대한 욕구도 없었고 맡지도 않았다. 나는 정당에 가입한 적이 없었다"라고 썼지만, 영국인과 미국인들을 "독일의 불합격자들"이라고 부른 보수 민족주의자 리하르트 폰 크라릭이 창설한 '그랄분트'라는 청년단에서 활동한 것은 언급하지 않았다.

어쨌든 그는 대학의 행정적 관계를 용이하게 하기 위해 나치당에 가입했을 뿐이라고 설명하고 있다.

> 내가 총장직을 시작한지 얼마 되지 않아 지구당 대표가 두 명의 대학 담당 공무원과 함께 찾아와 총재의 뜻에 부응하여 당에 가입할 것을 요구했다. 총재는 이런 식으로 당 및 통치 기관과 나의 공무 관계가 단순화되어야 한다고 주장했는데, 특히 그때까지 나는 이들 기관과 어떤 접촉도 없었다. 오랜 고심 끝에 나는 대학의 이익을 위해서 당에 들어갈 준비가 되었다고 선언했지만, 그것은 총장 임기 중이건 그 후이건 당 내에 직책을 맡거나 당을 위해서 일하는 것을 거절하는 특별한 조건에서 그렇게 한 것이다.

여기서 다시 하이데거는 만약 당원이 된 동기가 총장으로서 그의 일을 용이하게 하려는 욕구 때문이었다면, 왜 그가 총장 임기가 끝난 뒤로도 한참 동안인 1945년까지 매년 당원 자격을 갱신했는지에 대해서는 설명하지 않고 있다.

대신 그는 1934년 이후의 그가 신중히 저항한 증거를 제시하고 있다. "총장직을 사임한 뒤 계속 가르침으로써 국가사회당의 세계관에 대한 나의 저항이 더 커질 것임이 분명해졌다. … 국가사회주의 이데올로기는 점점 더 경직되었고 순수한 철학적 해석의 경향성으로부터 점점 더 멀어졌기에, 내가 철학자로서 활동하고 있다는 것은 그 자체로 충분한 저항의 표시였다."

몇 년 후, 아우슈비츠를 "악의 평범성"을 보여 주는 것으로 묘사한 것으로 기억되는 그의 제자 한나 아렌트는 하이데거의 80세 생일을 기념하는 논문집에 원고 청탁을 받았다. 그녀는 자신이 1920년대 독일에서 어떻게 하이데거에 대해서 처음 듣게 되었는지를 회고하고 있다.

이름 이상의 것은 거의 없었지만, 그 이름은 숨은 왕에 대한 소문처럼 독일 전역을 떠돌았다. 하이데거에 관한 소문은 아주 단순히 이런 것이다: 사유가 다시 삶을 찾았다. … 스승 한 분이 존재한다. 아마도 우리는 사유하는 것을 배울 수 있을 것이다.

그렇다면 그가 사유한 것은 이슈가 되지 못했음이 분명하다. 그러나 그녀는 어떻게 플라톤 역시 독재적인 지배자에게 조언하기 위해 시러큐스를 방문했는지를 상기하면서 하이데거의 정치적 활동에 대한 다음의 설명을 제시하고 있다. "이제 우리 모두는 하이데거 또한 '이사'하려는 유혹에 한때 굴복했고 인간사의 세상에 관여했음을 알고 있다"고 그녀는 너그럽게 시작한다. 상대적으로 짧은 정계 진출 후 플라톤은 아테네로 돌아가야 했고, 그의 이론을 실천에 옮기려는 시도가 헛수고라는 결론을 내렸다. 그러나 하이데거는 "플라톤보다 더 나쁜 것을 위해 일했는데, 그것은 폭군과 그의 피해자들이 바다 건너가 아닌 그 자신의 나라에 있었기 때문이다." 그리고 그녀는 다음과 같이 계속한다.

사상가들을 존중하고자 하는 우리들은, 설사 우리 자신의 거처가 세상의 한복판일지라도, 플라톤과 하이데거가 인간사에 들어갔을 때 폭군과 히틀러에게로 향했다는 것에 충격과 분노를 참을 수 없다. 이것은 시대 상황이나 수행된 인물이 아니라 프랑스인들이 '직업적 왜곡'(*déformation professionelle*)이라고 부르는 탓이다. 폭군에 끌리는 것은 (칸트는 위대한 예외지만) 위대한 많은 사상가들에게서 이론적으로 입증될 수 있다. 그리고 만약 이러한 경향이 그들의 행동에서 증명될 수 없다면, 그것은 단지 그들 중 아주 소수만이 "단순한 것에 궁금해하는 능력"을 떠나서 "이 궁금해하는 것을 그들이 있는 곳에서 받아들일" 준비가 되어 있었기 때문이다.

이런 식으로 아렌트는 하이데거를 자신의 사상의 위대함에 포로가 된 피해자로 만들어 내고 있다. 실로 그는 그 사건으로부터 훌륭하게 벗어났다.

하이데거는 자신의 "오류"를 후에 그를 심판하려고 한 많은 사람들보다 훨씬 더 빠르고 과감하게 바로잡으려 했다.

점입가경의 이야기

하이데거의 추종자들은 전부 그런 식이었다. 그들은 결국 아렌트 자신은 유태인이었고, 프랑스의 비시에서 수용소에 수감된 적이 있었다는 것을 지적한다. 확실히 그녀의 평가는 냉정한 것으로 여겨져야 한다. 더구나 아렌트는 존경받는 철학자이기도 하다. 그러나 "냉정하다"는 말은 그리 옳지 않다. 하이데거 사건은 다른 차원이다. 흥미롭게도 아렌트가 마르부르크에서 하이데거 교수 아래서 공부하던 18세의 어린 학생이었을 때, 그

녀는 35세의 유부남과 절망적인 사랑에 빠졌고 비밀 연애를 했다. 하이데
거도 이를 비밀로 하기를 원했고, 그의 "쾌활한 나무의 정령"에게 그가
보낸 모든 편지를 없애라고 단호하게 말했다. 물론 그녀는 그렇게 하지
않았고(개념 없는 여인!), 수년 뒤 다른 하이데거 사건이 밝혀졌다. 그래
서 세상은 하이데거가 1925년 6월 22일 한나에게 보낸 다음과 같은 편지
들을 읽을 수 있게 되었다.

> 누구도 인식하지 못하는 것은 어떻게 자신을 실험하는가이며, 그 문제에
> 대해서, 모든 타협, 기술, 도덕적 설명, 현실도피, 성장을 멈추는 것 등은
> 존재의 섭리를 억누르고 왜곡할 수 있을 뿐이다.

확실히 그러한 개인적 감정에 억지로 개입해서는 안 된다. 그러나 우리는
그래야만 한다! 진리가 그것을 요구한다. 4년 후 그들이 필연적으로 갈라
서고 난 뒤 한나가 보낸 편지의 단편을 보도록 하자.

> 저는 종종 당신에 관한 이야기들을 듣지만, 언제나 그저 유명한 이름을
> 말하는 것의 일부로서, 즉 제가 거의 인식할 수 없는 것으로 듣습니다.
> 그리고 저는 당신이 어떻게 지내는지, 무엇에 대해 연구하고 있는지, 그
> 리고 프라이부르크가 당신을 어떻게 대하는지 등에 대해서 거의 괴로울
> 정도로 알고 싶습니다.

그녀는 "저는 당신의 눈썹과 눈에 키스합니다"라고 의미심장하게 글을
맺는 반면, 하이데거는 "당신의"라는 말로 간결하게 끝낸다.
　　그러나 우리가 하이데거에 대한 한나 아렌트의 묘사를 의심하기 시작
한다면, 그의 옹호자들은 사람에 있어서 어떠한 성격적 결점도 그의 철학

과는 완전히 별개의 문제이며 "그 자체의 가치로" 판단해야 한다고 주장한다. 그들은 그의 현존재의 철학을 나치즘과 관련지으려는 어떠한 시도도 부당하다고 주장한다. 그의 철학, 특히 『존재와 시간』에는 나치즘과 유사성을 지닌 어떤 것도 없다는 것이다.

그러나 이는 하이데거의 생각과는 다르다. 예를 들어, 1933년 11월 11일 그의 연설은 "국가사회주의 혁명은 존재하는 국가 권력을 그러한 목적에서 등장한 다른 당이 단순히 인수하는 것이 아니다. 이 혁명은 우리의 독일 현존재의 완전한 전복이다"라고 말하고 있다. 하이데거는 나치의 정치적 혁명이 두 번째의 더 심오한 혁명으로 이어져 "인간 자신의 변혁"이 되기를 기대했다. 그리스 사상을 회복하려 한 그의 철학 연구는 이러한 정치적 과정에 일조하도록 설계되었다.

전쟁의 끝 무렵 국가사회주의 운동의 "내적 위대성"을 직시한 하이데거는 퇴폐적인 서구 민주주의의 몰락에서 형이상학적 질병의 증거를 보았다(이 점은 1935년 논문 "형이상학 입문"뿐 아니라 다른 부분의 수정에도 불구하고 1952년의 재판이 나왔을 때도 강조되고 있다). 1945년 이후 하이데거는 두 측면을 뒤집어서 민주주의가 아닌 나치즘을 오염시킨 질병을 보여 주었다. 1945년 "휴머니즘에 관한 편지"에서 그의 새로운 기획은 제3제국의 폐허 위에서 나치즘의 원인이 된 "서구 휴머니즘"을 전복하는 것이 되었다!

그리고 제2차 세계대전 종전 후 많은 철학자들은 하이데거의 중요한 정치적 저작에 대한 칭찬을 기록했다. 데리다는 특유의 '해체주의' 기술을 채용하여 일단 하이데거가 그의 '전환'을 따라 자신을 '형이상학'으로부터 해방하는 데 성공하자, 그의 철학은 반나치즘의 최상의 형태가 되었다고 말했다.

이에도 불구하고, 하이데거에 대한 확신에 찬 지지자들은 그가 전후 나치즘을 비판하는 이야기를 하지 않은 것에 의아해했다. 일례로 그들은 그가 나치였다는 단순한 이유 때문이라기보다는 매스컴의 보도 혹은 사과 일반에 대한 경멸일 수도 있다고 생각했다. 그들은 (유태인 아내를 둔) 그의 친구 칼 야스퍼스가 악명 높은 총장 취임연설 후 그가 진짜 나치 프로그램을 지지했는지에 대해 이의가 제기되자 그는 국제적인 유태인 음모가 있었으며 어쨌거나 히틀러는 "대단한 영향력"을 지녔다고 말한 것에 더 이상 그 문제를 기억해 내지 않기로 했다. 이들 철학자는 나치즘의 뿌리는 그들의 추상적 아이콘이 아니라 강제수용소의 경비들에게서 찾을 수 있다고 상상하는 것을 선호했다. 그러나 파시즘은 최소한 헤겔에서부터 니체에 이르는 긴 독일 철학의 전통과 그에 이탈리아 철학자 지오바니 젠틸레가 추가된 것에 의존한다.

훌륭한 '신헤겔주의자'였던 젠틸레는 (하이데거가 히틀러와 잘 어울리기를 꿈꾸었듯이) 무솔리니의 '아이디어' 맨이었으며, 이탈리아 파시스트들의 공식적인 사상가로 채택되었다. 그리고 그는 전후 공산주의자들에 의해 처형되었다. 뉘른베르크 법정은 하이데거가 히틀러의 메시아적 연설 스타일과 유사함을 지닌다는 점을 주목하여 그저 5년간 그의 강의를 금지했다.

전후 하이데거는 홀로코스트를 언급하는 단 한 번의 진술을 했다. 그는 그것을 음식 산업의 기계화와 같은 것으로 보면서 "본질적으로" 그것은 "가스실과 죽음의 수용소에서 시체들을 제조하는 것과 다르지 않다"고 말했다. 그는 둘 다 "허무주의"의 사례라고 언급했다.

히틀러의 정치적 영향은 어느 정도 사라졌다. 그러나 철학은 하이데거에 깊이 사로잡혀 있다.

제28장
벤저민 리 워프와 핀커의 색채
(1900년~1950년경)

사피어-워프 가설은 벤자민 리 워프와 그의 학문적 동료 에드워드 사피어의 이름을 따른 것으로 민주적인 듯하지만 실제로는 그 자체로 잘 어울리지 않는다. 그러니까 실은 워프가 쓰고 '언어적 상대성 원리'라고 이름 붙였다. 어쨌든 학계에서는 그렇게 부르고 있으므로, 노팅엄 대학의 로버트 커크는 그 이론을 "상대주의적 이론"으로 부를 수 있다고 하면서 다음과 같이 말한다.

> 사피어에 따르면, 우리는 우리 공동체의 언어습관이 특정한 해석을 선택하는 성향이 있기 때문에 우리가 보고 듣는 것과 같은 방식으로 … 보고 듣는다. 워프는 이 생각을 발전시키면서 아메리칸 인디언 언어로부터 그것을 설명하려고 했다. 이 이론은 어떤 것들은 다른 언어보다는 어떤 언어에서 더 잘 말할 수 있다는 자명한 이치로 무너져 버리는 위험을 감수한다.

철학의 이야기

벤자민 리 워프는 오늘날 그리 진지하게 다루어지지 않는다. 인류학자로도, 언어학자로도, 그리고 철학자로도 말이다. 사실 그는 전혀 다루어지지 않는다. 북아메리카 호피 인디언의 언어 패턴에 대한 그의 혁신적인 연구는 스티븐 핀커같은 포퓰리스트(populist)에 의해 "고의가 아닌 회극" 정도로 치부되고 있다.

자신을 (언어의 힘을 잘 인식하고 있는!) "인지과학자"라고 당당하게 묘사하는 현대 철학자 스티븐 핀커는 『언어본능』에서 "사고는 언어와 같은 것이라는 생각[물론, 이것은 워프가 말한 것이 아니다]은 말도 안 되는 예"라고 설명하고 있다. 핀커는 (인지과학자들이 믿지 않는 의식의 역할을 무시하는) 오늘날 과학이 제공하는 답변을 대략 설명한다.

> 눈의 세포들은 뉴런(neuron)이 [특정 색채]에 반응하게 만드는 방식으로 뉴런과 연결되어 있다. 언어가 얼마나 영향을 주든 그것이 망막까지 도달하여 신경절 세포들을 재배열할 수 있다는 것은 생리학자들에게는 터무니없는 것처럼 보인다.

워프의 언어학의 제자 내에서도 노엄 촘스키는 그의 저작을 "완전히 미성숙"하고 "정밀성이 결여된" 것으로 묘사한다. 워프의 추종자가 됐을 수도 있었던 한 사람(댄 문호크 올포드)은 만약 당신이 그의 저작에 대해서 더 알고 싶다면, 단 한 명의 사회언어학자도 그의 입술에 비웃음을 동반하지 않고서는 "워프의 이름을 말할 수 없을 것"이라는 사실을 참을 수 있어야 한다고 말한다.

왜 그래야 할까? 이러한 반응의 원인은 무엇일까? 로버트 커크가 말하듯이 그의 저작은 자명한 이치일 뿐인가? 아니면 촘스키가 (아주 다르게) 주장하듯 충분한 증거에 기초하지 않은 것일까? 촘스키는 워프가 언어의 본성에 관해 절대적으로 옳았다 해도, "그의 올바른 추측은 실체적 증거와 영어 구조에 대해 옹호 가능한 형식적 분석에 기초하지 않았다"고 말한다. 그도 아니면 워프가 학계 밖에서 보험 조사원으로서 일하는 것을 더 좋아했기 때문일까?

아마도 그것은 그의 주장이 많은 사람들에게 그리 반갑지 않다는 사실과 관계가 있을 것이다. 일례로 그의 주장은 미국의 학자의 사유보다 아메리칸 인디언의 사유의 지위를 높이는 것처럼 보였는데, 이는 과학적 언어로 나타내면서 수치스런 가정은 더 나빠지게 된 것이다. 존 루시가 말하듯이 "어떤 사람들에게 [언어적 상대성은] 추론된 탐구의 가능성 자체를 위협하는 것으로 여겨졌다." 그는 워프가 '객관적 사실'과 '실재'를 추구하는 전통적 연구자들의 활동의 적법성을 위협했다고 설명한다.

그러나 이렇게 위험하고 잘못 기초된 이론은 무엇인가? 그것의 본질은 다음과 같다.

> 우리는 모국어에 의해 그려진 선에 따라 자연을 분석한다. 현상의 세계로부터 우리가 분리해 내는 범주와 유형들을 우리는 그곳에서 찾을 수 없는데 그것은 모든 관찰자에게는 명백한 것이기 때문이다. 반대로 세계는 우리 마음에 의해 — 주로 우리 마음의 언어 체계에 의해 — 조직화되는 인상들의 변화무쌍한 흐름 속에 나타난다. 우리는 자연을 자르고, 개념들로 조직화하고, 우리가 보통 하듯이 의미를 부여하는데, 주로 우리가 담화 공동체를 통해 맺는 협약의 당사자들이기 때문이며 이는 우리 언어의 패턴에 체계화된다.

계속해서 워프는 이 협약은 물론 "암묵적이고 진술되지 않은 것"이지만, "그 규정들은 절대적으로 의무적인 것이다. 우리는 그 협약이 정하는 자료의 조직과 분류를 따르지 않고서는 말을 할 수 없다"라고 말한다.

그러면 이제 자료들을 분류 및 조직화하고 일부 범주를 분리해 보자.

벤저민 리 워프는 1897년 4월 24일 매사추세츠주의 윈스롭에서 3남 중 장남으로 태어났다. 그의 아버지 해리는 문화적으로 박식한 사람으로

삽화 28 "우리는 우리 모국어에 의해 그어진 선을 따라 자연을 해부한다."

상업적 예술가, 작가, 사진작가, 무대 디자이너, 연극작가로 생계를 유지
했다. 어머니 사라의 독려로 어린 벤자민은 암호와 퍼즐의 신비를 탐구했
으며, 식물학, 점성술, 멕시코 역사, 마야 고고학, 사진 등에 대해 광범위
한 독서를 했다. 머지않아 그는 흔치 않게 물리학, 융 심리학, 시스템 이
론, ('전경'과 '배경' 개념을 다룬) 형태 심리학을 거쳐 인류학을 접했고,
그러나 무엇보다도 언어학에 도달했다. 그는 남는 시간에만 그 모든 관심
분야를 추구할 수 있었다.

　그의 본업은 약간 평범한 것이었는데, 하트포드 화재보험 회사의 조사
원이자 엔지니어였다. 그러나 이 시기는 결코 낭비가 아니었다. 일을 하
는 동안 그는 나중에 언어가 사고 패턴에 영향을 준다고 생각하게 된 많
은 사례들을 발견했으며, 그의 언어학 이론이 여러 영향력 있는 논문에
발표되었을 때 그것은 화재 예방이라는 주제를 둘러싼 것이었다. 첫 번째
논문에서 그는 사람들이 '빈 석유통' 주위에서 부주의한 경향이 있다는
것에 주목했다. 석유가 '비어 있는' 통은 액체보다 더 폭발력이 큰 기화물

질이 '가득' 할 수 있다는 것이다. 그는 사람들이 산업 '폐수' 와 '석회암'
에 만족스러워하는 것도 알았다. 하지만 '물' 과 '돌' 이라는 말이 전달하는
안전성에 대한 인상에도 불구하고 그 둘 다 불에 타기 쉽고 위험하다.

1920년대에 여전히 보험회사에서 일하는 동안 그는 당시 주요 미국
학자들과 서신교류를 시작했다. 1931년부터 그는 사회언어학이라는 새
로운 분야의 핵심 인물 중의 하나였던 에드워드 사피어 밑에서 (파트타임
으로) 언어학을 공부했다. 그가 호피 인디언의 언어구조에 대한 심층적이
고 매우 독창적인 연구를 한 것은 바로 이 시기였다. 상세하지만 거의 시
적인 일련의 논문들은 그의 이름을 확고하게 알렸고 예일대학의 연구원
이 되었다.

언어적 상대성은 그 자체로 새로운 아이디어는 아니다. 실로 그것은
좀 오래된 생각이며, 물리학의 다양성보다 더 오래되어 적어도 19세기와
언어학의 창시자인 빌헬름 폰 훔볼트까지 거슬러 올라간다. 훔볼트 자신
은 사고가 언어 없이는 완전히 불가능한 것으로 보았고, 언어는 완전히
사고를 규정한다고 보았다. 이는 워프의 입장은 결코 아니었다. 아인슈타
인이 시간과 공간의 '상대성' 을 증명한 뒤 폰 훔볼트의 이론은 새로운 삶
을 찾았고 아인슈타인은 라디오 프로그램에서 그 이론을 인용했다. 화학
적 배경을 지녔던 워프는 어떤 것을 발명했다는 주장을 하지는 않았다.
대신 그는 '자연과학' 에서의 새로운 사고를 오래된 철학 이론과 결합하
고자 했다.

후에 『언어, 사고, 실재』(1956)라는 책에 수록된 한 논문에서 그는 다
음과 같이 말한다.

유클리드 기하학 외에도 공간 배열에 대해 동등하게 완벽한 설명을 줄
수 있는 다른 여러 기하학이 가능한 것처럼, 우주에 대해서도 동등하게

타당하면서도 시간과 공간에 대한 우리에게 친숙한 비교를 포함하지 않는 기술들이 가능하다. 수학적 용어로 표현되는 근대 물리학의 상대성 관점이 바로 그런 관점이며, 호피족의 세계관은 또 다른 매우 다른 관점으로 비수학적이고 언어학적인 것이다.

계속해서 그는 플라톤의 형상처럼 영원하고 변화하지 않는 뉴턴의 세계관에 도전한다. 단지 언어학적인 것 이상으로 철학자들을 놀라게 한 것은 바로 이것이다.

호피족의 관점에서 시간은 사라지고 공간은 변화한다. 그래서 그것은 우리의 직관이 추정하는 균질적이고 동시적으로 영원한 공간이나 고전적 뉴턴 역학의 공간이 아니다. 동시에 새로운 개념과 추상은 그림으로 흘러들어 시간이나 공간에 관계없이 우주를 기술하는 임무를 수행한다. 우리 언어에는 그러한 추상을 표현할 적절한 용어가 없다. 이러한 추상은 … 의심의 여지없이 심리적으로 또는 신비적인 특징으로 나타날 것이다.

2천 년 동안 유럽의 사상가들은 언어가 그저 사고를 따른다고 가정해왔다. 그리고 사고는 어떤 언어를 사용하건 누구에게나 똑같은 논리 또는 추론의 법칙에 의존하는 것이었다. (['연못' 의 다른 쪽에서] 버트런드 러셀이 아무 까닭 없이 바로 그러한 '논리적 기초' 를 만들어 내는 과업과 씨름하며 워프의 젊음의 대부분을 낭비한 것은 아니었다.) 그러나 이제 워프는 언어도 개념도 전혀 보편적이지 않다고 말한다!

물론 우리가 '언어의 집' 에 갇혀 있다고 할 때 이는 매우 이상해 보인다. 그러나 서양 언어는 정적이고 패턴에 따르는 것으로 생각할 수 있는 반면, 호피족 같은 언어들은 동적이며 과정과 관련이 있다. 이들 둘 사이의 가장 중요한 차이는 동일성의 문제에 관한 것이다. 명사(따라서 이름) 는 동일성을 부여한다. 이러한 생각은 서양철학에 핵심적이다. 아리스토 텔레스의 '사고의 법칙' 은 다음으로 이루어지는데, 당시 그에게는 물론 여전히 많은 사람들에게 절대적으로 확실한 것이다.

동일률: A = A;

무모순률: A는 'A가 아닌 것' 과 같지 않다; 그리고

배중률: A이거나 'A가 아니다' 이지 A와 'A가 아니다' 둘 다인 것은 아니다.

실제로 이들 법칙은 아리스토텔레스보다 훨씬 전으로, 그래서 확실히 소 크라테스 이전의 철학자, 특히 파르메니데스로 거슬러 올라간다. 기원전 5세기에 두 번째 법칙을 다음과 같이 정식화한 것은 바로 그였다: "무엇 이 아닌 것이 무엇이라고 하는 것이 널리 퍼지게 하지 말라." 이는 논란의 여지가 없어 보이지만, 실제로 당시 파르메니데스의 법칙은 전통과 위배 되는 것이었다. 그때까지는 헤라클레이토스와 같은 철학자들은 사물들은 변화하기 때문에 그 안에 그것들이 아닌 것들을 포함하고 있어야 한다고 주장했다. 그런 모순만이 변화를 설명할 수 있었다. 헤라클레이토스의 말 은 호피 인디언들의 언어를 반영하고 있다. "차가운 것들은 따뜻해지며, 따뜻한 것은 차가워진다. 젖은 것은 마르고, 마른 것은 축축해진다."

그러나 2천 년 동안 서양철학은 아리스텔레스의 지도에 따랐다. 그리 고 이제 워프가 등장하여 전통을 뒤집었다. 그 규칙을 따르는 언어 대신, 그는 논리는 서양 문법이라는 우연을 제도화하려 할 뿐이며, 그렇게 하면 서 잘못된 세계관을 만들어 낸다고 주장했다.

일례로 석유통 사례를 보자. 워프는 금속으로 된 석유통에 대해 '비어

있는' 이라는 단어를 기호로 사용하는 것은 실제로는 통이 인화성 잔류물들로 차 있을 때, 작업자들로 하여금 통이 '비어 있는' 것(empty), 텅 빈 것(void), '아무것도 가득차지 않은 것' (full of nothing)으로 생각하게 한다고 말한다. 언어학적 세계에서 질서를 거듭 주장하기 위해서 핀커는 작업자의 오류는 석유통이 빈 것처럼 보이기 때문이라고 주장한다. 그래서 그러한 혼동은 경험적인 것이지 언어적인 것이 아니라고 한다. 금속으로 된 석유통은 투명하지 않기 때문에, 이러한 주장은 어느 정도 약한 것이지만, 어쨌든 워프의 요점은 좀 다른 것이다. 그가 지적하고 있는 것은 작업자들이 석유통을 '비어 있는' 것으로 분류했을 때, 그들은 자신들에 해가 없다고 지각하도록 만드는 '비어 있는' 용기들의 언어적 모델을 채용하고 있다는 것이다.

다시 핀커의 말을 들어 보자. "워프가 어떻게 그런 이상한 주장을 하게 되었는지에 대해서는 아무도 확실히 모른다. 하지만 그가 든 호피족 담화의 사례에 대한 편협하고 잘못된 분석과 신비주의에 오랜 동안 경도된 것이 한 원인이었음에 틀림없다." 핀커 교수 자신은 그런 편견이 없다. "언어가 사고를 만든다는 생각은 과학자들이 사고가 어떻게 작용하는지에 대해서 혹은 그것을 어떻게 연구할 것인지에 대해서 잘 몰랐을 때에는 그럴듯했다. 이제 인지과학자들은 사고에 대해서 어떻게 생각할지를 알고 있다 …"

그럼 이제 과학자들이 마음의 미스터리를 풀었다는 것이다. 워프의 이론은 매우 약해 보인다. 희극 같아 보이기조차 한다. 그에 비해 핀커의 대단히 근대적인(일례로 홉스를 언급하지는 말라) 가설은 인간의 두뇌가 일종의 컴퓨터, "상징 처리 기계"라서, 언어적이건 감각적이건, 데이터를 미리 결정된 생물학적으로 내장된 '규칙들' 에 따라 변환시킨다는 것이다.

두뇌에는 세 그룹의 뉴런들이 있는데, 하나는 명제가 언급하는 개별자들 (소크라테스, 로드 스튜어트 등등 [핀커의 경구])을 나타내고, 또 하나는 명제에서의 논리적 관계(이다, 아니다, 와 같다 등등)를 나타내며, 다른 하나는 개별자의 특징지어지는 종류나 유형(사람, 개, 닭 등등)을 나타 낸다.

각각의 개념은 특정 뉴런의 활성화에 대응한다. 가령, 첫 그룹의 뉴런 들에서 다섯 번째 뉴런은 소크라테스를 나타내도록 활성화되며, 일곱 번 째 뉴런은 아리스토텔레스를 나타내도록 활성화된다. 세 번째 그룹에서 여덟 번째 뉴런은 사람을 나타내도록 활성화되고, 열두 번째 뉴런은 개 를 나타내도록 활성화된다. 처리장치는 이들 그룹으로 입력되는 다른 뉴 런들의 네트워크로 한 그룹의 뉴런들의 활성화 패턴을 다른 그룹에서 재 생산하는 방식으로 함께 연결된다. … 수많은 표상들과 일련의 훨씬 복 잡한 처리장치들로 … 우리는 진정으로 지적인 두뇌 혹은 컴퓨터를 가지 게 되는 것이다.

핀커는 이것이 마음의 '계산주의적' 이론이라고 말한다. 설사 사람들이 사용하는 언어에는 없다 하더라도, ('정신어'에는) 진정으로 빨간색이 두 뇌에 암호화되어 있다. 그리고 이제 핀커는 점점 더 감정적으로 벤자민 워프의 허수아비를 상대로 비장의 카드를 쓰고 있다. 그것은 1972년 "엘 러노어 로쉬가 뉴기니아의 고지대에서 수행한 결정적인 실험"이다.

엘러노어 로쉬는 다니족에게는 단지 두 개의 '색채어' 밖에 없다는 것 을 발견했다. 밝고 따뜻한 것을 나타내는 몰라(mola)와 어둡고 차가운 것을 나타내는 밀리(mili)가 그것이다. 이들은 대체로 '흑과 백'으로 여 겨질 수 있다. 고작 두 개의 색채어 밖에 없었지만, 로쉬 교수는 다니족이 실험에서 다른 사람들만큼 색채를 잘 구별해 낸다는 것을 발견했다! 분명히 그들에게 색채어가 몇 없다는 것이 그들의 지각에 영향을 미치지 않았다는 것이다. 핀커에게 있어서 이것으로 이야기 끝이고 가엾은 워프의 보험 조사원 이론도 끝장이었다.

그러나 엘러노어 로쉬의 연구는 이야기의 끝이 아니었다. 방법론적으로 표 위에 색채를 짝 지은 그녀의 실험은 무의식 중에 그 주변에 분포된 '농담들'을 대상으로 영어 사용자의 언어 범주 — 파랑, 빨강, 초록 등등 — 에 전형적인 색채들로 편중된 것이었다. 그리고 실험은 너무 복잡해서 다니족의 20퍼센트만이 완료할 수 있는 것이었다. 아마도 색채어의 부족이 실험을 완료하기 어렵게 만들었을지도 …

이 연구를 반복하려는 모든 후속 시도들은 실패했으며, 설상가상으로 베린모족(이들은 다니족보다는 색채 범주가 조금 더 많았지만, 영어 사용자에 비할 바는 못되었다) 22명을 대상으로 한 연구[1]에서는 매우 다른 결론이 나왔다.

> 포화도를 저하시킨 색의 인지가 색채 어휘에 반영되는 듯했다. … 지금까지 조사한 다른 모든 언어들의 사용자들처럼 베린모어 사용자들은 색채 공간의 인접한 영역을 함께 그룹화 한 반면, 이들 영역이 보편적인 기초 색채 범주의 제한된 부분에 대응한다는 어떠한 증거도 발견되지 않았다.

이 모든 논쟁은 물론 워프가 무대를 떠난 한참 뒤에 벌어졌다. 그러나 그는 어쨌거나 별로 걱정하지 않았을 것이다. 왜냐하면 다른 글에서 워프는 시각의 차이를 반영하고 있기 때문이다.

> 지구 전역에 걸친 언어 체계의 놀라울 정도의 다양성을 깨닫는 것은 우리에게 인간의 정신은 상상할 수 없을 정도로 오래되었으며, 몇 천 년의

기록된 역사는 지구에서 우리의 과거 경험을 측정하는 척도에서는 연필 자국의 두께 정도밖에 되지 않으며, 최근 몇 천 년의 발로를 판독하는 것은 어떤 진화적 방식으로도 아무것도 아니며, 인류가 갑자기 나타나 최근 몇 천 년 동안 인상적인 종합을 이룬 것이 아니라 약간의 언어학적 체계를 잡고 표현할 수 없을 정도로 오랜 과거로부터 남겨진 자연의 관점을 다룰 뿐이라는 피할 수 없는 느낌을 갖게 한다.

❖ 주 ❖

1) 데비 로버슨, 이안 데이비스, 쥘 다비도프의 "색채 범주는 보편적이지 않다: 석기시대 문화로부터의 응답과 새로운 증거"를 볼 것. 여기서 모든 것은 — 흑과 백으로 — 명료하게 설명된다 …

제29장
사르트르로 존재하고,
보부아르로 존재하지 않기
(1908년~1986년이 아닌 1905년~1980년으로)

사르트르의 전 작품은 유례없는 현상이다. 어떤 주요 철학자도 동시에 주요 극작가, 소설가, 정치이론가, 그리고 문학 비평가인 적이 없었다. 사르트르의 놀랍도록 천부적인 재능 중에서 어떤 측면이 가장 중요한 것으로 여겨질지 아직 판단하기가 이르다. 하지만 그의 철학은 그의 다른 저작에도 스며들어 있어서 그에 대한 지속되는 관심은 보장된 것이다.

일이 어떻게 되었든 그것이 케임브리지 대학 클레어 칼리지의 토머스 볼드윈 박사가 『옥스퍼드 철학백과사전』에서 도달한 결론이다. 하지만 이 평가의 어디에 '사르트르 부인' 시몬느 드 보부아르가 있는가? 사라졌다. 그녀의 여성적 향수 냄새조차도. 하지만 백과사전의 다른 곳에서 버팔로 주립대학의 그룬바움 교수는 사르트르의 작은 그림자를 다루고 있다.

> 드 보부아르는 … 그녀의 『피뤼스와 시네아』(1944)와 『애매함의 윤리학』(1947)에서 … 개인적 자유는 불가피하게 다른 사람의 자유와 관련된다는 두 종류의 자유를 구분함으로써 그녀의 덜 극단적인 관점과 사르트르의 관점을 조화시키려 했다. 그러나 그처럼 그녀도 도덕적 관념으로서의 자유의 관념에 설득력 있게 내용을 부여하지 못했다. 아니면 논리적으로, 사르트르의 실존주의가 다른 것에 비해 하나의 기획을 선호할 기초를 갖지 못한다는 것을 받아들일 수밖에 없었다.

철학의 이야기

사르트르는 역할을 연기하는 사람들을 비웃었다. 부르주아의 안락한 '의무' 감, 이성애자인 척하는 동성애자, 염탐하다 잡히는 관음증 남자, 그리고 가장 유명하게, 서두르는 웨이터가 그 사례다. 사르트르는 이들 모두가 다른 사람들의 지각 — '타자' — 의 노예라고 말한다. 그들은 '나쁜 신앙'을 드러낸다. 이는 흔한 결점이며, 심리학자들이 말하듯이 다른 사람들을 비난하려고 이러한 흠을 잡는 데에서 사르트르 역시 자신에 대해서 어느 정도 말해 주는 것이다.

사르트르가 그렇게 하려고 한 것은 아니다. 왜냐하면 사르트르는 자신을 고결한 사람이며 정치적 급진주의자라고 생각했기 때문이다. 1950년대 초, 다른 사람들이 러시아의 정치범 강제수용소에 대해 소곤댈 때, 사르트르는 영웅적 지도자 이오시프 스탈린 치하의 새로운 러시아를 찬양했으며, 현장 조사를 위한 답사를 하기도 했다. 그 후 그는 파리로 돌아가 러시아인들이 진정으로 자유롭지 않다는 소문을 일축했다. 실로, 그는 이 주제에 대해 밀어붙이는 인터뷰 상대에게 "소련에서 비판할 자유는 완전하다"고 말했다.

이것은 실존주의의 실천이었다. 왜냐하면 실존주의는 행동의 철학, "행동과 자기참여의 윤리학"이기 때문이다. 철학 저술을 하면서 제2차 세계대전을 보낸 직후 1946년에 사르트르는 그렇게 말했다. 그는 『변증법적 이성 비판』(1960)에서 "나는 말했고, 나는 반복한다. 인간의 역사에 대한 유일하게 타당한 해석은 사적 유물론이다"라고 주장하고 있다. 그러나 다음은 고독한 개인으로서의 사르트르를 이해할 수 있게 해 주는 시도다.

마르크스처럼 장-폴 사르트르는 언제나 행동하는 인간이기보다는 학자적 인간이었다. 평화로운 프랑스의 전원에서 자란 그는 자신의 어린 시절의 대부분을 할아버지의 서재에서 보냈다고 기술하고 있다. 그의 청년기도 책 위주였고, 프랑스 최고의 대학에서 엘리트들에 속하기 위한 훈련으로 시간을 보냈다. 결국 그의 공부는 그를 교사로서 다시 학교로 돌아가게 만들었다. 최소한 프랑스였기에 그는 철학 교사가 될 수 있었다. 그러나 그는 여전히 경험하는 것과 르아브르 항구라는 주변 환경을 싫어했다. 그곳은 나중에 첫 소설 『구토』에서 보빌로 묘사된다.

제2차 세계대전이 발발하여 그의 지적 사유를 방해하자 그는 군대에서 기상 통보관이 되었고, 프랑스가 나치에 항복하자 전쟁포로가 되었다. 비록 자유롭게 석방되어 철학 교사직으로 돌아갔고(이번에는 복잡한 파리에서), 전쟁 중에 첫 연극을 준비했다. 훗날 그는 적극적으로 저항운동을 할 것을 고려했지만, 그렇게 하는 것은 자신을 공산주의나 드골주의자에 종속시켜야 하는 것이었다고 설명했다. 그가 도달한 해법은 대신 저술에 집중하고 걸작이 될 '존재와 무'를 완성하는 것이었다. 거기서 그는 "나는 자유의 형을 받았다"는 유명한 말을 했다.

전쟁이 끝나자 그는 교수로서의 삶 대신 작가이자 지식인으로서의 삶을 선택했고, 베트남의 반미운동이나 알제리의 반(反)프랑스 운동과 같은 해방 운동에 참여했다. 그러는 동안 그의 소설은 널리 인정받았으며, 행운의 해였던 1964년 그는 노벨문학상 수상자로 지명된다. 하지만 그는 수상을 거부했다.

사르트르의 철학은 우리에게 주어진 가장 순수한 형태의 자유인 상상력의 활용을 강조한다. 존재의 '괴로움'은 하이데거가 말했듯이 세상이 "달리 되지 않고 그렇다"는 것이다. (제2차 세계대전 직후였음에도 불구하고, 그리고 우리가 본 것처럼 하이데거가 나치였음에도 불구하고, 프랑스 실존주의자들은 하이데거를 자신들의 철학적 지도자로 치켜세웠다.) 『변증법적 이성 비판』에서 사르트르는 예를 통해서 단조로운 일에 종사하지만 성적 환상을 지닌 노동자들은 상상의 권력과 조건법적 자유를 보여 준다고 말한다.

그는 무엇인 것보다 무엇이 아닌 것을 강조한다. 후자는 과학자들이 검증하는 종류의 것들로 이루어진 평범한 종류의 사태인 반면, '무엇이 아닌 것'은 진정 훨씬 흥미로운 것이다. 그는 그의 관점을 다음과 같이 요약하고 있다(만약 "요약한다"가 실존주의 저작에서 적절한 용어라면 말이다). "의식의 본성은 무엇이 아닌 것으로의 존재와 동시에 무엇인 것으로의 존재가 아닌 것이다." 그래서 우리는 우리 자신의 본성, 우리 자신의 '본질'로 돌아간다. 우리는 존재하지만 어떻게 '우리 자신을 정의'하는가? (실존주의 운동의 공허한 문구, "존재는 본질에 앞선다.") 웨이터가 등장하는 곳은 바로 여기다.

> 그의 움직임은 빠르며 앞으로 향한다. 너무 정확하고, 너무 빠르다. 그는 걸음이 빠른 손님들과 함께 온다. 그는 너무 열심히 몸을 기울인다. 그의 목소리, 그의 눈은 고객의 주문에 너무 염려스러운 관심을 나타낸다. 마지막으로, 그는 가벼운 손과 팔동작으로 그가 영원히 재정립한 영원히 불안정하고 영원히 무너진 평형 속에서 쟁반을 들고 무모한 줄타기를 하는 동안, 그는 일종의 자동기계의 경직된 걸음을 흉내 내려고 한다. (『존재와 무』, 1943)

'의식'에 이렇게 주목하는 것이 사르트르를 유명하게 했다. 그러나 흥미롭게도 그의 평생의 지적 동료이자 동반자였던 시몬 드 보부아르에 의해 1943년에 나온 『초대받은 여자』역시 여러 종류의 의식을 묘사하고 있다. 이는 텅 빈 극장(관객이 있을 때까지 살아날 수 없는 무대, 벽, 의자)에서부터 그녀와 같이 온 남자가 그녀의 팔을 흔들기 시작하는 사실을 모

삽화 29 우리는 존재한다. 그래, 그런데 어떻게 '우리 자신을 정의하나?'

르는 체하는 음식점의 여성을 보는 것에 이르기까지 여러 곳에 나타난다. "그의 팔은 그곳에서 잊히고 무시된다. 그 남자의 팔은 더 이상 누구의 것도 아닌 살덩어리를 흔들고 있었다." 그 뿐 아니다.

> "다른 사람들이 우리 자신이 우리의 의식에 대해 인식하는 것처럼 그들
> 자신의 내적 감정을 인식하는 의식 있는 존재라고 믿는 것은 거의 불가
> 능하다"라고 프랑수아는 말했다. "나에게 놀라운 것은 우리가 그것을 파
> 악할 때이다. 우리는 다른 누군가의 마음의 상상 이외의 것이 아닌 존재
> 의 인상을 가진다." (『초대받은 여자』, 1943)

더욱더 흥미롭게도, 이 두 책은 같은 해에 나왔지만 시몬 드 보부아르가 책을 좀 더 일찍 썼고, 사르트르는 『존재와 무』를 시작하기 전에 짧은 군 휴가 시에 그 원고를 탐독했다.

348

누구의 신념이 나쁜가? 사르트르 아니면 웨이터?

사르트르는 그의 일기에 보부아르가 어떻게 실존철학에 대한 그의 오해를 여러 번 바로잡아 주었는지를 기록하고 있다. 사르트르는 단지 보부아르의 모든 아이디어를 빌려다가 그 자신의 저작에 (감사의 표시 없이) 사용했던 것이다. 알려지지 않은 것은 왜 보부아르가 그러한 일을 기꺼이 허용했고, 사르트르의 저작에 대해 기여한 사실을 계속해서 부인했는가 하는 점이다. 비록 무척 유명하고 일종의 철학적 아이콘이 되었지만, 사르트르와 보부아르의 관계 역시 완전히 오해된 것이었다. 진정 그 자체가 철학의 이야기이다. 한편으로는 바람둥이 사르트르는 자신의 '실존적 자유'를 보존하기 위해서 충실한 보부아르와의 결혼은 부정했다는 잘 알려진 플롯이 있다. 다른 한편으로는, 잘 알려지지 않은 것으로, 서로 주고받은 편지에 기록된 사실이다. 편지에는 1930년에 사르트르는 보부아르에게 청혼했다고 기록되어 있다. 그녀는 틀에 박힌 프러포즈와 틀에 박힌 사르트르의 가정 모두에 아연실색 했으며, 만약 그들이 서로 함께 한다 해도, (남자와 여자를 포함한 연인들과) 다른 관계를 계속할 수 있기를 원한다고 주장한 것은 그녀였다. 그리고 진정한 성적 이야기는 아내가 될 수도 있었으나 충실한 비서로 변해 버린 실망한 보부아르의 도움을 받은 천재 사르트르의 자주 언급되는 사르트르의 전문적인 이야기와 상반된다. 그와 반대로 진실은 보부아르가 연하의 파트너보다 지적으로나 문학적으로 더 우위에 있었다는 것이다. 보부아르는 어느 누구도 그 이상으로 나아가서는 안 되는 수도원 학교 시절부터 프랑스 최고의 철학 시험을 한해 일찍 통과한 반면, 사르트르는 주어진 모든 특권에도 불구하고 두 번째 응시에서 겨우 통과했다.

사르트르는 후에 그것은 그의 답안이 과도하게 독창적인 것이었기 때문이라고 주장했지만, 사실 만약 그랬다면 그것은 완전히 새로운 시작이었음에 틀림없다. 그때까지 어린아이로서 그가 보여 준 독창성은 만화에 그의 할아버지의 백과사전으로부터 따온 상세한 이야기들을 덧붙여서 조심스럽게 베끼는 것이었기 때문이다. 그는 존경하는 부모님에게 그 전부를 자신의 '소설' 인양 행세했다.

『말』에서 사르트르는 참신한 솔직함으로 이들 초기의 '나쁜 신념' 의 예들을 인정하면서 다음과 같이 말하고 있다.

> 나의 어머니는 손님들을 식당으로 데리고 와서 그들이 어린 창작자를 보고 놀라게 했다. 나는 나를 칭찬하는 사람들이 있다는 것을 잘 인식하는 척했다. 그들은 조심성을 거두어들이고, 내가 한마디로 너무 귀엽다고, 너무너무 애교 있다고 소곤댔다 …

그러한 연기는 우리의 관심을 웨이터로 돌아가게 한다. 이제 나도 웨이터들을 잘 지켜보았다. 그들은 종종 임무를 빠르게 수행할 필요가 있다. 그들의 '잘못된 의식' 과 관련된 선택의 문제가 아니라 실질적인 이유에서 그렇다. 그 일은 숙련된 것으로 품위를 손상시키는 것 이상의 고된 일이다. 수행해야 할 역할이 있고, 물론 배우들처럼 그들을 보는 관객이 있기에 그들은 실로 배우들이다. (사르트르와 보부아르 같은 사람들조차도 때로는 그렇다.) 그래서 대신 다른 비유를 사용해 보자. 철학 지식인의 비유다.

> 그들의 말은 너무 낭랑했고, 강조하는 말은 너무 완고했다. 그들의 몸짓은 그들의 자기의식에서는 어색한 듯했고, 그들의 눈은 너무 열심히 응시했으며, 그들의 최신 이론의 본질을 전달하는 데 어려워하면서 위장된

자신감에 그들의 목소리는 종종 가라앉거나, 반대가 있어서 마치 한 무더기의 종이에 의해 다시 회복될 수 있는 깨어진 평형을 감지한 듯 실망스런 불신에 그들의 목소리는 높아진다.

'나쁜 신념'에 대한 그의 공격에서 사르트르의 철학은 전혀 미묘하지 않은 가치판단으로 철학자이자 작가로서는 인간성 위에서 앞서가려고 필사적이었다. 아마도 그것은, 드골주의와 공산주의에서 왔다 갔다 하다가 대신 새로운 책(웨이터가 등장하는 책…)을 쓰기로 결정했던 것처럼, 전쟁에서의 이중적인 그의 역할과 관련이 있을 것이다. 아마도 그것은 그의 파트너의 생각을 빌려온 것과 관계가 있을 것이다. 아마도 그렇지 않은 것보다는, 또는 웨이터의 무(無)로 존재하는 것보다는 사르트르로 존재하는 것이 더 낫다는 것에 대한 확신이 없었을 것이다.

그러면 누가 위대한 실존주의자인가? 사르트르와 달리 보부아르는 많은 실존주의의 요소들을 알고 있었을 것이다. 예를 들어, '타자'의 개념은 헤겔에서 찾을 수 있는데, 이는 다시 무지 — 그리고 어쩌면 상상 — 에서 온 착각으로서 개인에 대해 '크게 강조하지 않는 것' 등 동양의 철학적 전통에서 그 자취를 찾을 수 있다. 그렇긴 해도 보부아르가 '타자' 개념을 발전시켜 남성주도적 사회에서 모든 여성을 '타자'로 분류한 것은 그녀 자신의 업적이었다. 하지만 그녀의 철학적 아이디어를 책으로 내려던 초기 시도는 철학은 남성들의 몫으로 남겨두라는 충고와 더불어 프랑스 출판사들로부터 퇴짜를 맞았다!

보부아르의 소설 중 하나인 『초대받은 여자』는 그 유명한 관계에 대한 실마리다. 그녀의 처녀작인 이 책에는 세 명의 주인공이 있는데, 그중 프랑수아는 보부아르 자신을 나타내고, 피에르는 사르트르를, 그리고 마지막으로 사비에르는 당시 보부아르와 동거하고 있던 연인, 올가를 나타낸다. 제1장에서 프랑수아는 고전적인 연극의 새로운 버전을 만드는데, 거기에서 사르트르의 인물은 주인공일 뿐 아니라 제작을 책임지는 인물로 그려진다. 『초대받은 여자』에서 자신의 독창성을 감추려는 프랑수아의 동기는 오직 사랑이다. 그러나 누군가는 실제의 삶에서 다른 설명을 보게 된다. 그들은 보부아르가 고의적으로 표절자 사르트르를 키우면서 그의 혜성 같은 떠오름과 자부심을 바라보았고, 그와 동시에 견고하게 남성주도적인 프랑스 철학 제도권에 경멸을 표했다고 본다.

제30장
데리다 해체하기
(1930년 ~2004년)

자크 데리다는 1960년대에(비록 그 '흔적'은 사방에서 발견할 수 있지만) '해체주의'라는 용어를 만들어 냈다. 당시 학자들은, 이미 한물간 것이 아니라면, 기본적으로 전통적 구조를 뒤집을 때였다. 해체주의자들은 지적으로 급진주의자들이고자 했다. 그들은 철학의 모든 열매 — 인식론, 형이상학, 윤리학 등 사과 수레 전부 — 를 내다 버리려고 했다. 결국 그것들은 잘못된 이분법에 뿌리내린 세계관의 결과물이었다.

잘못된 이분법은 '이다/아니다'와 같은 과학적인 것, '과거/미래'와 같은 시간적인 것, '선/악'과 같은 윤리적인 것이다. 데리다는 다른 모든 사상가들의 주장과 철학자들의 주장과 그에 반대하는 주장들, 그들의 이론과 발견들은 정교한 말장난에 지나지 않는다고 — 그들은 우리한테 속임수를 써 온 것이라고 — 설명한다.

앤드류 커트로펠로는 『루틀리지 철학백과사전』에서 알기 쉬운 문체로 다음과 같이 설명하고 있다.

그의 저작은 서양의 철학적 전통을 '해체주의'의 관점에서 심문해 볼 필요가 있다는 그의 주장을 통해서 이해할 수 있다. 이 전통에서 어떤 것이 뜻밖의 것으로 남을지에 대해 접근하려는 시도로서 해체주의는 '완전한 타자'의 범주에 관계된다. 데리다는 '현전의 형이상학'에 이의를 제기하는데, 그것은 글에 비해 말의 존재론적 우선성과 우월성을 입증하려는 전통적인 시도들이 유지해 온 자기동일적인 직접성으로서 진리를 평가하는 것이다. 그 구분은 … 타자성을 폭력적으로 배제하는 방식으로서만 유지될 수 있다고 주장하면서 데리다는 매우 다른 언어 개념을 발전시키려 한다. 그것은 동일성으로 환원불가능한 차이로부터 시작하는 언어 개념이며, 그에 따라 윤리적이고 정치적 책임에 대한 다른 개념들을 낳는다.

철학의 이야기

프랑스 정치철학은 1789년의 인권선언을 세상에 제시한 것은 물론 파리에서 마르크스와 엥겔스를 격려한 것과 19세기에 '구조주의'의 인상적인 체계를 만들어 낸 것에 대해 자랑스러워한다. 그리고 사르트르 이후 프랑스의 모든 철학자들이 정치적 입장을 취하기를 기대하는 것은 놀랄 일이 아니다. 아이러니하게도 그 옹호자들은 이제 모든 것이 정치적이라는 것을 깨달을 수 없는 사람인 것처럼 보이기 때문에, 오히려 정치철학을 진부한 것으로 만들었다. 그러나 1950년대 고등사범학교에서 많은 동급생들과 달리 데리다는 프랑스 공산당에 가입하지 않고, 그가 『해체주의와 프래그머티즘』(1996)에서 썼듯이, 약간 초연하게 자신은 그저 "좌파"라고 주장했다. 『모스크바 여행』 잡지 인터뷰에서 데리다는 "내가 시간이 있었다면, 스탈린이 '이성중심주의자'였음을 보일 수 있었겠지만, 그것은 오랜 발전을 필요로 하는 것이다"라고 러시아인들에게 단언했다.

좌파로서의 나의 희망은 해체의 특정 요소들은 그저 학문적이지만은 않은 입장들과 관련하여 좌파를 정치화하거나 재정치화 하는 데 기여해 왔으며, 특히 미국에서는 여전히 싸움이 계속되고 있기 때문에, 그렇게 될 것이다.

이러한 입장은 그의 프랑스 동료들을 화나게 했지만 영어사용권, 특히 경력에 신경 쓰는 학자들이 급진적인 정당에 가입하는 데 있어서 실용주의적이지 않지만 그럼에도 여전히 진보적이고 싶어 하는 미국에서는 반응이 좋았다. '프랑크푸르트학파'로 알려진 독일에서의 유사한 지식인들 집단과 나란히 데리다는 '비판 이론', '문화 연구', 그리고 '현대 유럽사상' 등이라고 부른 새로운 분야의 '주요 인물'이 되었다.

정치학의 자리에 데리다는 구조주의 기획을 채택했는데, 그 기획은 마르크스주의와 나치즘은 물론 해방주의와 공리주의 같은 보편적 적용을 주장하는 모든 이론은 '제국주의'이며 다른 시각과 문화를 억압한다고 주장하는 것이었다. 대신 구조주의자들은 세계는 단순한 이론들로 파악하기에는 너무 미묘하고 너무 복잡하다는 것을 보이고자 했다.

데리다는 이에서 한 걸음 더 나아가 하이데거가 그의 말을 들으려고 하는 사람이면 누구에게나 제안했던 '파괴'(Destruktion)의 요소를 덧붙였다. '해체'(deconstruction) 또한 다른 이론들의 모순을 강조하고 그 도그마를 흔들어서 그 이론들의 암묵적 위계를 파괴하는 것이다.

첫 번째로 해체할 것은 거기에 있지 않은 것들, 즉 감추어져 있고 억압되어 온 아이디어들이다. 그리고 데리다가 '배제되었다고' 생각한 첫 번째 것은 글 자체로서 그는 그것이 철학자들에 의해서 언제나 말의 그림자 형태로 취급되었다고 말한다.

그렇게 데리다는 페르디낭 드 소쉬르의 언어 작용에 대한 기술을 해체한다: 그리고 그는 글과 말 사이의 구분을 제시하려는 시도를 통해 구조주의의 아버지가 은연중에 사유의 특징들의 목록을 만들었다는 것을 발견한다. 그것은 형식, 내용, 관계에 있어서 임의적인데, 말뿐 아니라 글에도 적용되는 것이다! 따라서 말과 글의 차이는 철학적 환상일 뿐이다. (우리는 해체가 어떻게 텍스트에 묻힌 숨어 있는 가정들을 교묘하게 취해서 그들 자신에게 폭로하는지를 본다.)

말/글 구분의 성공적인 해체로 정신/신체 구분(데카르트 참조)의 종말이 따르며, 마음에 의해 알 수 있는 것들과 감각 지각에 의해 알 수 있는 것의 차이의 붕괴, 그리고 문자적인 것과 은유적인 것의 차이의 부정, 자연적인 창조와 문화적인 창조의 차이, 남성적인 것과 여성적인 것의 차이 등 많은 것들이…

> 모든 이원론, 영혼 또는 정신의 불멸에 대한 모든 이론들 뿐 아니라 모든 일원론, 유심론자 또는 유물론자, 변증법적이거나 일반적인 것 등은 형이상학의 전체 역사를 통해 특유의 주제로 그 흔적으로의 환원을 찾도록 강요되었다. 그 흔적을 완전한 현재로 종속시키는 것은 **로고스**, 그 밑에서 말이 완전해지기를 꿈꾸는 글의 겸손함으로 요약된다. 그런 것들은 존재의 고고학적이고 종말론적인 의미를 현재로, 현존으로, 차연 없는 삶으로 규정하는 존재론에 의해 요구되는 몸짓이다. 그것은 죽음의 다른 이름, 신의 이름이 죽음을 억누르는 역사적 환유다. (『그라마톨로지에 대하여』)

그러나 1980년대 말, 데리다는 최소한 한 측면에서 그의 급진주의를 잃은 듯했다. 뉴욕의 청중들을 대상으로 한 정의에 관한 특별 강연에서 그는 모든 개념들 중에서 유일하게 서양철학(과 이 책)이 추구하기 시작한 정의는 (소크라테스처럼) 해체불가능하다고 주장했다. 그는 학구적이고 난해한 스타일로 다음과 같이 말한다.

> 만약 현재의 정의에 대한 모든 규정적인 가정을 해체하는 것이 있다면, 그것은 무한히 환원불가능한 무한한 '정의의 관념'으로부터 작동한다. 그것은 환원불가능한데, 왜냐하면 타자로 인하여 — 어떠한 계약 이전의

타자로 인하여 그러하며, 왜냐하면 이 관념은 단일성으로 언제나 타자인 타자의 출현이기 때문이다. 모든 회의주의에도 무너지지 않는 … 이 '정의의 관념'은 파괴불가능하다 …

만약 현재 세상에 정의가 없다 해도, 모든 것을 잃는 것은 아니다. 관념은 남는다. 결국, 그것은 해체불가능하다.

이제 누가 속임수를 쓰고 있나?

데리다는 우리에게 속임수를 쓰고 있는 듯하다. 그것은 모두 '의미', '관념성', 그리고 선험적-경험적 대비 일반에 대한 대단한 게임이다.

> 차이의 작용은 결과적으로 어떤 순간에도 어떤 의미에서도 금지되는 종합과 참조를 가정하는데, 그것은 단순한 요소가 그 자체로 현재하도록, 그 자체에 대해서만 참조한다. 말해진 담론의 질서이건 쓰인 담론의 질서이건 어떠한 요소도 다른 요소를 참조하지 않고서는 기호로 기능할 수 없고, 그 자체로는 단순히 현재하지 않는다. … 이 엮임, 이 직조는 다른 텍스트의 변형에서만 만들어진다. 그 요소들 중에서 어떤 것도 체계 내의 어떤 것도 어느 곳에 단순히 현재하거나 부재하지 않는다. 차이와 흔적의 흔적은 어디에나 있다. (『기호학과 그라마톨로지』)

어쩌면 데리다는 언어의, 또는 실로 삶의 지각의, 거대한 망 내에 아무것도 고정되지 않기 때문에, '의미'는 있을 수 없다고 말하는 것이다. 모든 것은 신기루, 또는 더 나아가 우리의 정치적-성적 가정들을 증발시킨 뒤에 남는 일종의 '정제된 가루'이다. 그것은 '아니다'와 차별되는 '이다'

혹은 '너'와 대비되는 '나' 같은 용어들로 가득하다. 우리는 낱말들의 망을 부수어야 한다!

그러나 데리다가 말하는 것을 이해하기는 어렵다. 다시 선험적-어쩌구는 또 무엇인가? 결국 데리다 자신은 무엇에 대해 설명을 요구받았을 때 모순되는 말을 제시하고 정의를 거부하는 — 선불교의 공안(公案)과 같은 — 것을 좋아했다. 그는 여러 번 해체 자체는 주체의 텍스트에 대한 방법이 아니며, 수행된 행동도 아니라고 했다. 실로 그는 "일본인 친구에게 보내는 편지"에서 '해체는 이러저러한 것' 또는 '해체는 이러저러하지 않은 것'이라고 말하는 것은 결코 가능하지 않은데, 왜냐하면 그러한 문장의 구성이 이미 잘못된 것이기 때문이라고 주장했다.

확실히 한 구절을 만들어 내고 다른 것을 부정하는 대단한 입장은 새로운 용어를 무엇이든지 만들어 내는 능력이다. 그러나 우리는 이 이슈에 대해서 좀 더 우회적인 방법으로 접근할 수 있다. 데리다는 독일 철학자 하이데거의 영향을 인정했고, '파괴'라는 그의 도구를 서양 문명과 '휴머니즘' 일반을 그가 해체(Dekonstruktion)라고 부른 그 자신의 철학적 기획에서 파탄내는 데 사용했다. (실제로 그 전에 그 용어는 헤르만 괴링의 사촌이 편집한 나치 정신의학 저널에서 온 듯하다. 세상 참 좁다!) 어쨌거나 하이데거의 기획에 관해 주목할 만한 것은 그것이 우리의 마음과 텍스트 저술에서 우리가 세계를 구조화하는 데 있어서 시간의 역할을 강조하면서 동시에 의문을 제기한다는 것이다.

사실 그것은 우리가 데리다의 저작을 볼 때에도 마찬가지이다. 그것은 아주 약간 독창적일 뿐이다. 실로 그의 주요 주장의 독창성은 '해체'라는 용어를 처음 사용한 것이다. 그러나 사실 새로운 용어를 만드는 것이 어려운 것이 아니라, 그것을 유용하게 만드는 것이 어려운 것이다. (재미있게도 그의 고국 프랑스에는 아직도 그런 단어가 없다.)

삽화 30 이 직조물이 텍스트다.

하이데거로부터 데리다는 또한 '현전' 개념도 취했다. 그는 그것의 해체가 철학의 주요 과제라고 말한다. 하이데거의 족적은 '존재' 개념에도 있으며, '존재'와 '존재자'의 차이에도 있다. 그것을 하이데거는 '존재적-존재론적 차이'라고 불렀으며,『동일성과 차이』라는 책에서 길게 기술하고 있다. 데리다는 이 점을 (완전히 우연의 일치는 아닌)『글쓰기와 차이』라는 그의 책의 한 부분에서 존재-존재론적 차이의 미리 열려 있음이라고 우회적으로 언급하고 있다.

그의 '선험적 현상학'은 후설로부터 왔는데, 후설 역시 "이성은 역사에서 만들어진 로고스다. 그것은 그 자신에게 나타나기 위해 눈앞에서 스스로 존재를 가로지른다. 즉 로고스로서 그 스스로 말하고, 그 스스로 듣는다. … 그 자신으로부터 나타남에 있어서 스스로 말하는 것을 들으며,

359

글로 우회하는 이성의 역사로서 구성한다. 따라서 그것은 자신을 다시 자신의 것으로 만들기 위해 자신으로부터 달라진다'라고 썼다.

그리고 여기서 우리는 '차연'(différance)의 기원을 찾는다. 이는 데리다가 좋아하는 말장난 용어인데, (공간에서) 위치가 '다르다'(to differ)는 것과 시간에서의 지연으로서 '미루다'(to defer)의 두 의미에 대한 장난이다.

데리다를 번역한 열성 팬이라 할 수 있는 알란 바스는 데리다가 "읽기 어렵다"고 말한다. 그의 문체에서 그럴 뿐 아니라 "그가 우리가 읽는 방식을 지배하는 관념들에 진지하게 도전"하고자 하기 때문이다. "일부 어려움은 데리다가 그렇게 분명히 말하지 않고 … 종종 그 자신의 저작을 언급하며 다른 것을 기대한다는 점, 또 그렇게 분명히 설명하거나 언급하지 않고 고전 철학의 용법을 자주 섞어서 쓴다는 점을 독자들에게 경고함으로써 해소될 수 있다." (우리는 앞에 나온 '현존'이라는 단어에서 그것을 보았다. 이 그리스 단어는 현재에 의해 지배된다는 일종의 종교적 내포를 지닌다.)

위대한 철학자의 전기 영화 「데리다」는 2002년에 개봉되었다. 이 영화는 데리다를 조커로, '우리와 같은 편'으로 묘사했다. 아침으로 베이글을 먹는 것으로 그의 유태 혈통을 보여 주며, 옷의 색깔 매치에 대해 걱정하는 것으로 그의 자기 회의를 보여 준다. 어떤 장면에서는 카메라가 수천 권이 소장된 그의 서재로 그를 따라가면서 "여기 있는 책을 전부 다 읽었습니까?"라고 묻는다. 데리다는 "아니요, 단지 네 권만 읽었지요. 하지만 그 네 권을 아주, 아주 신경 써서 읽었습니다."라고 답한다.

우리도 같은 말을 할 수 있다. 내가 데리다의 책 전부를 읽었을까? 아니다. 단지 몇 단락만을 읽었다. 하지만 그 단락들을 아주, 아주 신경 써서 읽었다.

학술적 부록:
여성 철학자들이 많지 않은 이유

철학의 참고문헌에는 소수의 여성이 있을 뿐이며, 뒤늦게 하게 되는 수많은 생각들처럼 여기저기 흩어져 있다. 철학에서 여성들은 아리스토텔레스가 말한 것처럼 합리성에 대한 중대한 철학적 능력이라는 특정 덕목을 결여하고 있음에 틀림없다.

그리고 그들이 깨닫지 못했을지 모르겠지만, 시대를 넘어서 자칭 여성 철학자들은 광범위하게 억압되었다. 당대 가장 뛰어난 사상가로 평가되었던 히파티아는 마차에게 끌어내려져 날카로운 조개껍질로 살해되었다. 또 다른 능력 있는 수학자이자 논리학자인 아스파시아는 수녀원에 수감되었다. 피타고라스학파의 수장이 된 티아노는 투옥되어 고문당했다.

물리적 억압은 그저 일부였을 뿐이다. 플라톤의 스승인 디오티마는 허구의 창작물로 그 지위가 격하되었다. 좀 더 근대로 오면, 예니 마르크스와 해리엇 밀이 마르크스주의와 자유주의의 발전에서 그 영향이 반역사적인 것으로 평가절하 되었다. 20세기에서 조차도 시몬 드 보부아르는 실존주의의 기초 설명을 담은 그녀의 첫 저작이 '여성의 주제'에나 매달리라는 권고와 더불어 출판사로부터 퇴짜를 맞았다.

여성 철학자가 되었을지도 모르는 수많은 사람들이 책 대신 시와 편지를 썼다. 이 모든 이유 때문에 철학에서 그들의 저작은 직접적인 영향을 거의 미치지 못했으며, 그들의 공헌은 그저 간혹 남성들의 감사의 말을 통해 간접적으로만 평가될 뿐이다. 이 중 가장 유명한 사례가 플라톤의 『향연』또는 "주연"에서 지혜로운 여성 디오티마가 소크라테스에 의해 시와 사랑, 그리고 가장 중요하게 지식의 본성과 '형상'에 눈뜨게 해 준 인물로 인정받는 부분이다. 실로 디오티마는 서양철학의 '어머니'라 할 수 있을 것이다. 그랬기에 그녀를 '상상의 인물'로 분류해 버리는 것은 필수였다. 그러한 작업은 15세기 남성 학자들에 의해 수행되었으며, 이후로 그녀는 널리 무시되었다.

그러면 '여성들의 철학'의 유명한 사례를 상기하면서 그러한 불균형을 바로 잡아 보자. 아마도 그것은 (플라톤의 옷으로 위장된) 몇 천 년을 존속한 유일한 사례일 것이다.

다음은 기원전 360년 아테네에서 아가톤의 집에서 열린 파티 장면이다. 소크라테스는 말한다.

아가톤, 대단한 연설이네. 하지만 내가 묻고 싶은 작은 질문이 하나 있네. 선한 것은 또한 아름다운 것이 아닐까?

아가톤: 네, 그렇습니다.

소크라테스: 그렇다면 아름다운 것을 찾는데 있어서 사랑은 선한 것도 원하겠지?

아가톤: 당신의 말씀을 반박할 수 없습니다, 소크라테스. 당신이 말한 것이 참이라고 가정하도록 하지요.

소크라테스: 나의 아가톤, 차라리 그대가 진리를 반박할 수 없다고 말하게. 왜냐하면 소크라테스는 쉽게 반박되기 때문이지. 하지만 이제, 내가 떠나기 전에 내가 만티네이아의 디오티마에게서 처음 들은 사랑의 이야기를 말해 주고 싶네. 그녀는 이 문제와 다른 여러 종류의 지식 모두에 지혜를 지녔다네. 오래전, 그녀는 아테네 사람들에게 역병이 닥치기 전에 제물을 바치라고 말했고, 그 병이 퍼지는 것을 10년이나 지연시켰다네. 그러나 나에게 그녀는 사랑의 기술에 대해

362

가르쳐 준 사람이며, 이제 나는 그녀가 나에게 말해 준 것을 그대에게 다시 말해 주겠네. 아가톤이 나에게 강조한 것부터 시작하자면, 그것은 그 지혜로운 여성이 나에게 물었을 때 내가 강조한 것과 같은 것이네.

먼저 나는 그녀에게 말하기를, 그가 나에게 한 것과 거의 같은 말을 했는데, 사랑은 힘센 신이며, 마찬가지로 아름다운 것인데, 그녀는 사랑은 아름답지도 않고 선하지도 않다는 나의 설명으로 그 점을 내게 증명했네. "디오티마, 무슨 말씀입니까?"라고 나는 말했네. "그렇다면 사랑은 악이고 나쁜 것입니까?"

"조용하게!"라고 하며 그녀는 말했네. "공정하지 않은 것은 나빠야만 할까?"

"당연하죠"라고 나는 말했네.

"지혜롭지 않은 것은 무지할까? 지혜와 무지 사이에 중용이 있음을 모르겠나?"

"그게 무엇일까요?"라고 나는 말했네.

"옳은 의견"이라고 하며 그녀는 말했네. "그것은 자네가 알듯이 이유를 제시할 수 없는 것이라서 지식이 아니며(왜냐하면 어떻게 지식에 이유가 없을 수 있겠나?), 무지도 아니네. 왜냐하면 어떻게 무지가 진리에 도달할 수 있겠나? 하지만 그것은 확실히 무지와 지혜 사이의 어떤 것일세."

그에 대해 나는 "확실히 맞습니다"라고 답했네.

그녀가 말하기를, "그렇다면 공정하지 않은 것이 반드시 나쁘다거나, 좋지 않은 것은 악이어야 한다고 고집하지 말게. 왜냐하면 사랑은 아름답지 않고 선은 사랑이 나쁘고 악이라는 것을 뜻하는 것도 아니기 때문이네. 그들 사이에는 중용이 있기 때문이네."

고대의 여성들

그러나 이는 좀 앞서 가는 것이다. 여성 철학자들이 빠진 철학의 이야기는 다른 많은 고대인들, 가령 아스파시아(기원전 401년까지)를 포함해야 한다. 아스파시아의 우아한 헤어스타일은 아테네 대학 정문 위의 프레스코화에서 기념하고 있다. 아스파시아는 플라톤이 살았던 시기에 아테네 지식계와 정치계에서 활동했다. 그녀는 페리클레스의 정부, 그리고 후에는 부인이 되었는데, 그로써 소피스트 운동의 핵심 인물 중 하나가 되었다. 아스파시아는 수사학, 정치학 및 국가에 대한 권위자로 여겨졌다. 당대의 철학자들은 그녀를 "웅변의 (여성)대가"로 불렀다. 소크라테스는 수사학과 철학의 기술을 논하기 위해 그녀를 자주 찾아갔던 것으로 전해진다.

소크라테스처럼 아스파시아는 불경죄로 재판을 받았지만 그녀의 경우는 페리클레스가 변론한 뒤 무죄로 풀려났다. 그녀는 그리스에 남았다.

또 다른 소크라테스의 '숙녀 친구'는 키레네의 아레테였다. 그녀의 묘비명에 따르면, 그녀는 헬레네의 아름다움, 터마의 덕, 아리스티푸스의 필치, 소크라테스의 영혼, 그리고 호메로스의 언변을 지녔다. 그녀는 소크라테스의 제자이자 친구였고, 소크라테스가 독배를 마신 운명의 자리에 있었던 몇 안 되는 사람이었던 아리스티푸스의 딸이었다. 아리스티푸스는 오늘날의 리비아 북동부에 키네레학파를 세웠다. 이 학파는 쾌락주의 또는 쾌락의 추구를 옹호했으며, 머지않아 아레테가 아버지의 뒤를 이어 학파를 이끌게 된다. 그녀는 30년 동안 자연철학과 도덕철학을 가르쳤으며, 약 40권의 책을 쓰고 수백 명의 다른 철학자들을 가르쳤다고 한다.

다음으로 클레오불리나(좀 더 정확히 클레오불리나파의 에우메티데)가 있다. 그녀는 고대 그리스의 일곱 현자 중의 하나였으며 6보격시(여섯 행으로 이루어진 시)로 수수께끼 같은 텍스트뿐 아니라, 아리스토텔레스가 『수사학』 제2권에서 우호적으로 언급하고 있는 '흡수하는 유리'의 의학적 속성에 대해서 썼다. 일부 텍스트는 그녀가 아버지의 집을 방문한 사람들의 발을 씻어 준 것에 대해 기록하고 있는데, 이러한 역할은 여성 철학자에게 상대적으로 훌륭한 결과로 여겨져야 한다.

히파르키아(기원전 300년경)는 부유한 부모를 거스르고 유명한 키니코스학파의 철학자 크라테스와 결혼했다. 크라테스 역시 적지 않은 유산을 포기하고 그들 학파의 가르침을 전파하는 한 쌍의 떠돌이 철학자가 되었다. 그들의 철학적 신념을 지키면서 그들 부부는 단순한 삶을 살았다. 히파르키아는 "철학적 가설들"이라는 글을 쓰고, 그들의 철학 원리를 설명하는 간접적인 방식을 통해 철학자로써 이름을 알렸다. 그녀와 관련하여 가장 흥미로운 것은 그녀가 '자연에 따라' 살 의무를 매우 진지하게 생각하여, 예를 들어 대중들 앞에서 남편과도 동등한 존재로 말했고, 『팔라티네 선집』 제2권에서는 옷이나 발에 어떤 장식도 하지 않았고, 화장도 하지 않았다고 전해진다. 그녀는 견고한 지팡이를 들고 맨발로 걸었으며, 수도승처럼 간소하게 입었고, 땅바닥에서 잤다고 한다. 그녀의 철학은 한마디로 "자연스러운 어떤 것도 부끄럽지 않다"는 것이다. '히피'라는 말은 그녀에게서 왔어야 했겠지만, 그렇지는 않은 듯하다.

다음으로 여러 '피타고라스의 여성들'이 있다. 테미스토클레스는 피타고라스의 동생으로 이미 본 것처럼 완전히 흠 없는 성취인 것은 아니었던 피타고라스의 도덕 규칙의 진정한 원천이다. 그에 대해 일부는 피타고라스가 델피의 신탁에서 여사제의 의견을 들었다고 하고, 다른 일부는 그가 누이의 조언을 구했다고 하는데, 피타고라스가 누이로부터 아이디어를 얻었다는 것이 더 그럴듯하지만, 그 견해를 좀 더 권위적인 것으로 보이게 하기 위해 신탁에서 왔다고 말하는 쪽을 택했다.

또 다른 피타고라스의 여성 철학자는 테아노인데, 서로 다른 설명(또는 다른 두 사람)에 따르면 그녀는 피타고라스의 딸 또는 부인이었고, 피타고라스가 지구를 떠나 윤회의 길로 들어간 뒤 피타고라스학파를 이끌었다. 하지만 그가 살아 있는 동안 그녀는 피타고라스학파 사람들이 지구를 둘러싸 공간을 채우고 있다고 가정한 '에테르'의 밀도와 기하학의 복잡한 여러 이론들을 확인하는 것을 도왔다. 형이상학에 대한 테아노의 논의로 여겨지는 문서가 있으며, 그녀가 결혼, 성, 윤리, 그리고 여성의 철학 분야에 대한 그녀의 견해를 피력하는 많은 저술들에 대한 기록이 있다. 어떤 설명에 따르면, 테아노가 피타고라스학파를 이끌게 된 후 그녀는 피타고라스학파의 비밀을 캐낼 목적으로 체포되어 고문을 받았으나, 이루 말할 수 없을 정도의 고문 후에도 말하기를 단호하게 거부했다.

몽테뉴에 의하면, 테아노는 (히파르키아처럼) 모든 기혼 여성은 남편 앞에서 부끄럼 없이 옷을 벗어도 된다고 독려했는데, 이는 진정한 여성은 옷을 입지 않고서도 정숙함을 유지한다는 의견을 지닌 플루타르크에 의해 비난받았다. 실로 테아노 자신은 그녀의 아름다운 팔꿈치를 쳐다본 한 젊은 남자에게 "아름답긴 하지만 모든 사람들을 위한 것은 아니다"라고 말했다. 플루타르크는 받아들이기는 하겠지만, 그에 그리 만족스러워하지는 않았을 것이다. 그는 여성들은 공공장소에서는 남성들 앞에서 말을 하면 안 된다고 생각했다. 그리고 그녀가 확실히 많은 저술을 했고, 피타고라스로 하여금 우주를 지배하는 것은 수가 아니라 수의 질서라는 견해로 전환하도록 했음에도 불구하고, 그러한 잡담은 모든 역사가 그녀의 철학에서 지나쳐 버릴 수 있는 것이었다. 어쩌면 그녀가 피타고라스학파의 비밀을 좀 더 폭로하는 것이 더 나았을지도 모른다.

아마도 조금 더 후대의(아무도 정확한 연대를 모른다) 주목할 만한 또 한 명의 피타고라스주의자로 루카니아의 아에사라가 있다. 그녀는 "인간의 본성에 관하여"라는 책을 썼는데, 그 책은 새로운 '조화'의 원리에 기초한 자연법칙 이론을 제시했다. 우리가 추측할 수 있듯이, 조화는 모든 것 — 기하학, 산수, 음악, 우주 등 — 이 조화된다는 원리다. 플라톤(『국가』에서)처럼 그녀는 '영혼의 조화'를 국가의 안녕과 결부시켰다. 그러나 플라톤이 정의를 탐구하기 위해 사회의 '더 큰 모델'을 살펴본 반면, 그와 반대로 그녀는 우리가 정의의 본성을 찾기 위해서 개인의 영혼을 보아야 한다고 했다. 이런 식으로 그녀는 자연법칙, 정의, 인간 심리에 대한 이론을 만들었다.

히파티아에 대해서는 우리가 이미 고대인들 중에서 적절하게 다루었다. 히파티아보다 어린 당대인으로 아스클레피게니아가 있었다. 그녀 역시 신플라톤주의학파에서 가르쳤지만, 그녀의 아버지가 이끌었던 아테네 학교에서였다. 히파티아처럼 그녀는 무신론자 또는 '이교도' 철학자였으며, 신비적이고, 마술적이며, 마법적 원리들을 우주의 작용에 적용했다. 그녀는 플라톤과 아리스토텔레스의 가르침을 기독교의 형이상학적 주장들과 비교했다. 아버지가 죽자 그녀는 오빠 그리고 또 다른 철학자와 함께 아카데미를 운영했다. 그녀의 가장 유명한 제자는 철학자 프로클로스였는데, 그는 전통적인 남성들의 철학에서 서양철학의 고리에서 핵심적인 연결 고리로 여겨진다.

그러나 남성이건 여성이건 그 연결고리는 잠시 뛰어넘어, 다음으로 이제 우리가 찾게 되는 유명한 여성 철학자는 빙엔의 힐데가르트(1098~1179)이다. 힐데가르트는 신의 환영을 보는 경향이 있었고, 성서 말씀을 잊는 사람들의 어리석음을 경고하기 위해 신이 자신을 세상에 보냈다고 생각했다. 그녀는 먼저 여러 종교적 세속적 권위에게 편지를 쓰고, 그녀의 고국 독일을 돌아다니며 설교했다. 그녀의 저작들은 기본적으로 그녀의 '환영'에 대한 기술과 해석이었으며, 그 과정에서 학자들이 '생생한' 새로운 심상이라고 말하는 것을 소개하는 것이었다. 그녀는 철학자라기보다는 신비주의자로 여겨지지만, 여성 철학자들이 그리 많지 않다는 점에서 종종 철학자의 리스트에 포함된다.

다음으로 오늘날 시인이자 여성 권리, 특히 완전한 교육권의 옹호자로서 프랑스 '최초의 여성 지식인'으로 존경받는 크리스틴 드 피장(1365~1430년경)이 있다. 그녀는 아퀴나스 및 다른 많은 사람들의 관심을 따랐으며, 지혜를 최고의 덕으로 여겼을 뿐 아니라 '성전'(聖戰)의 적절한 원인을 확인하려는 아퀴나스의 욕구를 공유했다.

크리스틴 드 피장은 프랑스 최초의 직업적인 작가였으며, 비록 약간 무의미한 주장인듯 하지만 저작활동만으로 생업을 유지한 최초의 인물로 종종 언급된다. 그녀의 저작은 철학적 주장과 사상이 풍부하며, 봉건시대의 끝이었던 당시의 사회·정치적 논쟁을 잘 반영하고 있다. 프랑스인들은 그녀가 "잔다르크를 기리는 노래"라는 시를 쓴 것으로 기억하는데, 실로 이 시는 잔다르크에 대한 최초의 헌사였다. 크리스틴은 잔다르크의 승리를 프랑스의 영예와 여성의 가치의 전형으로 인식하면서 그 시를 지었다.

르네상스 여성

마담 귀용이라고도 알려진 잔느 마리 부비에 드 라 모트는 프랑스의 또 다른 여성 지식인이자 신비주의자였다. 28세의 나이에 부유한 미망인이 된 후 그녀는 자신의 신비주의 철학을 프랑스 남부에 전파하기 시작했다. 그녀는 프랑스인들에게 정적주의 교리를 소개했는데, 이는 세상의 관심으로부터 벗어나 의지를 억제하고, 신에 대한 수동적 명상을 강조하는 신비주의의 한 형태다. 그 과정에서 그녀는 파리 대주교의 분노를 샀으며 1688년 투옥되었지만, 이듬해 왕비의 중재로 풀려난다. 슬프게도 그녀는 자신의 글 때문에 1695년부터 1703년까지 옥살이를 했고, 파리를 떠난다는 조건 아래 풀려났다.

여성 철학자들의 가장 낭만적인 이야기 중 하나는 '덕망 있는 아벨라르'와 엘로이즈의 비극적인 12세기 러브 스토리이다. 이미 16세 무렵에 엘로이즈는 그녀의 지식으로 프랑스 전역에서 유명해졌으며, 프랑스 최고의 살아 있는 철학자로 여겨졌다. 그녀는 라틴어, 히브루어, 그리스어를 할 줄 알았으며, 고대 철학과 수사학을 배웠다. 피에르 아벨라르가 그녀의 개인 교사가 된 것은 바로 그 시기였다. 아벨라르는 엘로이즈를 만나 "강제로 그녀를 범했고," 그녀는 곧 그의 아이를 임신했다.

그럼에도 엘로이즈는 아벨라르와의 결혼을 원치 않았는데, 왜냐하면 그녀는 결혼이 그의 성직에 해가 될 것을 두려워했기 때문이다. 그래서 둘은 결혼했음에도 그 결혼을 비밀에 붙였다. 엘로이즈의 숙부는 아벨라르를 악당이라고 비난했고, 마치 그것을 부정이라도 하듯 아벨라르는 엘로이즈를 수녀원으로 보내어 종교적 삶을 살도록 맹세하게 했다. 더 이상한 것은 엘로이즈의 숙부는 깡패를 고용하여 "아벨라르를 침대에서 끌어내어 거세시켰다." 이것이 실제로 일어난 일인지는 잘 모르겠지만, 어쨌거나 아벨라르는 성공적인 철학적, 종교적 경력을 이어간 반면, 엘로이즈는 수녀원에서 슬프고 고독한 생을 보낸 듯하다. 그녀의 철학적 지혜의 유일한 흔적은 엘로이즈와 아벨라르 사이에 오랜 세월 교환한 일련의 편지들뿐이다.

르네상스 여성들, 아니면 적어도 부유한 여성들은 공적 담론에서 역할을 하게 되었다. 팔라틴 공주였던 보헤미아의 엘리자베스(1618~1680)는 우리가 본 것처럼 여성, 특히 왕족의 여성을 좋아했던 데카르트와 편지왕래를 했다. 인간이라는 짐승 같은 물리적 실재에도 불구하고 마음과 신체의 상호작용과 '자유 의지'의 작용에 대한 그의 기술에 의문을 제기한 그녀에게 최소한 위대한 남성 철학자에 반영된 영예를 주어도 좋을 것이다.

어떤 이유에서인지 영국은 많은 여성 철학자들을 낳았는데, 캐서린 콕 번(1679~1749)도 한 예다. 그녀는 캐서린 트로터라고 불리기도 하는데, 트로터는 정말이지 성공한 극작가였다. 하지만 그녀는 익명이긴 했지만 새뮤얼 클라크가 1704~1705년의 보일 강연에서 제기한 '윤리적 합리주의'에 대한 논쟁에 개입했다. 이 논쟁에는 프랜시스 허치슨과 섀프츠베리 경같은 인물들이 가세했다. 그녀의 철학에의 기여는 존 로크의 『인간지성론』을 옹호한 것인데, 이 책은 광범위하게 높이 평가되어서 로크를 크게 옹호가 필요없었기에, 그런 이야기는 약간은 약한 주장이다.

또 다른 영국 여성, 메리 울스턴크래프트(1759~1797)는 '여성 철학'에서 가장 유명한 이름 중의 하나다. 우리가 본 것처럼 비록 그것이 아주 유명하다는 것을 뜻하지 않을지라도 말이다. 확실히 그녀는 많이 등장하지는 않는다. 그녀는 영국에서 살았고 저널리스트이자 번역가로 활동했고, 『딸들의 교육에 대한 단상들』(1787)과 같은 책을 썼다. 이 책에서 그녀는 불충분한 교육이 여성들을 남성들의 권력 아래 두는 방법 중의 하나라고 했다. 그녀는 프랑스로 여행했고, 그곳에서 1790년 『인간의 권리 옹호』를 썼는데, 이는 남성 철학자 버크가 혁명의 가치를 비난한 것에 대한 응답이었다.

그녀의 가장 영향력 있는 책 『여성의 권리 옹호』는, 비록 초기 페미니즘 철학으로 주장되지만, 그 제목은 토마스 페인의 『남성의 권리 옹호』에서 온 것으로, 어떤 면에서 단지 '남성의 권리'를 위한 페인, 존 로크, 그리고 장 자크 루소의 저술의 시도에 대한 '반응'이다. 철학에 대한 그녀의 공헌은 여성들이 남성들과 동일한 권리를 가졌다고 말한 것으로, 이는 그리 과격한 것은 아니지만 정치 이론으로는 보편적으로 받아들여질 때까지 여전히 먼 길을 가야할 것이었다. 그래서 그녀의 추론이 더 중요하다. 그녀는 덕은 이성과 감정이 섞인 것이며, 단지 이성만인 것은 아니라

370

고 주장했다. "마음에는 성이 없다"고 그녀는 말했는데, 이는 플라톤 역시 가졌었던 관점이라고 할 수 있다. 그러나 그녀는 남성과 여성의 관계는 성(gender)에 기초한 인위적 구분에 의해 손상되었으며, 그 둘을 계급이나 부, 또는 권력에 기초한 불필요한 정치적 구분과 비교하고, 또한 진정한 덕은 정치적 정의를 필요로 한다고 덧붙이고 있다. 이에 대해 그녀의 동시대인들은 그녀를 "철학하는 뱀", "페티코트를 입은 하이에나", 그리고 심지어는 "불경스런 여전사"라고 비난했다. 우리의 많은 여성 철학자들처럼 젊은 나이에 — 그녀의 경우 38세에 아이를 낳다가 — 죽었다.

또 하나의 급진적인 영국 주민인 마르크스 부인은 (런던에서) 마르크스와 엥겔스의 철학에 대한 집필 과정의 모든 단계에 기여했는데, 이후의 역사가들에 의해 과소평가되었고, 역시 젊은 나이에 죽었다.

앤-루이즈 제르맨 네케르 드 스탈(1766~1817)은 보통은 그저 마담 드 스탈로 불리지만 아마도 여성 철학자 중 긴 이름으로 가장 잘 알려져 있을 것이다. 그녀는 독일인은 아니지만 독일과 '독일인의 성격'에 대한 책을 썼다. 그 책에서 그녀는 칸트, 피히테, 셸링, 슐레겔 등의 저작을, 그렇지 않았다면 '낭만주의' 사상가들한테만 관심이 있었을, 프랑스 지식인들에게 소개하고 있다. 『사회제도와의 관계에서 고찰한 문학론』은 종교와 법, 도덕성, 문학을 연결시킴으로써 그 나름대로 마르크스의 비판적 사유보다 앞선 것이었다. 마담 드 스탈은 프랑스 혁명에 적극적으로 개입했고 그것이 끝난 후 오래도록 그녀의 저작에서 그 가치를 옹호했다.

해리엇 테일러(1807~1858)는 영국의 자유주의자 존 스튜어트 밀의 연인이었기에 철학자 자격이 있다. 밀은 '정치 경제' 뿐 아니라 평등, 자유, 개인주의에 대한 그의 견해로 유명하다. 비록 그녀는 1826년 존 테일러와 결혼했지만, 1830년 밀과 사랑에 빠졌고 둘은 그 후로 불륜 관계를 유지한다. 밀은 자신의 철학에서의 윤리적 요소들이 평등, 자유, 개인주의에 대한 헤리엇과의 토론에서 나온 결과임을 인정했다. 그러나 헤리엣은 그보다는 '스캔들'로 더 잘 기억되고 있다.

참고한 책들과 더 읽을 책들

고대철학과 고대철학 계속

소크라테스

도입부 인용문의 출처는 Hugh Tredennick, *The Last Days of Socrates* (Penguin Classics, 1954), p. 8; 플라톤 인용문 출처는 *Apology*, 29a, *Symposium*, 220C~D. 본문에 인용된 Sarah Kofman, *Socrates: Fictions of a Philosopher*(1998)는 소크라테스에 접근하는 여러 다른 방식을 요약한 훌륭한 학문적 설명을 제공한다. 인터넷을 사용한다면, 프로스트버그 주립대학(www.frostburg.edu)을 참조할 것. 그곳에서 John Bramann, "Socrates: An Insider on the Outside"을 볼 수 있는데, 이 논문은 왜 소크라테스가 유명한 악처 크산티페와 결혼했는지에 대해 자세히 설명하고 있다.

플라톤

플라톤의 사상에 대해 요약한 글들은 많지만, 이 경우 철학자들 중에서는 예외적으로 플라톤의 저작 자체를 읽는 게 더 낫다. 도입부 인용문의 출처는 *The Concise Encyclopaedia of Western Philosophy and Philosophers* (Routledge, second edition, 1991)이다. 플라톤의 원전으로부터의 인용문은 *Republic* 592a~b, *Republic* 372~375, 에로스를 신이라 한 언급은 *Symposium* 242a. Epistle II는 *Plato*, Vol. 7, translated by R. E. Bury (Heinemann, 1961)에 수록되어 있다. *Stanford Encyclopaedia of Philo-*

sophy (plato.stanford.edu)에서는 플라톤의 시적 관심을 포함한 다양한 측면에 대한 논의를 볼 수 있다.

아리스토텔레스
여성을 순종적 동물로 본 관점은 Aristotle, *Politics* 1254b 10~14에 나온다. 노예와 야만인들에 대해서는 *Physics* 1252 b 8을 볼 것. 아리스토텔레스와 여성의 역할에 관한 자료들은 www.womenpriests.org를 볼 것.

노자
노자는 '사라진' 관계로 읽을 책이 없다. 『도덕경』 자체는 여러 형태로 남아 있으나, 한문만이 정확한 기술이다. 한문으로 되어 있어서 불가해하기도 하고, 매우 오래된 데다가 난해해서 불가해하다. 나는 인용시에 여러 영역본을 이용했다. 인터넷에도 여러 훌륭한 번역본이 올라와 있다.

헤라클레이토스와 피타고라스
몇몇 단편들만이 남아 있다 … 그러나 소크라테스 이전의 철학에 대한 좋은 소스로 G. S. Kirk and J. E. Raven, *The Pre-Socratic Philosophers: A Critical History* (Cambridge University Press, 1957)가 있다.

피타고라스에 대한 뉴턴의 언급으로는 『프린키피아』의 명제 4~9의 노트에서 중력법칙의 수학은 피타고라스가 알고 있었음이 틀림없는데, 그가 배음(harmonics)을 천체에 적용했기 때문이다. "실험에 의해서 그는 동일한 현에서는 모든 음의 울림이 현의 길이의 제곱에 반비례한다는 것으로 무게를 확인했다."

히파티아

애팔래치안 주립대학의 Sarah Greenwald and Edith Prentice Mendez, "Women and Minorities in Mathematics: Incorporating Their Mathematical Achievements into School Classrooms: Hypatia, the First Known Women Mathematician". 이들은 히파티아가 철학자가 아니라 수학자라고 약간 낮추어 보고 있긴 하다. 호주 모나쉬 대학 수학과의 Michael Deakin도 그럴듯한 설명을 제시하고 있다. www.polyamory.org/~howard/Hypatia/primary-sources.html.

중세철학

아우구스티누스

『고백록』은 잘못된 정보로 가득찬 자서전이며, 아우구스티누스에 대한 논문들도 다수 있다. 일례로 Gerald W. Schlabach와 Lewis Loflin의 것을 들 수 있는데 전부 인터넷에서 찾을 수 있다.

아퀴나스

G. K. Chesterton, *Saint Thomas Aquinas: The Dumb Ox*는 여전히 출판되고 있으며, 더 대단한 것은 여전히 팔리고 있다는 것이다. 특히 그 전체가 지금은 인터넷에(gutenberg.net.au) 올라와 있다. 아퀴나스의 생애에 대한 짧은 책으로는 Colin Kirk, *The Essentials of Philosophy and Ethics* (Hodder, 2005)가 있다.

근대철학

데카르트

데카르트에 대한 도입부 인용은 F. E. Sutcliffe, *Descartes: Discourse on Method and the Meditations* (Penguin Classics, 1968), p. 19에서, 편지는 1630년 4월 15일자 Jonathan Ree, *Philosophical Tales*, p. 7에서 인용했다. 데카르트의 전통적 견해에 대해서는 다음 책으로부터 시작하면 좋을 것이다. *The Philosophical Writings of Descartes*, edited by Cottingham, Stoothoff, and Murdoch (Cambridge University Press, 1984).

홉스

누군가 우울해져서 홉스를 이해하기를 원한다면, *Leviathan*(1651년 출판)을 볼 것. 그리고 만약 순환정리를 읽고 싶다면, 1655년에 출간된 *De Corpore*을 볼 것. 여기서는 일련의 수학 논문들은 엄격한 연대순으로 기술되지 않았다. 대신 한정된 이슈들에 대한 세세한 설명은 다음을 볼 것. Douglas Jesseph, *Squaring the Circle: The War between Hobbes and Wallis* (1999).

스피노자

스피노자는 여전히 열광적 추종자들을 거느리고 있다. 실로 그중 교황 요한 바오로 2세가 스피노자의 재림이라고 주장하는 가톨릭 학자들이 그렇다(이에 대해서는 www.johnadams.net을 볼 것). Steven Nadler, *Spinoza's Heresy: Immortality and the Jewish Mind* (Clarendon, 2004)는 초기 논란에 대한 자세한 전통적 설명을 제시하고 있다.

계몽철학

로크

James Tully and others, *An Approach to Political Philosophy: Locke in Context* (Cambridge University Press, 1993)는 로크의 정치학에 대한 여러 상이한 시각을 담고 있다. 훌륭한 인터넷 사이트들도 여럿 있다. www.classical-foundations.com과 *Internet Encyclopaedia of Philosophy*(www.iep.utm.edu)에는 우리가 원하는 것 이상으로 자세한 로크 관련 폭넓은 논문들이 실려 있다. 나는 오리건 주립대학의 웹사이트에 있는 "John Locke and Afro-American Slavery"라는 흥미로운 논문으로부터 도움을 받았다.

흄

흄의 삶과 저작에 대한 여러 설명이 있지만, 그중 자서전 *My Life*는 매우 짧고 감동적이다. 다음으로 고려할 책은 700여 쪽에 달하는 Ernest Mossner, *The Life of David Hume* (Oxford University Press, 1954). 최근에 재판이 나왔다.

루소

본문에 언급된 루소의 개에 대한 장황한 이야기뿐 아니라 이 프랑스 악당의 *Confessions*의 전체 텍스트가 아델레이드 대학의 웹사이트(adelaide.edu.au)에 올라와 있다.

칸트

칸트는 읽기에 좀 지루하다. 나는 여러 '토막글'을 여기저기서 가져왔지만, 더 읽어 볼 만하다고 내가 추천하는 글은 나의 책, *Wittgenstein's Beetle* (Blackwell, 2005)[『비트겐슈타인의 딱정벌레』(서광사, 2007)]에서 칸트의 항목이다. 그러나 확실히 이것은 그의 철학의 아주 작은 부분에 지나지 않으며, 그의 삶과 '맥락'의 전부는 아니다. 600쪽에 달하는 Manfred-Kuehn, *Kant: A Biography* (Cambridge University Press, 2002)가 그 부분을 충족시켜 줄 것이다. 비록 이 책은 다음과 같이 믿음직하지 않게 시작하고 있다. "1724년은 인류 역사에서 가장 중요한 해는 아니다. 그러나 그렇다고 전혀 중요하지 않은 해도 아니다 ···"

관념론자들

라이프니츠

George MacDonald Ross의 *Leibniz*는 'Past Masters' 시리즈의 한 권으로 1984년에 나왔으며 leeds.ac.uk에서 온라인 전자책으로도 읽을 수 있다), 이 괴짜 철학자에 대한 배경지식뿐 아니라 그의 사상에 대한 훌륭한 통찰까지 제공한다. 인터넷에서는 www.mathspages.com에 '컴퓨터'와 관련된 그의 성과에 대한 설명이 있다.

버클리

버클리 주교에 대한 가장 훌륭한 책은 그가 쓴 *Three Dialogues between Hylas and Philonous*이다. 버클리에 대한 흥미로운 에세이로 George Herbert Mead, "Bishop Berkeley and his Message", in the *Journal of Philosophy* 26 (1929), pp. 421~430이 있다. 일리노이 대학(시카고) 웹사이트(tigger.uic.edu)에는 시와 그림 등 버클리와 관련된 주요 자료가 제공되어 있다.

헤겔

칸트가 깐깐했다지만, 헤겔은 더 심한 케이스다. 하지만 칼 포퍼에게 감사하자.『열린 사회와 그 적들』, Volume 2, *Hegel and Marx* (Routledge, 1945)는 장황한 이야기이다. 그리고 www.hegel.net은 1911년『브리테니커 백과사전』에 실린 헤겔 관련 내용으로부터 확장된 매우 이해하기 쉬운 전기를 싣고 있다. (헤겔의 강의 스타일에 관한 인용문은 여기서 따왔다.)

쇼펜하우어

Christopher Janaway, *Very Short Introduction to Schopenhauer* (Oxford University Press, new edition, 2002)는 이해하기 쉬우며, www.friesian. com/arthur.htm 같은 웹사이트에는 좀 더 읽을 만한 쇼펜하우어의 사상과 철학적 뿌리를 나타내는 도표가 실려 있다. 또한 쇼펜하우어의 책 *The Wisdom of Life*는 www.turksheadreview.com에 전자책으로 나와 있다.

이 책의 본문에서 도입부의 인용문은 Bertrand Russell, *A History of Western Philosophy* (1946), pp. 726~727에서 왔다. 쇼펜하우어에 대한 첫 번째 인용문은 *On the Vanity of Existence*, translated by R. J. Hollingdale (Penguin, 1976), p. 51, 마지막 인용문은 *World as Will and Representation*, translated by E. F. J. Payne (Dover, 1969), vol. 1, p. 281 에서 왔다.

낭만주의자들

키르케고르

명민한 독자는 원전 *Fear and Trembling*, edited by C. Stephen Evans and Sylvia Walsh (Cambridge University Press, 2006)를 시도할 수 있을

것이다. 그러나 키르케고르는 다른 모든 실존주의자들처럼 매우 지루하다. 하지만 그의 조금 다른 측면을 찾을 수 있는 책이 있다. *The Humor of Kierkegaard: An Anthology*, edited by Thomas Oden (Princeton University Press, 2002)

밀

도입부의 인용문은 『옥스퍼드 철학백과사전』, edited by Ted Honderich (Oxford University Press, 1995)에 나오는 것이다. *What is Poetry?*는 Johathan Ree, *Philosophical Tale* (Methuen, 1987), p. 107에서 인용했다. 워즈워스의 견해는 *Preface to Lyrical Ballads in Wordsworth's Poetical Works* (Oxford University Press, 1908)에서 인용했다. 벤담에 대한 밀의 비판은 그의 1832년 저작 *What is Poetry?*에 실린 "On Bentham and Coleridge"에서 인용했으며, 마지막 인용문은 Caroline Fox, *Memories of Old Friends*, edited by Horace Pym (London, 1882)의 1840년 8월 7일자 글이다.

캐나다의 맥매스터 대학(socserv.mcmaster.ca)은 "On Bentham"과 같은 희귀 에세이를 비롯, 밀에 대한 여러 전자 텍스트를 보유하고 있다.

소로

『월든』의 텍스트는 www.turksheadreview.com에서 전자 텍스트 형태로 볼 수 있으며, 'Walking'의 텍스트는 오타와의 한 교회(uuottawa.com)에 '설교 아카이브'의 일부로 제공된다. 『월든』은 도버 출판사에서 '저렴한' 페이퍼백으로 판매되고 있다. 소로 자신은 무척 가난했다 …

마르크스

"아이디어를 만들어 냄" 인용은 『독일 이데올로기』에서 따왔다. 학구적인 독자는 *Kölnische Zeitung*, no. 179의 기사를 찾아볼 수도 있을 것이다. 일반적인 독자는 Edward Reiss, *Marx: A Clear Guide* (Pluto Press, 1997)을 보는 게 나을 것이다. Francis Wheen은 마르크스에 대한 대중적 전기를 썼지만, 그는 과장된 저널리스트-철학자여서 그 이상의 책을 권하기가 망설여진다 …

현대철학

러셀

러셀은 그의 철학사에서 아주 많은 이야기를 했지만, 그에 대해서는 웹에서 공식적인 '러셀 아카이브'에 많은 자료가 있다. 캐나다의 맥매스터 대학의 웹사이트 www.mcmaster.ca/russdocs/russell.htm을 볼 것.

러셀의 전 작품은 방대하며, 『게으름의 찬양』 같은 저작은 『철학의 문제들』 등과 같은 일반적인 철학적 논의와는 아주 다르다. 『철학의 문제들』은 오랫동안 완벽한 철학 입문서로 여겨졌지만, 한 익명의 서평자가 내 책 『101가지 철학의 문제들』에 대해 언급한 것처럼 실제로는 약간 편협하거나 "부자연스럽다."

비트겐슈타인

인용문은 Arthur Evans and Frank Pietronigro, *Critique of Patriarchal Reason* (White Crane Press, San Franciso, 1997); *Tractatus* 2.021; Otto Weininger, *Sex and Character* (1903); *Philosophical Investigations*, paragraph 23에서 온 것이다.

John Eidinow and David Edmonds, *Wittgenstein's Poker* 는 대중적인데, 이 인상 고약한 오스트리아 철학자에 대한 입문으로 아주 잘 연구해서 쓰인 책이다.

하이데거
Alex Steiner, "The Case of Martin Heidegger, Philosopher and Nazi" (published April 4, 2000, on the 'World Socialist Web Site')에 실린 많은 흥미로운 역사적 비교들을 볼 것. 슬프게도 하이데거의 철학은 전부 아주 독해가 어렵다. 그러나 서점에 가면 보게 되듯이 많은 사람들이 그렇게 생각하지 않는다.

벤자민 리 워프
Robert Kirk, 『옥스퍼드 철학백과사전』에서 인용했다. 워프 자신의 저작은 *Language, Thought and Reality: Selected Writings*, edited by John Carroll (MIT Press, 1956)이 있을 뿐이다. 그리고 Dan Moonhawk Alford의 "The Great Whorf Hypothesis Hoax: Sin, Suffering and Redemption in Academe"이 www.enformy.com에 있다.

사르트르와 보부아르
도입부의 인용은 『옥스퍼드 철학백과사전』, edited by Ted Honderich (Oxford University Press, 1995)에서 왔다. 보부아르와 사르트르의 관계와 그들 저작의 유사성은 다음의 책에 자세히 설명되어 있다. Kate and Howard Fullbrook, *Simone de Beauvoir and Jean-Paul Sartre* (Basic Books/Harper Collins, 1994). '다른 설명'도 그들이 제시하고 있다. 사르트르의 자서전 『말』은 1963년에 출판되었다. 보부아르의 첫 작품 『초

대받은 여자』는 1943년에 나왔다.

"Dad's Classmates: Sartre and de Beauvoir"라는 흥미로운 웹사이트(www.wisdomportal.com/Dad/Sartre-Beauvoir.html)가 있다.

데리다

도입부의 인용문은 『루틀리지 철학백과사전』(Routledge, 2000)을 볼 것. 다른 인용문들은 *Semiology and Grammatology*, translated by Alan Bass, in *Positions* (University of Chicago Press, 1981), p. 26과 Of Grammatology, translated by Gayatri Chakravorty Spivak (Johns Hopkins University Press, 1976), p. 71에서 왔다.

2004년 데리다가 죽었을 때, 그의 명성은 적어도 인도의 신문 *The Hindu* (www.hindu.com)에 실릴 정도였다. 비록 그 신문 기사에는 몇몇 오류가 있지만, 많은 사람들이 그의 저작을 "부정적이고, 난해하고, 모순되며, 허무주의적이고, 파괴적"이라고 생각했다고 적고 있다. 이는 여느 설명만큼이나 훌륭한 설명이다.

여성 철학자들

이 주제에 대해서는 출판된 것이 거의 없다. 프랑스어로 된 작은 책자가 고대인들에 대해 다루고 있는데, 그로부터 나는 몇몇 내용들을 취했다. Gilles Ménace, *Histoire des Femmes Philosophes* (Arléa, 2003). 이 주제는 매우 훌륭한 연구 프로젝트가 될 것이다. 하지만 '요부의 출처들'을 조심하라!

감사의 말

책 출판에 있어서 일종의 "감사에 말에 반대하는" 글을 덧붙이는 새로운 — 약간 불친절하지만 — 흥미로운 습관이 있다. 그 글에서 저자는 문제의 저작을 쓰는 동안 아니면 그의 전체 삶을 통해서 그를 방해하거나 헐뜯거나 가로막은 모든 이들을 공격한다.

슬프게도, 나는 여기서 그런 즐거움을 포기해야만 한다. 공간 때문이기도 하지만 또한 아주 정직하게 말해서 이 책을 쓰는 것과 관련하여 공격받을 만한 사람을 아무도 생각할 수가 없다. 대신 나는 좀 더 전통적 방식의 감사의 말을 통해 내가 도움을 받은 것에 대한 감사를 공개적으로 기록하고 싶다. 철학사는 그 성격상 엄청난 과업이며, 이 책과 같은 대안적인 철학사조차도 매우 벅찬 일이다.

다행스럽게도 요즘은 인터넷이 있어서 (그에의 접근성이라는 사치를 할 수 있는 사람들에게는) 철학의 위대한 텍스트의 거의 전부에다가 광범위한 2차문헌과 견해들, 분석들을 즉각 활용할 수 있다. 그래서 나의 첫 번째 감사는 본질적으로 알려지지 않거나 익명의 열성적 철학자들에게 돌아간다. 그들은 웹상에서 상업적 의도 없이 철학적 연구 및 자료들을 제공해 주었다.

그러나 이 책은 동시에 편집자의 매우 구체적인 관심을 반영한 것이기도 한다. 특히 제프 던은 그러한 프로젝트를 단지 아이디어에서 결실로 — 아니라면 망각될 것으로 — 인도했다. 또한 나는 제작과정에서 지원과 협조를 해 준 블랙웰 출판사의 모든 전문 인력에 감사를 표하고자 한다.

삽화를 그린 라울에 대해서는 감사하지 않을 생각이었는데, 그것은 그

의 역할이 너무 핵심적인 것이라서 감사를 표하는 것이 오히려 그를 과소
평가하는 것 같기 때문이다. 하지만 삽화들은 분명히 아주 근사하며, 나
는 그와 함께 작업한 것이 정말 고맙고 즐거웠다. 그러니 그 점을 여기서
언급하는 것도 괜찮을 것이다.

마지막으로, 달리 언급되지 않았지만 위대한 여성 철학자 중의 한 명
인 위대한 철학적 뮤즈(이자 그리 멀지 않은 친척) 브렌다 아몬드, 그리
고 전문적이지는 않지만 매우 특별한 독자인 나의 주디트 등을 포함하여
전문적인 "독자들"의 세심하고, 통찰력 있으며, 매우 적절한 코멘트와 제
안에 특히 감사한다.

찾아보기